本书由中共上海市委党校
学术著作出版基金赞助出版

从剥削论到调节论
——『资本论』的当代价值研究

陆国梁 著

中共中央党校出版社
The Central Party School Publishing House

图书在版编目（CIP）数据

从剥削论到调节论：《资本论》的当代价值研究/陆国梁著．—北京：中共中央党校出版社，2010.6
ISBN 978-7-5035-4316-6

Ⅰ．从… Ⅱ．陆… Ⅲ．资本论-马克思著作研究
Ⅳ．A811.23

中国版本图书馆 CIP 数据核字（2010）第 073334 号

从剥削论到调节论——《资本论》的当代价值研究

责任编辑	崔宪涛
版式设计	李　灵
责任校对	王洪霞
责任印制	张志军

出版发行	中共中央党校出版社
	（北京市海淀区大有庄 100 号）
邮　　编	100091
网　　址	www.dxcbs.net
电　　话	（010）62805800（办公室）　（010）62805818（发行部）
经　　销	新华书店
印　　刷	三河市南阳印刷有限公司
字　　数	315 千字
版　　次	2010 年 6 月第 1 版　2010 年 6 月第 1 次印刷
开　　本	700 毫米×1000 毫米　1/16
印　　张	24.125
定　　价	45.00 元

版权所有·侵权必究
如有印装质量问题，请与本社发行部联系

内 容 提 要

　　本书打破对《资本论》的苏联范式解读，对马克思的经济理论进行结构性创新：根据马克思的文本和方法，区分不同的社会经济发展时期，在阐述价值规律一般的基础上，分别阐述适用于不同时期的价值规律特殊，即以活劳动等于社会必要劳动为前提的活劳动价值论和以活劳动不等于社会必要劳动为前提的社会必要劳动价值论，从而使对《资本论》的解读从剥削论深入到调节论，区分剥削性的利润和调节性的利润，重新确立马克思经济理论的普适性地位。

目 录

前 言 …………………………………………………………（1）

第一章 教科书和工具书对《资本论》的片面解读…………（5）
  一 关于完整性——三卷本和第一卷都不完整…………（6）
  二 关于研究对象——经济学原本是"节约"学…………（7）
  三 关于出发点——从一定的社会经济时期、利己的
     人和价值一般出发……………………………………（9）
  四 关于劳动二重性——劳动二重性的关系区别不同
     的经济时期……………………………………………（10）
  五 关于前提和假定——长期忽视的部分………………（12）
  六 关于价值——一种调节劳动的社会工具……………（19）
  七 关于简单劳动和复杂劳动——复杂劳动未必是
     多倍的简单劳动………………………………………（43）
  八 关于劳动和服务——两者都可以成为商品…………（45）
  九 关于价值的保存和创造——保存和创造的都只是
     "非价值"…………………………………………………（47）
  十 关于劳动力的价值——要区分社会的人和非社会
     的人……………………………………………………（48）
  十一 关于剩余价值论——注意既要"剩余"，又要有
      "价值"的条件 …………………………………………（51）
  十二 关于利润——生产要素的调节工具…………………（68）
  十三 关于劳动的"自乘"——注意与有机构成论和

平均利润下降论的自洽……………………（70）

十四　关于利息——货币资源的调节工具……………（74）

十五　关于地租——土地资源的调节工具……………（74）

十六　关于剥削——要区分剥削活劳动和剥削劳动的
　　　社会生产力……………………………………（76）

十七　关于资本——要区分以"过度劳动"为源泉的
　　　资本和以"节约人力和费用"为源泉的资本……（84）

十八　关于有机构成论——注意与社会必要劳动价值
　　　论的自洽………………………………………（93）

十九　关于平均利润率下降论——注意与劳资对立说
　　　的自洽…………………………………………（96）

二十　关于转型论——是一个已经被马克思放弃的
　　　假定……………………………………………（98）

二十一　关于分配——只有一种按社会需要的内在
　　　　比例进行的有效分配………………………（105）

二十二　关于所有制——要区分所有制和所有权………（107）

二十三　关于斯密——调节论的鼻祖……………………（113）

二十四　关于李嘉图——实际上他把劳动只是当做
　　　　价值量的尺度来考察………………………（115）

二十五　关于阶级和阶级性——人类社会有共同的
　　　　思维、目的、任务、利益、特性和事业………（123）

二十六　关于革命——旧社会可能和平地长入新社会……（132）

二十七　关于社会主义和共产主义——是一切自发性
　　　　的消除…………………………………………（136）

第二章　马克思的经济分期方法………………………（145）

　一　生产资料的发展程度……………………………（146）

　二　劳动和生产资料的结合方式……………………（147）

三　劳动二重性的相等与否……………………………………(148)
　　四　劳动对资本形式上从属，还是实质上从属………………(151)
　　五　生产方式是保守的，还是不断革新的……………………(152)
　　六　劳动与资本的关系是轴心，还是要素……………………(153)
　　七　直接劳动是不是生产的基础………………………………(154)
　　八　劳动是不是可以分为为自己的劳动与为别人的
　　　　劳动………………………………………………………(155)
　　九　生产的目的是使用价值，还是交换价值…………………(155)
　　十　是简单流通，还是资本流通………………………………(157)
　　十一　剥削活劳动，还是剥削劳动的社会生产力……………(159)
　　十二　分工是否凝固……………………………………………(159)
　　十三　人自身的发展程度………………………………………(161)
　　十四　人对生产的控制程度……………………………………(164)
　　十五　财富的尺度………………………………………………(168)

第三章　价值一般………………………………………………………(171)
　　一　价值既是交换的尺度，又是调节劳动的尺度……………(176)
　　二　价值的要素是需求和满足这种需求的难度………………(189)
　　三　价值规律是社会自然规律…………………………………(191)
　　四　人的全面发展是价值规律的目的…………………………(193)
　　五　价值要靠第三物来表征和计量……………………………(194)
　　六　价值与财富不是一回事……………………………………(197)

第四章　简单商品社会（含"第一种"资本主义生产形式）
　　　　中的价值………………………………………………(200)
　　一　简单商品社会生产方式的特点……………………………(200)
　　二　简单商品社会中价值规律实现的形式……………………(201)
　　三　简单商品社会中的剥削……………………………………(205)

第五章 商品社会（含"第二种"资本主义生产形式）中的价值 …………………………………………（207）
    一 商品社会生产方式的特点 ………………………………（207）
    二 商品社会价值规律实现的形式 …………………………（208）

第六章 论剩余价值 ……………………………………………（229）
    一 剩余价值是什么 …………………………………………（229）
    二 剩余价值的源泉 …………………………………………（253）
    三 马克思的剩余价值论与重农学派"纯产品论"的比较 ……………………………………………………（267）
    四 古典学派没有剩余价值论 ………………………………（277）
    五 关于转型论 ………………………………………………（282）
    六 重新认识剩余价值论 ……………………………………（287）

第七章 论有用性 ………………………………………………（294）
    一 有用性的含义和分类 ……………………………………（294）
    二 有用性的特性 ……………………………………………（297）
    三 历史上关于有用性范畴的探讨 …………………………（302）

第八章 论经济增长 ……………………………………………（307）
    一 财富的涵义 ………………………………………………（307）
    二 总量财富增长的实质和源泉 ……………………………（309）
    三 个量财富增长的实质和源泉 ……………………………（312）

第九章 论所有制 ………………………………………………（316）
    一 所有制与人同在 …………………………………………（316）
    二 所有权的权源在于供求和生产力的不平衡 ……………（321）

三　所有权只是代理权 ··· (325)
　　四　"重新建立个人所有制"是指回到人对物的
　　　　自觉支配状态 ··· (328)

第十章　论阶级 ·· (334)
　　一　阶级、分工和私有制 ··· (334)
　　二　谁是真正的无产阶级 ··· (337)
　　三　区分纵横两种类型的阶级斗争 ································ (339)
　　四　消灭阶级的途径 ·· (345)

第十一章　重析西方学者对《资本论》的责难 ····················· (347)
　　一　魁奈"悖论"的再现 ··· (347)
　　二　庞巴维克的"片面论"、"矛盾论"和"循环论" ······ (348)
　　三　凯恩斯的"零价值论" ·· (352)
　　四　熊彼特的"不满意论" ·· (353)
　　五　萨缪尔森的"多余论" ·· (356)
　　六　柯亨的"严格学说与通俗学说混淆论" ··················· (358)

附录一　总纲要（马克思经济理论的32条关键文本） ········ (360)
附录二　马克思零星穿插在《资本论》第一卷中的22处
　　　　　社会必要劳动价值论 ·· (362)

前　言

本书对《资本论》的解读从剥削论（活劳动价值论）深入到调节论（社会必要劳动价值论），从而夯实中国特色社会主义的理论基础，即从基本理论的层面上彻底厘清为什么必须停止"以阶级斗争为纲"，为什么要搞市场经济，以及为什么要建设和谐社会。

经济学本是节约学。马克思说："真正的经济——节约——是劳动时间的节约（生产费用的最低限度——和降到最低限度）。而这种节约就等于发展生产力。""时间的节约，以及劳动时间在不同的生产部门之间有计划的分配，……是首要的经济规律。""按一定比例分配社会劳动的必要性，决不可能被社会生产的一定形式所取消，而可能改变的只是它的表现形式，这是不言而喻的。自然规律是根本不能取消的。在不同的历史条件下能够发生变化的，只是这些规律借以实现的形式。而在社会劳动的联系体现为个人劳动产品的私人交换的社会制度下，这种劳动按比例分配所借以实现的形式，正是这些产品的交换价值。""在这里，价值规律不过作为内在规律，对单个当事人作为盲目的自然规律起作用，并且是在生产的各种偶然变动中，维持着生产的社会平衡。""科学的任务正是在于阐明价值规律是如何实现的。"[①] 作为马克思主义经济学的《资本论》，正是这样一部阐明人类社会最基本的经济规律——调节劳动的价值规律在不同时期实现形式的著作。价值这个概念既不是为说明剥削而生，也不是为说明"劳动

[①] 《马克思恩格斯全集》人民出版社 1956—1985 年第 1 版（下同。个别例外将注明），第 46 卷（下），第 225 页；第 46 卷（上），第 120 页；第 32 卷，第 541 页；第 25 卷，第 995 页；第 32 卷，第 541 页。

是生产的真正灵魂"而生,而是为调节劳动而生。"价值问题"就是"某物品是否应当生产的问题"。这是价值"真正的活动范围"。①

马克思的价值论原本是社会必要劳动价值论。社会必要劳动价值论是适用于所有社会、所有时期的理论。只是由于"假定"活劳动等于社会必要劳动,②才产生了活劳动价值论及其推论。但是,这个假定又明确标示了活劳动价值论及其推论的时期性。社会必要劳动价值论涵盖着活劳动价值论,后者只是前者的一个特例。由于社会必要劳动并不是活劳动唯一所能决定的,因此用社会必要劳动价值论并不能证明剥削论。它只是一种按社会需要的比例和效率调节劳动的理论。而活劳动价值论则不具备调节劳动的功能。它只是一种剥削论。"调节论"是《资本论》中比"剥削论"更深更高的层次。只有这样解读,才能最充分地展示《资本论》本来的强大而持久的生命力。

但是,从20世纪50年代由斯大林主持编写的苏联《政治经济学教科书》开始,活劳动价值论及其推论的前提和假定不讲了。于是,《资本论》就变成了没有时期性的剥削论,其中的调节论只是被一笔带过,而不加解说。对《资本论》的"剥削论"解读是苏联模式社会主义的理论基础。然而,苏联的解体至少在经济上完全应验了马克思的这个预言:"关于商品直接就是货币或商品中的私人特殊劳动直接就是社会劳动的这种教条,当然不会因为有一个银行相信它并按照它经营就会变成现实。相反,在这种情形下,破产会来扮演实际批评家的角色。"③中国虽然在实践上对苏联模式的社会主义进行了改革,即在政治上,从"以阶级斗争为纲"转变为"以经济建设为中心",在经济上,从"计划经济"转变为"市场经济",但是,在理论上,对《资本论》的解读却仍停留于苏联范式。它突出地表现在迄今为止的中国话语系统,以及几乎所有的关于《资本论》的教科书和工具书

---

① 《马克思恩格斯全集》第2卷,第62页;第1卷,第605页。
② 《马克思恩格斯全集》第23卷,第213页。
③ 《马克思恩格斯全集》第13卷,第76页。

中。它们与中国特色社会主义的实践严重脱节。

在这个已经有前车之鉴的重大理论问题上，不容有半点的模糊。我们如果没有理论上的清醒和坚定，就不可能有政治上的持久的清醒和坚定。本书本着解放思想、实事求是的精神，根据马克思的文本和方法，详尽而彻底地澄清这种误读和误导。完整准确地掌握马克思《资本论》中的调节论思想，对于深入研究中国特色社会主义，完善社会主义市场经济理论和体制，构建和谐社会，推进经济社会可持续发展，具有十分重要的意义。

本书填补了根据马克思和恩格斯的已经出版的全部文本，即各种版本的《资本论》、笔记、手稿群、书信和其他著作全方位研究《资本论》的空白。全书试图从不同的方面和不同的角度确立以下五大基本观点：**一、价值规律是调节劳动的社会自然规律。它不能被个人创造。二、马克思的价值论是社会必要劳动价值论。活劳动价值论只是它的一个特例。三、社会必要劳动是比例劳动的平均，而不是实耗劳动的平均。四、区分剥削性的利润和调节性的利润。五、共产主义的目标是人的全面发展。它是全人类共同的事业。**

为了能清晰地阐明马克思的经济理论，本书由浅入深地渐次采取三个方法：一是"两相对照法"，二是"通盘梳理法"，三是"专题研究法"。所谓"两相对照法"，就是以与传统教科书和工具书的观点（也是中国目前普遍的社会思维定势）对比的形式，把由于长期片面宣传，因而几乎已经失传的马克思的观点进行抢救性发掘、亮相和扶正。这个方法表现在本书的第一章。由于同一种错误往往有多种表现，为了能够逐一纠正，并且是从不同的角度、不同的方面进行纠正（这样可以有效地避免断章取义之嫌），这个对照列举得比较详尽，按照条目几乎涉及理论的每一个细节。它既有展开，又有归纳。展开可以到706条，归纳可以到仅仅1条。之所以要进行这样详尽的考证和列举：一是因为不破不立，不破除和粉碎根深蒂固的旧体系，新体系无以确立，而证明旧体系片面性最有力的论据莫过于马克思的原话；

二是因为如果人们要发展和"中国化"马克思主义，首先也必须完整准确地理解马克思主义；三是因为问题摆得愈充分、愈广泛（它囊括了迄今为止几乎所有的对马克思经济理论的拷问），反过来又可以检验本书立论的彻底性和可靠性；四是为了便于一般的读者独立查证；五是为了倡导一种"认真读书、扎实研究"的风气。这个对照彰显了马克思理论的博大精深，另一方面也表明，在马克思的著作中确实存在着两种看似互相矛盾的价值理论，并且，它们还犬牙交错。而教科书和工具书却都只讲了其中的一种，不讲或不完整讲另一种。本书的第二章至第六章采用的是"通盘梳理法"，即依据马克思的文本，在马克思的经济分期方法下，对马克思的经济理论进行通盘的重新梳理。这样就可以清晰地看到，马克思的两种价值理论在本质上是统一的。解读马克思的经济理论必须系统、完整、准确和深入，而且还必须要有所超越和发展。在这里，第一章所提出的所有矛盾都一一得到了消解。本书的第七章至第十一章采用的是"专题研究法"，即对社会主义实践中所遇到的几个关键问题进行比较深入的专题研究。

第一章　教科书和工具书对《资本论》的片面解读

众所周知,《资本论》是马克思的一部未完成的著作,因此必须联系《资本论》的手稿和马克思的其他著作来完整地解读。① 但是,迄今为止,国内通行的马克思主义政治经济学教科书和工具书却存在着四大通病:(1) 重大原理的阐述局限于《资本论》三卷本,不讲手稿及马克思其他著作中的有关思想。如关于劳动过程和价值增殖过程都只讲"统一",不讲手稿中"资本并不直接是生产和价值增殖的统一"的思想。② 从中国第一部《资本论》工具书《〈资本论〉辞典》,到最新的"马克思主义理论研究和建设工程重点教材"《马克思主义基本原理概论》都是这样。③ (2) 都把《资本论》只解读为剥削论,偶尔提到价值的调节功能,也从来都不解释由劳动所创造的价值何以能够去调节劳动。(3) 都没有区分马克思的适用于不同时期的价值理论,即没有区分活劳动价值论和社会必要劳动价值论。前者以劳动的

---

① "《资本论》的任何一个地方的内容都是如此丰富,以至于有时只有把它同其他的来源,例如同马克思的书信或《资本论》的草稿等等对照起来才可能完全理解。"[维哥德斯基:《〈剩余价值学说史〉在马克思经济学遗产中的地位》,三联书店1965年版,第94页。]

② 《马克思恩格斯全集》第46卷(上),第390页。

③ 参见宋涛主编:《〈资本论〉辞典》,山东人民出版社1988年版,第278—279页;本书编写组:《马克思主义基本原理概论》,高等教育出版社2008年修订版,第140页。

特殊性等于劳动的社会性为前提,因而适用于简单商品社会和非商品社会;后者以劳动的特殊性不等于劳动的社会性为前提,因而适用于发达商品社会。(4)都没有认识到只有一种完整而有效的社会必要劳动,即符合社会需要比例的劳动量对产品量平均的社会必要劳动,只有它才能对生产起调节作用。而不受社会需要约束的作为实耗劳动平均的社会必要劳动,马克思在《资本论》第一卷中就已经指出它不算数。①

本章将把教科书和工具书对于马克思文本的片面解读以"只讲……不讲……"这种最直观而鲜明、最浅显而易懂的形式进行列举。这个对比揭示当今的中国在马克思主义的理论教育和宣传上存在的片面性。

一 关于完整性——三卷本和第一卷都不完整

1. 只讲《资本论》三卷本,不讲手稿及马克思其他著作中的有关思想。

2. 只讲"第一卷已经是一个完整的部分",不讲"资本主义生产过程,就整体来看,是生产过程和流通过程的统一"。②——第一卷并不包括流通过程。

3. 只讲"马克思认为自己最好的东西对工人来说也不够好,他认为给工人提供不是最好的东西,那就是犯罪",不讲马克思即使是对法文版《资本论》也不是很满意,他说"这种用打补丁的方式作的修改,总是使一部著作显得很糟"。③

4. 只讲"我不能下决心在一个完整的东西还没有摆在我面前时,就送出任何一部分。不论我的著作有什么缺点,它们却有一个长处,

---

① 《马克思恩格斯全集》第23卷,第126页。
② 《马克思恩格斯全集》第25卷,第29页。
③ 《马克思恩格斯全集》第33卷,第561页。

即它们是一个艺术的整体；但是要达到这一点，只有用我的方法，在它们没有完整地摆在我面前时，不拿去付印"，不讲"这最后一卷……只是初稿，是断断续续写的，而且还没有完成"。①

5. 只讲"我不能下决心在一个完整的东西还没有摆在我面前时，就送出任何一部分。不论我的著作有什么缺点，它们却有一个长处，即它们是一个艺术的整体；但是要达到这一点，只有用我的方法，在它们没有完整地摆在我面前时，不拿去付印"，不讲利润"平均的过程事实上是怎样完成的呢？这是个特别有趣的问题，马克思本人对此谈得不多。但是，马克思的整个世界观不是教义，而是方法。它提供的不是现成的教条，而是进一步研究的出发点和供这种研究使用的方法。可见这里还有一些工作要做，马克思自己在这部初稿中没有做完"。②

6. 只讲已经出版的就是完成的，不讲当马克思得知"在目前条件下，《资本论》的第二册在德国不可能出版，这一点我很高兴，因为恰恰是在目前某些经济现象进入了新的发展阶段，因而需要重新加以研究"。③ ——《资本论》第二、第三卷是在马克思未来得及"重新加以研究"的情况下，由恩格斯整理出版。

二 关于研究对象——经济学原本是"节约"学

7. 只讲"经济学所研究的不是物，而是人和人之间的关系，归根到底是阶级和阶级之间的关系"，不讲"政治经济学，从最广的意义上说，是研究人类社会中支配物质生活资料的生产和交换的规律的科学"。④ ——在无阶级社会中同样有物质生活资料的生产和交换的

---

① 《马克思恩格斯全集》第37卷，第236页。
② 《马克思恩格斯全集》第39卷，第405—406页。
③ 《马克思恩格斯全集》第34卷，第424页。
④ 《马克思恩格斯全集》第20卷，第160页。

规律。

8. 只讲"经济学所研究的不是物，而是人和人之间的关系，归根到底是阶级和阶级之间的关系"，不讲"政治经济学从商品开始，即从产品由个别人或原始公社相互交换的时刻开始。进入交换的产品是商品。但是它成为商品，只是因为在这个物中、在这个产品中结合着两个人或两个公社之间的关系，即生产者和消费者之间的关系"。① ——"生产者和消费者之间的关系"与"阶级和阶级之间的关系"不宜直接等同。

9. 只讲"政治经济学不是工艺学"，不讲经济学是"节约"学。②

10. 只讲"商品的使用价值为商品学这门学科提供材料"，不讲"如果只有交换价值本身在经济学中起作用，那么，那些只同使用价值有关的要素后来怎么能加进来呢，例如就像在作为原料等等的资本的场合那样。……在阐述各篇章时，首先要并且必须说明，使用价值在怎样的范围内作为物质前提处在经济学及其形式规定之外，又在怎样的范围内进入经济学"。③

11. 只讲《资本论》的"最终目的就是揭示现代社会的经济运动规律"，不讲"价值规律正是商品生产的基本规律，从而也就是商品生产的最高形式即资本主义生产的基本规律"。④

12. 只讲经济学研究人和人之间的关系，不讲"按一定比例分配社会劳动的必要性，决不可能被社会生产的一定形式所取消，而可能改变的只是它的表现形式，这是不言而喻的。自然规律是根本不能取消的。在不同的历史条件下能够发生变化的，只是这些规律借以实现的形式。而在社会劳动的联系体现为个人劳动产品的私人交换的社会制度下，这种劳动按比例分配所借以实现的形式，正是这些产品的交

---

① 《马克思恩格斯全集》第13卷，第533页。
② 《马克思恩格斯全集》第46卷（下），第533页。
③ 《马克思恩格斯全集》第46卷（上），第223页。
④ 《马克思恩格斯全集》第20卷，第337页。

换价值。科学的任务正是在于阐明价值规律是如何实现的"。①

三 关于出发点——从一定的社会经济时期、利己的人和价值一般出发

13. 只讲"我的出发点是劳动产品在现代社会所表现的最简单的社会形式，这就是'商品'"，不讲"我的这种……从一定的社会经济时期出发的分析方法"。②

14. 只讲"我的出发点是劳动产品在现代社会所表现的最简单的社会形式，这就是'商品'"，不讲"马克思在第一卷的开头从他作为历史前提的简单商品生产出发"。③

15. 只讲坚持活劳动价值论，不讲"政治经济学本质上是一门历史的科学"，"贯串于全书的历史的见解，使作者不把经济规律看做永恒的真理，而仅仅看做某种暂时的社会状态的存在条件的表述"。④

16. 只讲第一卷的内容就是"政治经济学原理"，就是精髓，不讲"作者不是像通常所做的那样，把政治经济学的原理看做永远有效的真理，而是看做一定历史发展的结果。甚至当自然科学越来越变成历史的科学时，……政治经济学到现在为止却还是像数学一样是如此抽象的和普遍的科学。……马克思的不可抹煞的功绩，是他结束了这种局限的观念"。⑤

17. 只讲"我们的出发点是从事实际活动的人"，不讲"只有利己主义的个人才是现实的人"，"对于各个个人来说，出发点总是他们自己"。⑥

---

① 《马克思恩格斯全集》第32卷，第541页。
② 《马克思恩格斯全集》第19卷，第415页。
③ 《马克思恩格斯全集》第25卷，第17页。
④ 《马克思恩格斯全集》第20卷，第160—161页；第16卷，第234页。
⑤ 《马克思恩格斯全集》第16卷，第244—245页。
⑥ 《马克思恩格斯全集》第1卷，第443页；第3卷，第86页。

18. 只讲"我不是从'概念'出发，因而也不是从'价值概念'出发"，不讲"要阐明资本的概念，必须从价值出发"。①

四 关于劳动二重性——劳动二重性的关系区别不同的经济时期

19. 只讲"商品中包含的劳动的这种二重性，是首先由我批判地证明了的。这一点是理解政治经济学的枢纽"，不讲劳动二重性的相等与不等区别着不同的经济时代。②——简单商品社会和共产主义社会，劳动二重性相等；商品社会劳动二重性不相等。

20. 只讲劳动二重性的相等，不讲劳动二重性的不相等。③

21. 只讲劳动价值论，不讲活劳动价值论和社会必要价值论的区别与联系。

22. 只讲资本主义生产方式，不讲资本主义生产方式有"第一种"和"第二种"之分。④

23. 只讲商品世界的拜物教性质，不讲如果是劳动二重性相等的社会（包括"假定所用的劳动时间只是一定社会生产条件下的必要劳动时间"），那么"商品世界的全部神秘性，在商品生产的基础上笼罩着劳动产品的一切魔法妖术，就立刻消失了"。⑤

24. 只讲"一切劳动，从一方面看，是人类劳动力在生理学意义上的耗费；作为相同的或抽象的人类劳动，它形成商品价值。一切劳动，从另一方面看，是人类劳动力在特殊的有一定目的的形式上的耗费；作为具体的有用劳动，它生产使用价值"，⑥ 不讲它如何与这个

---

① 《马克思恩格斯全集》第46卷（上），第213页。
② 《马克思恩格斯全集》第23卷，第94—98页。
③ 《马克思恩格斯全集》第20卷，第335页。
④ 《马克思恩格斯全集》第49卷，第85页。
⑤ 《马克思恩格斯全集》第23卷，第213、93页。
⑥ 《马克思恩格斯全集》第23卷，第60页。

论点自洽："只有社会必要劳动时间才算是形成价值的劳动时间。"①

25. 只讲一切劳动从一方面看是具体劳动，从另一方面看是一般劳动，不讲"私人劳动，只有在它是社会必要劳动的时候，才包含着一般人的劳动"。②

26. 只讲"一般劳动即一切个人劳动"，不讲"个人用什么来证实他的私人劳动是一般劳动，他的私人劳动的产品是一般社会产品呢？用他的劳动的特殊内容，它的特殊的使用价值；这种特殊的使用价值是另一个个人的需要对象，所以这另一个个人为了这种使用价值便把自己的产品作为等价物让出。……劳动一旦具有由社会联系所决定的内容，——这就是物质的规定性和前提，——它就表现为一般劳动"。③

27. 只讲"价值只是劳动的另一种表现"，"商品价值由商品中包含的劳动时间决定这个一般规律和政治经济学的基础"，不讲价值"是在我们现代资本主义社会中用以表示包含在一定商品中的社会必要劳动量的一种表现"。④

28. 只讲价值是抽象劳动的结晶，不讲"抽象劳动发展为社会劳动"。⑤——马克思在劳动二重性相等时用"抽象劳动"，不等时用"社会劳动"。抽象劳动是一切劳动都具有的，而社会劳动只有对社会有效的劳动才具有。

29. 只讲"如果个人所生产的是自己的直接的生活资料，例如就像继续保留着自然发生的农业关系的国家中大多存在的情况那样，那么他的生产就不具有社会性质，他的劳动就不是社会劳动"，不讲"在一切生产阶段上都存在着劳动的某种共同性，即劳动的社会性

---

① 《马克思恩格斯全集》第23卷，第215页。
② 《马克思恩格斯全集》第20卷，第331—332页。
③ 《马克思恩格斯全集》第46卷（下），第469页。
④ 《马克思恩格斯全集》第22卷，第242页。
⑤ 《马克思恩格斯全集》第26卷（Ⅲ），第278页。

质"。①

30. 只讲"在同一时间内,劳动就一种属性来说必然创造价值,就另一种属性来说必然保存或转移价值",不讲"[在资本流通的条件下]……总消费表现为……作为交换价值的产品的尺度"。②

31. 只讲"假定所用的劳动时间只是一定社会生产条件下的必要劳动时间",不讲"关于商品直接就是货币或商品中的私人特殊劳动直接就是社会劳动的这种教条,当然不会因为有一个银行相信它并按照它经营就会变成现实。相反,在这种情形下,破产会来扮演实际批评家的角色"。③

32. 只讲"社会一旦占有生产资料并且以直接社会化的形式把它们应用于生产,每一个人的劳动,无论其特殊用途是如何的不同,从一开始就成为直接的社会劳动",不讲"我们的党有一天不得不出来执政,……在无产阶级大众的压力下,由于被我们自己所发表的、或多或少地已被曲解的、而且在党派斗争中多少带着激昂情绪提出来的声明和计划所约束,我们将不得不进行共产主义的实验,并实行跳跃,但这样做还不是时候,这一点我们自己知道得非常清楚。这样做,我们会丢掉脑袋,——但愿只在肉体方面,——就会出现反动,并且在全世界能够对这种事情作出历史的判断以前,我们不仅会被人视为怪物(这倒无所谓),而且会被人看成笨蛋,(那就糟糕多了)"。④

五 关于前提和假定——长期忽视的部分

活劳动价值论的前提和假定

33. 只讲"活劳动创造价值",不讲它"必须具备两个条件":

---

① 《马克思恩格斯全集》第46卷(上),第378页。
② 《马克思恩格斯全集》第46卷(上),第389页。
③ 《马克思恩格斯全集》第13卷,第76页。
④ 《马克思恩格斯全集》第28卷,第587—588页。

"第一，棉花和纱锭必须实际上用来生产使用价值。……第二，要假定所用的劳动时间只是一定社会生产条件下的必要劳动时间"。①

34. 只讲"活劳动创造价值"，不讲这"是在一个特定的社会形态中通行的价值。这种价值在这个特定的历史范围内是由体现在单个商品中的人的劳动来创造和计量的，而人的劳动则是简单劳动力的消耗"。②

35. 只讲价值由劳动决定，不讲这是"以马克思所作的那些附带条件为当然前提的"。③

36. 只讲"在劳动过程中，劳动加在劳动材料原有价值上的价值，与它的持续时间完全相等"，不讲它必须"一方面假定耗费的是必要劳动时间，另一方面假定在劳动过程中完成的一定劳动（不管这种劳动具有什么特殊形式，如纺织、挖掘等）是普通的平均劳动（同生产贵金属的劳动完全一样）"。④

37. 只讲剩余价值的唯一源泉是活劳动，不讲它"是以存在着对产品的需要为前提的"。⑤

38. 只讲"关于货币转化为资本的一章和剩余价值的产生的一章，就叙述和内容来说，是迄今为止最光辉的两章。……经济学家先生们在碰到上述两处时将陷入窘境"，不讲它"必须具备两个条件"："第一，棉花和纱锭必须实际上用来生产使用价值。……第二，要假定所用的劳动时间只是一定社会生产条件下的必要劳动时间"。⑥

39. 只讲"在这里也像在全部研究中一样，我们始终假定，商品能够卖出去，而且是按它的价值卖出去的"，不讲"设想能够同时在一切商品上打上能直接交换的印记，就像设想能够把一切天主教徒都

---

① 《马克思恩格斯全集》第23卷，第213页。
② 《马克思恩格斯全集》第20卷，第215页。
③ 《马克思恩格斯全集》第22卷，第236页。
④ 《马克思恩格斯全集》第47卷，第87页。
⑤ 《马克思恩格斯全集》第46卷（上），第390页。
⑥ 《马克思恩格斯全集》第23卷，第213页。

变成教皇一样"。①

价值并非与使用价值无关

40. 只讲"商品交换关系的明显特点,正在于抽去商品的使用价值",不讲"扬弃了只同一定的个人相联系的、从而直接为一定的个人而存在的有用性即使用价值,——但不是扬弃这种使用价值本身"。②

41. 只讲"价值同使用价值毫无共同之点",不讲"认为价值本身同使用价值无关……是错误的"。③

42. 只讲"商品的使用价值为商品学这门学科提供材料",不讲"最初我们所看到的只是充当经济关系的物质基质的使用价值,现在对经济范畴怎样起决定性的影响","在经济关系发展的不同阶段上,交换价值和使用价值是在各种不同的关系中被规定的,而且这种规定性本身就表现为价值本身的不同的规定。使用价值本身起着经济范畴的作用"。④

研究资本主义社会的价值不应该有供求平衡的假定

43. 只讲供求平衡假定,不讲它实际上是求大于供的假定,因为"像在全部研究中一样,我们始终假定,商品能够卖出去,而且是按它的价值卖出去的"。⑤

44. 只讲供求平衡下的价值由劳动时间决定,不讲它同时还必须假定各种劳动力都是"简单劳动力"。⑥

45. 只讲供求平衡下的价值等于社会必要劳动:"要使一个商品

---

① 《马克思恩格斯全集》第23卷,第84页。
② 《马克思恩格斯全集》第46卷(上),第224页。
③ 《马克思恩格斯全集》第46卷(上),第389页。
④ 《马克思恩格斯全集》第48卷,第340页;第46卷(下),第154页。
⑤ 《马克思恩格斯全集》第26卷(Ⅰ),第122页。
⑥ 《马克思恩格斯全集》第23卷,第58页。

按照它的市场价值来出售，也就是说，按照它包含的社会必要劳动来出售，耗费在这种商品总量上的社会劳动的总量，就必须同这种商品的社会需要的量相适应，即同有支付能力的社会需要的量相适应"，不讲社会必要劳动概念本身存在的前提就是供求不平衡。①

46. 只讲供求平衡下的价值等于社会必要劳动："要使一个商品按照它的市场价值来出售，也就是说，按照它包含的社会必要劳动来出售，耗费在这种商品总量上的社会劳动的总量，就必须同这种商品的社会需要的量相适应，即同有支付能力的社会需要的量相适应"，不讲无论供求平衡，还是不平衡，商品都"只能按照应该花费的社会劳动时间量来支付等价。因此，在这种情况下，总产品——即总产品的价值——就不等于它本身所包含的劳动时间，而等于这个领域的总产品同其他领域的产品保持应有的比例时按比例应当花费的劳动时间。……因为价值决定于社会必要劳动时间，而不决定于个别生产者要用的劳动时间"。②

47. 只讲"当供求互相均衡的时候，任何产品的相对价值都恰好由包含在产品中的劳动量来确定"，不讲它如何与这个论点自洽：当市场出清时（它包括供求平衡和求大于供两种情况），"在最坏条件下生产的商品就决定市场价值"。③——这样，中等和上等条件下生产的商品价值将都超过其包含在产品中的劳动量。

48. 只讲研究供求平衡下的价值，不讲"这种供求之间的正确比例早就不存在了。它已经过时了；它只有在生产资料有限、交换是在极狭隘的范围内进行的时候，才可能存在。随着大工业的产生，这种正确比例必然消失"。④

---

① 《马克思恩格斯全集》第 23 卷，第 52、125—126 页；第 25 卷，第 716—717、722 页；第 26 卷（Ⅰ），第 235 页。
② 《马克思恩格斯全集》第 26 卷（Ⅰ），第 235 页。
③ 《马克思恩格斯全集》第 25 卷，第 200 页。
④ 《马克思恩格斯全集》第 4 卷，第 109 页。

49. 只讲"如果供求平衡，商品的市场价格就和它的生产价格相一致，也就是说，这时它的价格就表现为由资本主义生产的内部规律来调节，而不是以竞争为转移"，不讲"如果资本主义生产必须在一切领域同时地、均匀地发展，那就根本不可能有任何资本主义生产"。①——"如果供求平衡"，就将没有所谓的"资本主义生产的内部规律"。

50. 只讲生产过程和价值增殖过程的统一，不讲生产过程和价值增殖过程的"矛盾"。②

51. 只讲劳动过程与价值增殖过程的统一，不讲它是以"简单生产过程"和"存在着对产品的需要为前提的"。③

52. 只讲劳动过程与价值增殖过程的统一，不讲只是"在生产过程内部，价值增殖和剩余劳动的生产（剩余时间的物化）完全是一回事"。④

53. 只讲劳动过程与价值增殖过程的统一，不讲"资本并不直接是生产和价值增殖的统一"。⑤

54. 只讲劳动过程与价值增殖过程的统一，不讲"以交换价值为基础的劳动的前提恰好是：不论是单个人的劳动还是他的产品，都不具有直接的一般性"。⑥

55. 只讲劳动过程与价值增殖过程的统一，不讲"请看麦克库洛赫的著作，为了挽救以资本为基础的生产，而把这种生产的一切特有属性、它的概念规定全都抛开，相反地把它看成是提供直接使用价值的简单生产。本质的关系完全被抽掉了。事实上，为了清除这种生产所具有的矛盾，干脆把这种生产抛弃和否定了。或者，例如像穆勒那

---

① 《马克思恩格斯全集》第26卷（Ⅱ），第607页。
② 《马克思恩格斯全集》第46卷（下），第526页。
③ 《马克思恩格斯全集》第46卷（上），第390页。
④ 《马克思恩格斯全集》第46卷（上），第386页。
⑤ 《马克思恩格斯全集》第46卷（上），第390页。
⑥ 《马克思恩格斯全集》第46卷（上），第120页。

样（庸俗的萨伊就是摹仿他的），做得更机灵了：说什么供给和需求是同一的，因而必然是一致的；也就是说，供给就是由供给本身的量来计量的需求"。①

56. 只讲劳动过程与价值增殖过程的统一，不讲"格雷把商品中所包含的劳动时间直接当作社会劳动时间，……这样一来，……资产阶级生产的基础也就会消灭"。②

57. 只讲"劳动过程所以表现为价值增殖过程，是由于：在劳动过程中所追加的具体劳动是社会必要劳动量"，不讲"欧文以直接社会化劳动为前提，就是说，以一种与商品生产截然相反的生产形式为前提"。③

58. 只讲"作为劳动过程和价值增殖过程的统一，生产过程是资本主义生产过程，是商品生产的资本主义形式"，不讲"认为不可能有生产过剩（或者说，断言资本的生产过程和价值增殖过程直接等同）的愚蠢看法"。④

59. 只讲生产过程与价值增殖过程的统一，不讲"作为生产过程和价值增殖过程的这种统一的结果表现出来的，是这个过程的产品，……价值本身表现为这个过程的产品，而且是更高的价值，因为这个价值比最初作为出发点的价值包含更多的物化劳动。这个价值作为价值是货币。但是它仅仅自在地是货币，它还没有表现为货币；……这个商品只是在观念上作为一定的货币额而存在，它要在交换中才能实现为一定的货币额"，"观念地转化为货币和实在地转化为货币决不是由同一些规律决定的"。⑤

60. 只讲更多的劳动就是更多的产品和更多的货币，不讲"产品

---

① 《马克思恩格斯全集》第46卷（上），第395页。
② 《马克思恩格斯全集》第13卷，第75页。
③ 《马克思恩格斯全集》第23卷，第112—113页。
④ 《马克思恩格斯全集》第46卷（上），第411页。
⑤ 《马克思恩格斯全集》第46卷（上），第383—384、135页。

始终直接就是货币——这种想法同资本的本性相矛盾，所以也同大工业的实践相矛盾"。①

61. 只讲更多的劳动就是更多的产品和更多的价值，不讲"纯粹的和一般的价值存在要以这样一种生产方式为前提，在这种生产方式下，单个的产品对生产者本身来说已经不是产品，对单个劳动者来说更是如此，而且，如果不通过流通来实现，就等于什么也没有。……价值规定本身要以社会生产方式的一定的历史阶段为前提，而它本身就是和这种历史阶段一起产生的关系，从而是一种历史的关系"。②

62. 只讲劳动"直接生产货币"，不讲"要使交换价值得到实现，要使银行的货币真正可以兑现，就必须使整个生产得到保证，而且要保证整个生产按照使交换者的需要得到满足的那种比例进行"。③

63. 只讲"资产阶级社会的基本前提是：劳动直接生产交换价值，从而生产货币"，不讲"体现在商品中的劳动时间量的真凭实据，并不能在交换价值世界中充当商品的价格"。④

64. 只讲"在考察一般资本时假定价格是同商品的价值一致的"，不讲"价格和价值的一致……这种要求是对建立在交换价值之上的生产关系的整个基础的否定"。⑤

65. 只讲"我们是从商品的价格同它的价值相一致这一前提出发的"，不讲"交换价值和价格的差别……决不是单纯名义上的差别，因为实际流通过程中威胁着商品的一切风暴正是集中在这个差别上"。⑥

---

① 《马克思恩格斯全集》第46卷（下），第43—44页。
② 《马克思恩格斯全集》第46卷（上），第205页。
③ 《马克思恩格斯全集》第46卷（上），第101页。
④ 《马克思恩格斯全集》第46卷（上），第106页。
⑤ 《马克思恩格斯全集》第46卷（下），第319页。
⑥ 《马克思恩格斯全集》第13卷，第59页。

六 关于价值——一种调节劳动的社会工具

价值的形成——社会合力

66. 只讲价值由生产领域工人的抽象劳动形成，不讲价值规律作为社会自然规律是由每一个人意志参与下的"合力"所形成："历史是这样创造的：最终的结果总是从许多单个的意志的相互冲突中产生出来的，……这样就有无数互相交错的力量，有无数个力的平行四边形，而由此就产生出一个总的结果，……以往的历史总是像一种自然过程一样地进行，而且实质上也是服从于同一运动规律的。但是，各个人的意志——其中的每一个都希望得到他的体质和外部的、终归是经济的情况（或是他个人的，或是一般社会性的）使他向往的东西——虽然都达不到自己的愿望，而是融合为一个总的平均数，一个总的合力，然而从这一事实中决不应作出结论说，这些意志等于零。相反地，每个意志都对合力有所贡献，因而是包括在这个合力里面的。"①

价值的功能——调节劳动

67. 只讲价值规律是社会规律，不讲价值规律的目的性："先前的历史发展使……人类全部力量的全面发展成为目的本身。"②

68. 只讲价值表现劳动，不讲价值"调节"劳动。③

69. 只讲价值表现劳动，不讲"价值规定""支配着生产运动"。④

---

① 《马克思恩格斯全集》第37卷，第461—462页。
② 《马克思恩格斯全集》第46卷（上），第486页。
③ 《马克思恩格斯全集》第32卷，第541页；第25卷，第995页；第23卷，第92页。
④ 《马克思恩格斯全集》第25卷，第232页。

70. 只讲按比例发展是社会主义社会特有的经济规律，不讲"按一定比例分配社会劳动的必要性，决不可能被社会生产的一定形式所取消，而可能改变的只是它的表现形式，这是不言而喻的。自然规律是根本不能取消的。在不同的历史条件下能够发生变化的，只是这些规律借以实现的形式"。①

71. 只讲"价值概念完全属于现代经济学"，不讲"价值规律已经在长达五千年至七千年的时期内起支配作用"。②

72. 只讲"经济学所知道的唯一的价值就是商品的价值"，"价值 [Wert] 或值 [Würde] 这两个词最初用于有用物本身，这种有用物在它们成为商品以前早就存在，甚至作为'劳动产品'而存在。但是这同商品'价值'的科学定义毫无共同之点"，"在研究价值时，涉及的是资产阶级关系"，不讲在鲁滨逊的故事中，就已经包含"价值的一切本质上的规定"。③

73. 只讲考茨基这个观点是错误的："现在的价值是商品生产的价值，但随着商品生产不再存在，价值也就'变了'，就是说，价值本身还存在，只是形式改变了"，不讲"这种按一定比例分配社会劳动的必要性，决不可能被社会生产的一定形式所取消，而可能改变的只是它的表现形式，这是不言而喻的。自然规律是根本不能取消的。在不同的历史条件下能够发生变化的，只是这些规律借以实现的形式。而在社会劳动的联系体现为个人劳动产品的私人交换的社会制度下，这种劳动按比例分配所借以实现的形式，正是这些产品的交换价值。科学的任务正是在于阐明价值规律是如何实现的"。④

74. 只讲"价值概念泄露了资本的秘密"，不讲"价值问题"就

---

① 《马克思恩格斯全集》第32卷，第541页。
② 《马克思恩格斯全集》第25卷，第1019页。
③ 《马克思恩格斯全集》第23卷，第93—94页。
④ 《马克思恩格斯全集》第32卷，第541页。

是"某物品是否应当生产的问题"。①

75. 只讲到共产主义社会不需要价值插手，不讲"到那个时候，价值这个概念实际上就会愈来愈只用于解决生产的问题，而这也是它真正的活动范围"。②

76. 只讲"商品的成本价格总是小于商品的价值"，不讲资本有可能"连原有价值也要丧失"。③——所以商品的成本价格并不总是小于商品的价值。

77. 只讲只要产品按价值出售，私人劳动就可以"不断地被化为它们的社会的比例尺度"，不讲"供求的'比例性关系'，也就是一种产品在生产总和中所占的比例，根本不决定于这种产品按照相等于生产费用的价格的出售"。④

78. 只讲劳动的持续时间越长价值越大，不讲"劳动的特殊内容"和工艺决定盈亏。⑤

79. 只讲劳动的持续时间越长价值越大，不讲"生产力的革命会改变……进行生产所需要的比例。如果生产不顾这些变化而向前发展，那么最后，在交换中这一方或另一方就会出现亏损、负数"。⑥

80. 只讲资本从低利行业向高利行业的转移会实现社会劳动时间的按社会需要分配，不讲价值如果不表现效用，"就决不能调节供求的正确关系"。⑦

81. 只讲"供给和需求是由生产本身决定的"，不讲"是什么东西维持了生产的正确的或大致正确的比例呢？是支配供给并先于供给

---

① 《马克思恩格斯全集》第2卷，第62页。
② 《马克思恩格斯全集》第1卷，第605页。
③ 《马克思恩格斯全集》第46卷（上），第385页。
④ 《马克思恩格斯全集》第4卷，第105页。
⑤ 《马克思恩格斯全集》第20卷，第335页；第46卷（下），第469页。
⑥ 《马克思恩格斯全集》第46卷（上），第438页。
⑦ 《马克思恩格斯全集》第4卷，第105页。

的需求；生产是紧随着消费的"。①

82. 只讲"只有在生产受到社会实际的预定的控制的地方，社会才会在用来生产某种物品的社会劳动时间的数量，和要由这种物品来满足的社会需要的规模之间，建立起联系"，不讲"是什么东西维持了生产的正确的或大致正确的比例呢？是支配供给并先于供给的需求；生产是紧随着消费的"，"消费的需要决定着生产"。②

83. 只讲商品包含的价值越多越好，不讲"这种为了价值和剩余价值而进行的生产，……要把生产商品所必需的劳动时间，也就是把商品的价值，缩减到当时的社会平均水平以下"。③

84. 只讲市场价值是个别价值的平均，不讲由于生产的"比例失调而引起的市场价值的提高或降低，造成资本从一个生产领域抽出并转入另一个生产领域，造成资本从一个领域向另一个领域的转移"。④——价值不是取决于个别价值的平均，而是取决社会需要的比例量对产品量的平均。

85. 只讲价值"衡量商品所有者的社会财富"，不讲"价值是生产费用对效用的关系"。⑤——只有把价值换算为"不变价格"，它才可以被借用来比较财富。

价值的要素——供求

稀有性

86. 只讲价值的要素是劳动，不讲"稀有性……是交换价值的要素"。⑥

---

① 《马克思恩格斯全集》第 4 卷，第 109 页。
② 《马克思恩格斯全集》第 4 卷，第 109 页；第 46 卷（上），第 37 页。
③ 《马克思恩格斯全集》第 25 卷，第 996 页。
④ 《马克思恩格斯全集》第 26 卷（Ⅱ），第 595 页。
⑤ 《马克思恩格斯全集》第 1 卷，第 605 页。
⑥ 《马克思恩格斯全集》第 46 卷（上），第 124 页。

占有

87. 只讲"一种不是劳动产品的使用价值不可能有价值",不讲"水、土地(特别是这土地)、矿藏等等,它们被占有,从而具有交换价值,因此作为价值列入生产费用"。① ——当然,"占有"也是一种"人的活动",因此也属于马克思的广义"劳动"范畴。②

流通

88. 只讲"流通并不造成价值规定本身的任何要素,因为这种要素完全由劳动决定",不讲流通"包括在价值规定本身之中"。③

89. 只讲生产领域决定价值,不讲"交换价值的设定过程在自己进一步的发展中又表现为流通"。④

90. 只讲"在生产过程本身中——在这里资本一直被看作价值——资本的价值增殖表现为完全取决于资本作为物化劳动同活劳动的关系,即资本同雇佣劳动的关系",不讲"作为商品,资本却表现为取决于生产过程之外的流通"。⑤

91. 只讲"劳动过程同时是价值增殖过程,因而这个过程的结果不仅是使用价值(产品),而且同时是交换价值,是使用价值和交换价值的统一,即商品",不讲"商品起初仅仅在可能性上是使用价值和交换价值;商品只有出现在流通中,它才作为这两者确立起来"。⑥

92. 只讲"商品的价值是由包含在商品中的劳动时间提供的",不讲"这就等于说,……即使商品还不是可以被交换的,它也是价值"。⑦

93. 只讲活劳动在生产领域创造价值,不讲"资本在生产中的价值增殖过程是否直接决定资本在流通中的价值实现;资本在生产过程

---

① 《马克思恩格斯全集》第46卷(下),第228页。
② 《马克思恩格斯全集》第42卷,第127页。
③ 《马克思恩格斯全集》第46卷(下),第260页。
④ 《马克思恩格斯全集》第46卷(上),第209页。
⑤ 《马克思恩格斯全集》第46卷(上),第386页。
⑥ 《马克思恩格斯全集》第46卷(下),第488页。
⑦ 《马克思恩格斯全集》第44卷,第119页。

中实现的价值增殖是否就是资本的现实的价值增殖。……交换价值没有交换就不是价值"。①

94. 只讲劳动的社会性是劳动所"固有的",不讲"商品的可交换性是作为货币存在于商品之外,……商品最初是和这种东西不等同的;而等同本身取决于外部条件,也就是说,是偶然的"。②

95. 只讲"社会劳动时间可以说只是潜伏在这些商品中,只是在它们的交换过程中才显露出来",不讲"交换最先赋予劳动以一般性质,……在交换价值的基础上,劳动只有通过交换才能成为一般劳动"。③

供求

96. 只讲"一种不是劳动产品的使用价值不可能有价值",不讲在鲁滨逊的故事中,"需要本身迫使他精确地分配自己执行各种职能的时间。在他的全部活动中,这种或那种职能所占比重的大小,取决于他为取得预期效果所要克服的困难的大小。……价值的一切本质上的规定都包含在这里了","劳动尺度本身……是由必须达到的目的和为达到这个目的而必须由劳动来克服的那些障碍所提供的"。④

97. 只讲"你们如果以为劳动和其他任何一种商品的价值归根到底仿佛是由供给和需求决定的,那你们就完全错了",不讲"劳动……就像任何其他商品的价值一样,是由需求和供给决定的"。⑤

98. 只讲"第一卷表明,资本家怎样从工人那里榨取剩余价值,第二卷则表明,这个最初包含在商品里的剩余价值怎样实现为货币。……第三卷所阐述的就是剩余价值的分配规律",不讲"构成价值统一体的劳动不只是相同的简单的平均劳动"。⑥ ——在《资本论》

---

① 《马克思恩格斯全集》第 46 卷(上),第 394 页。
② 《马克思恩格斯全集》第 46 卷(上),第 93 页。
③ 《马克思恩格斯全集》第 46 卷(上),第 119 页。
④ 《马克思恩格斯全集》第 23 卷,第 93—94 页;第 46 卷(下),第 112 页。
⑤ 《马克思恩格斯全集》第 46 卷(上),第 266 页。
⑥ 《马克思恩格斯全集》第 26 卷(Ⅲ),第 145 页。

中，不仅有作为剥削论的活劳动价值论和剩余价值论，还有作为调节论的社会必要劳动价值论。

99. 只讲社会必要劳动是抽象劳动量，不讲在阶级社会中，社会必要劳动"确定"的是"用途大小"。①

100. 只讲"活劳动创造价值"，不讲"商品的使用价值，是它的交换价值的前提，从而也是它的价值的前提"，"需求的产生，也像它们的满足一样，本身是一个历史过程"。②

101. 只讲"活劳动创造价值"，不讲"如果英国的棉纺织工厂所能够交换的劳动不能造成1000个国内和国外的销售市场，它们就不能创造出更多的价值"。③

102. 只讲"活劳动创造价值"，不讲"社会对……各种东西的需要……是有限度的"，"而没有使用价值就不会有交换，也不会有交换价值"。④

103. 只讲"活劳动创造价值"，不讲"价值是量上一定的可交换性"，"商品只有在和自己的自然属性相联系的并且和交换者的需要相适应的数量上，才是可交换的"。⑤

104. 只讲"活劳动创造价值"，不讲"供给取决于对它的现有需求量"。⑥——劳动量本身取决于需要量。

105. 只讲"在英国采用蒸汽织布机以后，把一定量的纱织成布所需要的劳动可能比过去少一半。实际上，英国的手工织布工人把纱织成布仍旧要用以前那样多的劳动时间，但这时他一小时的个人劳动的产品只代表半小时的社会劳动，因此价值也降到了它以前的一半"，不讲当市场出清时（它包括供求平衡和求大于供两种情况），"在最坏

---

① 《马克思恩格斯全集》第4卷，第105页。
② 《马克思恩格斯全集》第25卷，第716页；第3卷，第80页。
③ 《马克思恩格斯全集》第44卷，第112页。
④ 《马克思恩格斯全集》第23卷，第125页；第46卷（下），第470页。
⑤ 《马克思恩格斯全集》第46卷（上），第84、85—86页。
⑥ 《马克思恩格斯全集》第46卷（上），第395页。

条件下生产的商品就决定市场价值"。①

106. 只讲"新追加的全部劳动表现为一年内新创造的价值,而这种价值又会分解为三种收入:工资、利润和地租",不讲"制造对于别人没有使用价值的物品,那末他的全部力量就不能造成丝毫价值;如果他坚持用手工的方法去制造一种物品,而机器生产这种物品却比他制造的便宜二十倍,那末他所投入的力量的二十分之十九既没有造成任何价值,也没有造成一种特殊的价值量"。②

107. 只讲社会需要"具有很大伸缩性和变动性。它的固定性是一种假象","如果供求决定市场价格,那末另一方面,市场价格,并且进一步分析也就是市场价值,又决定供求。说到需求,那是很清楚的,因为需求按照和价格相反的方向变动,如果价格跌落,需求就增加,相反,价格提高,需求就减少",不讲"作为特定的、片面的、具有某种质的使用价值,例如谷物,它的数量本身只是在一定程度内才是可多可少的"。③

108. 只讲"商品的资本主义费用是用资本的耗费来计量的,而商品的实际费用则是用劳动的耗费来计量的。所以,商品的资本主义的成本价格,在数量上是与商品的价值或商品的实际成本价格不同的;它小于商品价值",不讲"价值是生产费用对效用的关系"。④

109. 只讲"产品的价值=原料的价值+劳动工具已被消耗的部分(即已转移到产品上的、扬弃了其原来形式的那一部分)的价值+劳动的价值。或者说,产品的价格等于这些生产费用,也就是=在生产过程中消费掉的各种商品的价格总和。换句话说,这不过表明,生产过程就其物质方面来看,对于价值来说毫无关系;因此,价值始终不变,只是采取了另一种物质存在方式,体现在另一种实体和形式上

---

① 《马克思恩格斯全集》第25卷,第200页。
② 《马克思恩格斯全集》第20卷,第204—205页。
③ 《马克思恩格斯全集》第46卷(上),第387页。
④ 《马克思恩格斯全集》第1卷,第605页。

(实体的形式同经济形式即价值本身无关)",不讲"个人用什么来证实他的私人劳动是一般劳动,……用他的劳动的特殊内容,它的特殊的使用价值"。①

110. 只讲"退出生产过程的产品的价值只等于投入生产过程的商品价值的总和",不讲产品将根据其使用价值被社会重新"赋予"价值。②

111. 只讲在资本主义社会,社会劳动时间的比例"同这些物品的用途或它们的使用价值的特殊性质没有任何内在联系",不讲"社会总资本分在不同生产部门中的量,……决定于社会对……这些特殊生产部门所创造的商品使用价值的需要的变动的比例"。③

112. 只讲"使用价值总是交换价值的承担者,但不是它的原因",不讲"地租以及土地价值会随着土地产品市场的扩大,也就是随着非农业人口的增加,随着他们对食物和原料的需要和需求的增加而发展起来。……在商品生产及其绝对形态即资本主义生产的基础上,这对其他一切生产部门和产品来说都是适用的"。④

113. 只讲使用价值不决定价值,不讲价值的实现"取决于使用价值","纯粹的和一般的价值存在要以这样一种生产方式为前提,在这种生产方式下,单个的产品对生产者本身来说已经不是产品,对单个劳动者来说更是如此,而且,如果不通过流通来实现,就等于什么也没有"。⑤

114. 只讲使用价值不决定价值,不讲只是在"直接劳动"不再是"生产和财富的宏大基石"的时候,"交换价值也不再是使用价值的尺度"。⑥——在这之前,交换价值是社会的使用价值的尺度。

---

① 《马克思恩格斯全集》第46卷(下),第469页。
② 《马克思恩格斯全集》第46卷(上),第182页。
③ 《马克思恩格斯全集》第49卷,第71页。
④ 《马克思恩格斯全集》第25卷,第718页。
⑤ 《马克思恩格斯全集》第46卷(上),第411、205页。
⑥ 《马克思恩格斯全集》第46卷(下),第218页。

115. 只讲使用价值不决定价值，不讲"[在资本流通的条件下]……总消费表现为……作为交换价值的产品的尺度"。①

116. 只讲"物品的效用是一种纯主观的根本不能绝对确定的东西"，不讲"竞争是唯一能比较客观地、似乎一般能决定物品效用大小的办法"。②

117. 只讲"物品的效用是一种纯主观的根本不能绝对确定的东西"，不讲"社会一旦占有生产资料"，"它必须按照生产资料，其中特别是劳动力，来安排生产计划。各种消费品的效用（它们被相互衡量并和制造它们所必需的劳动量相比较）最后决定这一计划"。③——效用是可以"相互衡量"的。

118. 只讲"相互之间毫无共同尺度的使用价值，不能按照它们的有用程度把它们作为交换价值来估价"，不讲"使用价值作为一般的使用价值，只是观念的使用价值"。④

119. 只讲使用价值的物质性，不讲"如果说商品的'价值'只是一切社会形式内都存在的东西的一定的历史形式，那末，以商品的'使用价值'为特征的'社会使用价值'也是这样"。⑤

120. 只讲使用价值就是物质品，不讲"单位商品虽然具有使用价值，这些单位商品的总量在既定的前提下却会丧失它的一部分使用价值"。⑥

121. 只讲"那些本身没有任何价值，即不是劳动产品的东西（如土地），或者至少不能由劳动再生产的东西（如古董，某些名家的艺术品等等）的价格，可以由一系列非常偶然的情况来决定"，不讲"[在资本流通的条件下]……总消费表现为……作为交换价值的产品

---

① 《马克思恩格斯全集》第46卷（上），第389页。
② 《马克思恩格斯全集》第1卷，第605页。
③ 《马克思恩格斯全集》第20卷，第334页。
④ 《马克思恩格斯全集》第46卷（下），第481页。
⑤ 《马克思恩格斯全集》第19卷，第421页。
⑥ 《马克思恩格斯全集》第26卷（Ⅱ），第595页。

的尺度"。①

122. 只讲"只有劳动才赋予已发现的自然产物以一种经济学意义上的价值",不讲商品的"形式赋予它们以交换价值"。②

123. 只讲"只有劳动才赋予已发现的自然产物以一种经济学意义上的价值",不讲"不具有任何价值的商品,最初是由于可交换性而得到价值的"。③

124. 只讲"12个人在一个144小时的共同工作日中提供的总产品,比12个单干的劳动者每人劳动12小时或者一个劳动者连续劳动12天所提供的产品要多得多",更多的产品就是更多的价值或剩余价值,不讲它如何与这个论点自洽:"在价值生产上,多数始终只是许多个数的总和。因此对于价值生产来说,1200个工人无论是单独进行生产,还是在同一资本指挥下联合起来进行生产,都不会引起任何差别。"④

125. 只讲更多的产品就是更多的价值或剩余价值,不讲"产品的单纯增加并不使价值增加"。⑤

126. 只讲更多的产品就是更多的价值或剩余价值,不讲"他能否赚回这些支出,取决于他运产品去的那个国家的富有程度及其需要等等,取决于产品对这个国家的使用价值"。⑥

127. 只讲更多的产品就是更多的价值或剩余价值,不讲"如果[产品的增长]是均匀地发生的,那么,价值就永远不会变动,因而资产阶级生产就没有任何刺激了。正因为这不是均匀地发生的,所以一切冲突就发生了,但同时也就有了资产阶级的进步"。⑦

---

① 《马克思恩格斯全集》第46卷(上),第389页。
② 《马克思恩格斯全集》第46卷(上),第182页。
③ 《马克思恩格斯全集》第44卷,第119页。
④ 《马克思恩格斯全集》第23卷,第358—359页。
⑤ 《马克思恩格斯全集》第46卷(下),第277页。
⑥ 《马克思恩格斯全集》第46卷(下),第13页。
⑦ 《马克思恩格斯全集》第44卷,第110页。

128. 只讲价值"在观念上先于流通而存在了，已经决定了"，不讲"同样多的劳动时间，昨天还确实是生产一码麻布的社会必要劳动时间，今天就不是了"。①

129. 只讲"社会劳动时间可以说只是潜伏在这些商品中，只是在它们的交换过程中才显露出来"，不讲"生产行为可能失败，而货币在生产行为中失掉了自己不朽的形式"。②

130. 只讲"工人把一定量的劳动——撇开他的劳动所具有的特定的内容、目的和技术性质——加到劳动对象上，也就把新价值加到劳动对象上"，不讲"资本主义生产过程，就整体来看，是生产过程和流通过程的统一"，"假定这个过程失败了，……资本家的货币就会变成无价值的产品，不仅得不到任何新价值，而且连原有价值也要丧失"。③

131. 只讲生产力的差异会造成盈亏，不讲供求比例的失调也能造成盈亏："价值是私人产品中所包含的社会劳动的表现，在这里已经存在着社会劳动和同一产品中所包含的私人劳动二者之间的差别的可能性。这样，如果一个私人生产者在社会的生产方式不断进步的时候，仍用旧的方式进行生产，那末他会深切地感到这一差别。当某类商品的全体私人生产者生产的商品超过社会所需要的数量的时候，也会发生同样的现象。"④

132. 只讲价值由包含的必要劳动时间决定，不讲价值由"再生产所需要的社会必要劳动时间决定"，"再生产时间由商品的使用价值决定"。⑤

---

① 《马克思恩格斯全集》第23卷，第126页。
② 《马克思恩格斯全集》第46卷（上），第277页。
③ 《马克思恩格斯全集》第25卷，第29页；第46卷（上），第385页。
④ 《马克思恩格斯全集》第20卷，第335页。
⑤ 《马克思恩格斯全集》第25卷，第158页；第46卷（下），第547页。

价值与雇佣劳动——没有必然联系

133. 只讲"劳动能力本身是这样的使用价值：这种能力的消费同劳动的物化，从而同交换价值的创造直接一致"，不讲价值是一种"社会的量"。①

134. 只讲活劳动是"价值的活的源泉"，不讲正是马克思发现，"并非任何仿佛是或者甚至真正是生产某一商品所必需的劳动，都会在任何条件下使该商品具有与所消耗的劳动量相当的数量的价值"。②

135. 只讲活劳动是"价值的活的源泉"，不讲"社会必要劳动"是一种"自然规律"。③

136. 只讲"价值规律则确认，只有活劳动才具有""价值的源泉"的属性，不讲"价值规律"是一种"自然规律"。④——自然规律不是个人所能创造的。

137. 只讲"价值规律则确认，只有活劳动才具有""价值的源泉"的属性，不讲"社会需要，即社会规模的使用价值，对于社会总劳动时间分别用在各个特殊生产领域的份额来说，是有决定意义的。但这不过是已经在单个商品上表现出来的同一规律，也就是：商品的使用价值，是它的交换价值的前提，从而也是它的价值的前提。……社会劳动时间可分别用在各个特殊生产领域的份额的这个数量界限，不过是整个价值规律进一步发展的表现"。⑤

138. 只讲"价值规律则确认，只有活劳动才具有""价值的源泉"的属性，不讲"只有通过竞争的波动从而通过商品价格的波动，商品生产的价值规律才能得到贯彻，社会必要劳动时间决定商品价值

---

① 《马克思恩格斯全集》第26卷（Ⅲ），第139页。
② 《马克思恩格斯全集》第22卷，第236页。
③ 《马克思恩格斯全集》第23卷，第92页。
④ 《马克思恩格斯全集》第25卷，第995页。
⑤ 《马克思恩格斯全集》第25卷，第716—717页。

这一点才能成为现实",由"竞争"决定,就是"由供求来决定"。①

139. 只讲"价值规律"不是"供求规律",不讲"劳动尺度本身……是由必须达到的目的和为达到这个目的而必须由劳动来克服的那些障碍所提供的"。②

140. 只讲"雇佣劳动及其使用的特殊规定性——就是增大它所交换的商品的价值,创造剩余价值",不讲"就劳动具有雇佣劳动的特殊的社会性质来说,它不形成价值。……当我们把劳动确定为形成价值的要素时,我们不是从它作为生产条件的具体形式上来考察它,而是从一种和雇佣劳动的社会规定性不同的社会规定性上来考察它"。③

141. 只讲"雇佣劳动及其使用的特殊规定性——就是增大它所交换的商品的价值,创造剩余价值",不讲"必要劳动时间"是由竞争"按比例""分配"的。④

142. 只讲"生产交换价值本身的直接劳动就是雇佣劳动",不讲"雇佣劳动却并不决定价值"。⑤

143. 只讲"同资本相对立的工人的生产劳动,始终只代表单个工人的劳动",不讲"单个劳动本身不再是生产的,相反,它只有在征服自然力的共同劳动中才是生产的,而直接劳动到社会劳动的这种上升,表现为单个劳动在资本所代表、所集中的共同性面前被贬低到无能为力的地步"。⑥

144. 只讲直接的物质劳动是生产劳动,不讲"随着大工业的发展,……直接劳动本身不再是生产的基础"。⑦

---

① 《马克思恩格斯全集》第21卷,第215页;第26卷(Ⅲ),第100页。
② 《马克思恩格斯全集》第46卷(下),第112页。
③ 《马克思恩格斯全集》第25卷,第930页。
④ 《马克思恩格斯全集》第26卷(Ⅰ),第234—235页。
⑤ 《马克思恩格斯全集》第25卷,第997页。
⑥ 《马克思恩格斯全集》第46卷(下),第212—213页。
⑦ 《马克思恩格斯全集》第46卷(下),第222页。

145. 只讲"产品从个体生产者的直接产品转化为社会产品，转化为总体工人即结合劳动人员的共同产品。总体工人的各个成员较直接地或者较间接地作用于劳动对象。因此，随着劳动过程本身的协作性质的发展，生产劳动和它的承担者即生产工人的概念也就必然扩大"，不讲"随着大工业的发展，……作为生产者出现的，是社会活动的结合"。①

146. 只讲"资本在它不使用活劳动的期间，不创造任何剩余价值"，不讲"在所谓的投机行为、投机危机（股票等投机）时期，可以看到：劳动过程（真正的物质生产）只是一种非常麻烦的条件，从而资本主义国家普遍热中于不使用手段（劳动过程）去达到目的（价值增殖过程）"。②

147. 只讲"交易所并不是资产者剥削工人的机构，而是他们自己相互剥削的机构；在交易所里转手的剩余价值是已经存在的剩余价值，是过去剥削工人的产物。只有在这种剥削完成后，剩余价值才能为交易所里的尔虞我诈效劳"，不讲由于生产的"比例失调而引起的市场价值的提高或降低"。③

148. 只讲"劳动是生产的真正灵魂"，不讲"全部人的活动迄今都是劳动"。④

价值的实质——是一种社会关系

149. 只讲价值是抽象劳动，不讲"抽象一般劳动属于一种社会关系"。⑤

150. 只讲价值体现的是一般人的力量的耗费，是一种生理性的

---

① 《马克思恩格斯全集》第46卷（下），第222页。
② 《马克思恩格斯全集》第47卷，第104页。
③ 《马克思恩格斯全集》第26卷（Ⅱ），第595页。
④ 《马克思恩格斯全集》第42卷，第127页。
⑤ 《马克思恩格斯全集》第13卷，第25页。

"能"或"力",不讲价值"是人和人之间的关系"。①

151. 只讲"'直接的'价值规定在资产阶级社会中的作用是多么小","价值由劳动时间决定这一事实,从此在商品交换的表面上再也看不出来了",不讲"纯粹的和一般的价值存在要以这样一种生产方式为前提,在这种生产方式下,单个的产品对生产者本身来说已经不是产品,对单个劳动者来说更是如此,而且,如果不通过流通来实现,就等于什么也没有。……价值规定本身要以社会生产方式的一定的历史阶段为前提,而它本身就是和这种历史阶段一起产生的关系,从而是一种历史的关系"。②——价值规定是一种历史的关系。

152. 只讲"商品内在的价值尺度即劳动时间",不讲"商品的价值量表现着一种必然的、商品形成过程内在的同社会劳动时间的关系"。③

153. 只讲"作为价值的唯一源泉的一般社会劳动",不讲价值"就像汇率一样","'价值'不是绝对的东西,不能把它看成某种独立存在的东西"。④

154. 只讲劳动力的"使用价值本身具有一种成为交换价值源泉的独特属性,它的实际使用本身就是劳动的物化,从而就是价值的创造",不讲"绝对价值是胡扯","物化工作日支配更多的活工作日,这是一切价值创造和资本创造的精髓"。⑤——"一切价值创造和资本创造"都只是指一种不等价交换。

155. 只讲活劳动是价值的唯一源泉,不讲"商品的现实价值不是它的个别价值,而是它的社会价值"。⑥

---

① 《马克思恩格斯全集》第26卷(Ⅲ),第159页。
② 《马克思恩格斯全集》第46卷(上),第205页。
③ 《马克思恩格斯全集》第23卷,第120页。
④ 《马克思恩格斯全集》第23卷,第99页;第26卷(Ⅲ),第140页。
⑤ 《马克思恩格斯全集》第46卷(下),第53、99页。
⑥ 《马克思恩格斯全集》第23卷,第353页。

价值的计量——社会需要的比例量对产品量的平均

156. 只讲"交换价值的实体是抽象劳动，交换价值的量是抽象劳动时间的长度"，不讲"抽象劳动发展为社会劳动"。①

157. 只讲"如果生产一件上衣所需要的一切有用劳动的生产力不变，上衣的价值量就同上衣的数量一起增加"，不讲"总产品的价值……等于这个领域的总产品同其他领域的产品保持应有的比例时按比例应当花费的劳动时间"。②

158. 只讲假定工作日长度不变，工作日产品的总价值不变，不讲"社会对麻布的需要，像对其他各种东西的需要一样，是有限度的，如果他的竞争者已经满足了这种需要，我们这位朋友的产品就成为多余的、过剩的，因而是无用的了"，"同样多的劳动时间，昨天还确实是生产一码麻布的社会必要劳动时间，今天就不是了"。③

159. 只讲"只是社会必要劳动量，或生产使用价值的社会必要劳动时间，决定该使用价值的价值量"，"社会必要劳动时间是在现有的社会正常的生产条件下，在社会平均的劳动熟练程度和劳动强度下制造某种使用价值所需要的劳动时间"，不讲不受社会需求约束的，作为实耗劳动平均的"社会必要劳动时间"不算数："假定市场上的每一块麻布都只包含社会必要劳动时间。即使这样，这些麻布的总数仍然可能包含耗费过多的劳动时间"，"总产品的价值……等于这个领域的总产品同其他领域的产品保持应有的比例时按比例应当花费的劳动时间"，"单位商品的价值（价格）等于产品的总价值除以产品总量"。④

---

① 《马克思恩格斯全集》第26卷（Ⅲ），第278页。
② 《马克思恩格斯全集》第26卷（Ⅰ），第235页。
③ 《马克思恩格斯全集》第23卷，第125—126页。
④ 《马克思恩格斯全集》第23卷，第126页；第26卷（Ⅰ），第235页；第26卷（Ⅱ），第294页。

160. 只讲"只是社会必要劳动量，或生产使用价值的社会必要劳动时间，决定该使用价值的价值量"，"社会必要劳动时间是在现有的社会正常的生产条件下，在社会平均的劳动熟练程度和劳动强度下制造某种使用价值所需要的劳动时间"，不讲"价值不是由单独生产某种产品所必要的时间构成，而是与同一时间内所能生产的一切其他产品的数量成比例"。①

161. 只讲"只是社会必要劳动量，或生产使用价值的社会必要劳动时间，决定该使用价值的价值量"，"社会必要劳动时间是在现有的社会正常的生产条件下，在社会平均的劳动熟练程度和劳动强度下制造某种使用价值所需要的劳动时间"，不讲它如何与这个论点自洽：在所有劳动都有用的情况下，"在最坏条件下生产的商品就决定市场价值"。在并非所有劳动都有用的情况下，将由最好或较好条件下生产的商品调节市场价值。②

162. 只讲"市场价值，……应看作是一个部门所生产的商品的平均价值"，它就是"社会必要劳动"，不讲"假定市场上的每一块麻布都只包含社会必要劳动时间。即使这样，这些麻布的总数仍然可能包含耗费过多的劳动时间。如果市场的胃口不能以每码2先令的正常价格吞下麻布的总量，这就证明，在全部社会劳动时间中，以织麻布的形式耗费的时间太多了。其结果就像每一个织布者花在他个人的产品上的时间都超过了社会必要劳动时间一样"。③——既然作为实劳动平均的"社会必要劳动"不算数，那么，作为个别价值平均的市场价值也不算数。

163. 只讲"每一单个商品或商品总量的每一相应部分的平均价格或市场价值，在这里是由那些在不同条件下生产的商品的价值相加而成的这个总量的总价值，以及每一单个商品从这个总价值中所分摊

---

① 《马克思恩格斯全集》第4卷，第121页。
② 《马克思恩格斯全集》第25卷，第200页。
③ 《马克思恩格斯全集》第23卷，第126页。

到的部分决定的"，不讲价值的计量单位首先是社会需要量对货币量的平均，因为"［在资本流通的条件下］……总消费表现为……作为交换价值的产品的尺度。……产品作为价值，它的尺度是流通中存在的物化劳动量"；① 其次是社会需要的比例量对产品量的平均，因为"总产品的价值……不等于它本身所包含的劳动时间，而等于这个领域的总产品同其他领域的产品保持应有的比例时按比例应当花费的劳动时间"，"单位商品的价值（价格）等于产品的总价值除以产品总量"。②

164. 只讲"商品的价值量与体现在商品中的劳动的量成正比，与这一劳动的生产力成反比"，不讲前者"是以存在着对产品的需要为前提的"，后者必须"假定流通是个不变量"。③

165. 只讲价值是实际成本，不讲价值是"按一定社会规律计量的劳动量"。④

166. 只讲价值"是由产品本身的情况造成的"，交换只是赋予价值以形式，不讲价值由社会"规定"。⑤

167. 只讲价值由生产领域的劳动量决定，不讲"这个劳动量本身是社会地决定的"。⑥

168. 只讲"劳动是价值的实体和内在尺度"，不讲"劳动尺度本身……是由必须达到的目的和为达到这个目的而必须由劳动来克服的那些障碍所提供的"。⑦

169. 只讲供求与价值决定无关，不讲它如何与这个论点自洽：

---

① 《马克思恩格斯全集》第46卷（上），第389页。
② 《马克思恩格斯全集》第26卷（Ⅰ），第235页；第26卷（Ⅱ），第294页。
③ 《马克思恩格斯全集》第46卷（上），第390、338页。
④ 《马克思恩格斯全集》第23卷，第188页。
⑤ 《马克思恩格斯全集》第20卷，第334页。
⑥ 《马克思恩格斯全集》第23卷，第236页。
⑦ 《马克思恩格斯全集》第46卷（下），第112页。

供求决定好、中、坏三种条件下生产的商品中的哪一种"调节市场价值"。①

170. 只讲价值由生产领域的活劳动决定，不讲"任何一个资产阶级经济范畴，即使是最初步的范畴——例如价值规定——要成为实际的东西，都不能不通过自由竞争，也就是说，不能不通过资本的实际过程，这种过程表现为各资本以及其他一切由资本决定的生产关系和交往关系的相互作用"。②

171. 只讲价值具有无限度性，不讲作为价值前提的"使用价值本身不具有……无限度性"，"使用价值不仅在质上是一定的，而且在量上也是一定的"，③ 因而价值也不可能具有无限度性。

172. 只讲"这种按照工作日来计算的办法以及把劳动时间当作唯一的价值实体的现象，在依附农制关系存在的地方，是公开表现出来的，但在资本那里却被货币掩盖起来了"，不讲"[在资本流通的条件下]……总消费表现为……作为交换价值的产品的尺度"。④

173. 只讲"强度较大的国民劳动比强度较小的国民劳动，会在同一时间内生产出更多的价值，而这又表现为更多的货币。……生产效率较高的国民劳动在世界市场上也被算作强度较大的劳动"，不讲"总产品的价值……等于这个领域的总产品同其他领域的产品保持应有的比例时按比例应当花费的劳动时间"。⑤

174. 只讲"现在这里最时髦的理论是斯坦利·杰文斯的理论，按照这种理论，价值由效用决定，就是说，交换价值＝使用价值，另一方面，价值又由供应限度（即生产费用）决定，这不过是用混乱的说法转弯抹角地说，价值是由需求和供应决定的。庸俗政治经济学真

---

① 《马克思恩格斯全集》第 25 卷，第 200 页。
② 《马克思恩格斯全集》第 46 卷（下），第 160 页。
③ 《马克思恩格斯全集》第 46 卷（上），第 387 页；第 13 卷，第 15—16 页。
④ 《马克思恩格斯全集》第 46 卷（上），第 389 页。
⑤ 《马克思恩格斯全集》第 26 卷（Ⅰ），第 235 页。

是比比皆是",不讲"[在资本流通的条件下]……总消费表现为……作为交换价值的产品的尺度",以及单件商品的价值等于社会需求的比例量或部门应耗比例劳动量除以产品量。①

价值与价格的关系——价格就是价值

从价值的角度看

175. 只讲"作为过程的劳动实际上是价值的实体和尺度",不讲"产品作为价值,它的尺度是流通中存在的物化劳动量"。②——即生产黄金的简单劳动量。

176. 只讲劳动决定价值,供求决定价格,不讲"劳动尺度本身……是由必须达到的目的和为达到这个目的而必须由劳动来克服的那些障碍所提供的"。③

177. 只讲劳动决定价值,供求决定价格,不讲价格就是把不同种劳动化为同一劳动:"极其不同的商品价值到处都无差别地表现为货币,即表现为一定量的金或银。因此,这些价值所代表的不同种的劳动,已经按不同的比例化为唯一的、同种的普通劳动即生产金银的劳动的一定量。"④

178. 只讲劳动决定价值,供求决定价格,不讲"当我们讲商品价格的时候,在这里总是以下面这一点为前提:资本所生产的商品量的总价格等于该商品量的总价值,因此单个商品的可除部分的价格等于这个总价值的可除部分。在这里,价格只是价值的货币表现。到现在为止,在我们的阐述中还完全没有出现与价值不同的价格"。⑤

179. 只讲价值是内容,价格只是形式,不讲"如果商品的价格

---

① 《马克思恩格斯全集》第46卷(上),第389页;第26卷(Ⅰ),第235页;第26卷(Ⅱ),第294页。
② 《马克思恩格斯全集》第46卷(上),第389页。
③ 《马克思恩格斯全集》第46卷(下),第112页。
④ 《资本论》第1卷,法文版中译本,中国社会科学出版社1983年版,第187页。
⑤ 《马克思恩格斯全集》第49卷,第23页。

不能实现，如果商品不能转化为货币，那么商品就会丧失价值，丧失价格"。①

从价格的角度看

180. 只讲价值是内容，价格只是形式，不讲货币就是"抽象的社会劳动"。②

181. 只讲劳动决定价值，供求决定价格与价值的偏离，不讲"一吨铁所包含的价值，即人类劳动量，是在想象中由耗费等量劳动的货币商品量表现出来的"。③

182. 只讲劳动决定价值，供求决定价格与价值的偏离，不讲"价格只是物化在商品中的社会劳动量的货币名称"。④

183. 只讲劳动决定价值，供求决定价格与价值的偏离，不讲价格是"作为社会劳动的化身而存在"。⑤

184. 只讲劳动决定价值，供求决定价格与价值的偏离，不讲价格就"等于这个领域的总产品同其他领域的产品保持应有的比例时按比例应当花费的劳动时间"，因而它就是"总产品的价值"。所谓"价格与价值的偏离"是指社会价值与个别价值的偏离："如果某个部门花费的社会劳动时间量过大，那末，就只能按照应该花费的社会劳动时间量来支付等价。因此，在这种情况下，总产品——即总产品的价值——就不等于它本身所包含的劳动时间，而等于这个领域的总产品同其他领域的产品保持应有的比例时按比例应当花费的劳动时间。但是，这个领域总产品的价格比它的价值降低多少，总产品的每一部分的价格也降低多少。如果原来生产 4000 码麻布，现在生产 6000 码，而 6000 码的价值是 12000 先令，那末它们还会按 8000 先令出卖。每

---

① 《马克思恩格斯全集》第 46 卷（上），第 147 页。
② 《马克思恩格斯全集》第 26 卷（Ⅲ），第 494 页。
③ 《资本论》第 1 卷，法文版中译本，中国社会科学出版社 1983 年版，第 76 页。
④ 《马克思恩格斯全集》第 23 卷，第 126 页。
⑤ 《马克思恩格斯全集》第 26 卷（Ⅲ），第 140 页。

码的价格将是 $1\frac{1}{3}$ 先令，而不是 2 先令，即比价值低 $\frac{1}{3}$。可见，这就好比在每码的生产上比必须花费的劳动时间多花费了 $\frac{1}{3}$。因此，在商品的使用价值已定时，商品价格降低到商品价值以下的事实证明，虽然花费在产品的每一部分上的只是社会必要劳动时间｛这里假定生产条件不变｝，但花费在整个这一生产部门中的社会劳动总量过多了，超过必要量了。……价值决定于社会必要劳动时间，而不决定于个别生产者要用的劳动时间"。①

185. 只讲劳动决定价值，供求决定价格与价值的偏离，不讲"［在资本流通的条件下］……总消费表现为……作为交换价值的产品的尺度"，以及单件商品的价值等于社会需求的比例量或部门应耗比例劳动量除以产品量。②

186. 只讲劳动决定价值，供求决定价格与价值的偏离，不讲金既是价值尺度，又是价格标准："金作为物化劳动时间是价值尺度，金作为一定的金属重量是价格标准。……在价格上问题只在于不同金量彼此之间的比例。"③

关于价值和交换价值的名称

187. 只讲"说商品是使用价值和交换价值，严格说来，这是不对的。……'商品'，一方面是使用价值，另一方面是'价值'——不是交换价值，因为单是表现形式不构成其本身的内容"，不讲社会价值是"作为社会劳动力的消耗而存在的劳动的社会性"，它本身已经是一种"一切社会形式内都存在的东西的一定的历史形式"。④——因此，完全没有必要在这种"历史形式"之上再加上一

---

① 《马克思恩格斯全集》第 26 卷（Ⅰ），第 235 页。
② 《马克思恩格斯全集》第 46 卷（上），第 389 页；第 26 卷（Ⅰ），第 235 页；第 26 卷（Ⅱ），第 294 页。
③ 《马克思恩格斯全集》第 13 卷，第 61 页。
④ 《马克思恩格斯全集》第 19 卷，第 420—421 页。

种作为"交换价值"的形式。

188. 只讲价值和交换价值的区别，不讲"商品中包含的劳动必须表现为同一的社会劳动即货币"，"商品的现实价值不是它的个别价值，而是它的社会价值"。①

189. 只讲价值和交换价值的区别，不讲"全部生产由价值来进行调节"，"在社会劳动的联系体现为个人劳动产品的私人交换的社会制度下，这种劳动按比例分配所借以实现的形式，正是这些产品的交换价值"。②

190. 只讲价值和交换价值的区别，不讲交换价值就是"商品的实际价值"。③

191. 只讲价值和交换价值的区别，不讲"如果我们在应用'价值'这个词时没有直接的定语，那么，总是指'交换价值'"。④

价值与财富——不是一回事

192. 只讲创造价值就是创造财富，不讲财富是"与使用价值等同的东西"，"使用价值即它们的效用"。⑤

193. 只讲价值就是财富，不讲价值是"一种和物及其作为物在生产消费或非生产消费中的使用完全不同的东西"。⑥

194. 只讲创造新价值就是"生产比维持生活过程所必需的更多的东西"，不讲价值是"人的各种劳动的相互关系"。⑦

195. 只讲财富的实质是价值，不讲价值是"量的生产关系"。⑧

---

① 《马克思恩格斯全集》第26卷（Ⅲ），第141页；第23卷，第353页。
② 《马克思恩格斯全集》第25卷，第995页；第32卷，第541页。
③ 《马克思恩格斯全集》第46卷（上），第80页。
④ 《马克思恩格斯全集》第47卷，第6页。
⑤ 《马克思恩格斯全集》第26卷（Ⅲ），第139页；第49卷，第222页。
⑥ 《马克思恩格斯全集》第26卷（Ⅲ），第197页。
⑦ 《马克思恩格斯全集》第26卷（Ⅲ），第197页。
⑧ 《马克思恩格斯全集》第46卷（上），第88页。

196. 只讲"从历史上看，随着生产力的发展……财富本身即价值总额不断增长"，不讲"作为使用价值的物质形式的财富"和"财富形式上的财富"的区别。①

197. 只讲"如果生产一件上衣所需要的一切有用劳动的生产力不变，上衣的价值量就同上衣的数量一起增加"，不讲"李斯特先生囿于旧经济学的经济偏见已经到了如此地步……以致把'物质财富'和'交换价值'完全等同起来。但是，交换价值完全不以'物质财富'的特殊性质为转移。它既不以物质财富的质量为转移，也不以物质财富的数量为转移。当物质财富的数量增加的时候，交换价值就降低，尽管物质财富在增加以前和增加以后对人类的需要处于同样的关系"。②

七 关于简单劳动和复杂劳动——复杂劳动未必是多倍的简单劳动

198. 只讲"为了用商品中包含的劳动量衡量商品，——时间是劳动量的尺度，——商品中包含的不同种类的劳动就必须还原为相同的简单劳动，平均劳动，普通的非熟练劳动"，"普通的平均劳动，是具有构成交换价值实体的那种质（或者不如说不具有一定质）的劳动"，不讲"构成价值统一体的劳动不只是相同的简单的平均劳动"。③

199. 只讲各种不同种类的劳动向"简单劳动"的转化就是向"社会平均劳动"的转化，不讲这种转化实际上是向货币的转化："这些价值所代表的不同种的劳动，已经按不同的比例化为唯一的、同种的普通劳动即生产金银的劳动的一定量"，因此这种转化要经历"惊

---

① 《马克思恩格斯全集》第46卷（上），第316页。
② 《马克思恩格斯全集》第42卷，第253—254页。
③ 《马克思恩格斯全集》第26卷（Ⅲ），第145页。

险的跳跃"。①

200. 只讲"比较复杂的劳动只是自乘的或不如说多倍的简单劳动",不讲"总产品的价值……等于这个领域的总产品同其他领域的产品保持应有的比例时按比例应当花费的劳动时间"。②

201. 只讲"物化为价值的劳动,是社会平均性质的劳动,也就是平均劳动力的表现。但是平均量始终只是同种的许多不同的个别量的平均数。在每个产业部门,个别工人,彼得或保罗,都同平均工人多少相偏离。这种在数学上叫做'误差'的个人偏离,只要把较多的工人聚集在一起,就会互相抵消,归于消失。……无论如何,明显的是,同时雇用的许多工人的总工作日除以工人人数,本身就是一天的社会平均劳动",不讲社会必要劳动是"不论从个别产品对同类其他产品的关系上来说,还是从它对社会总的需求方面来说都是必要的劳动"。③

202. 只讲"物化为价值的劳动,是社会平均性质的劳动,也就是平均劳动力的表现。但是平均量始终只是同种的许多不同的个别量的平均数。在每个产业部门,个别工人,彼得或保罗,都同平均工人多少相偏离。这种在数学上叫做'误差'的个人偏离,只要把较多的工人聚集在一起,就会互相抵消,归于消失。……无论如何,明显的是,同时雇用的许多工人的总工作日除以工人人数,本身就是一天的社会平均劳动",不讲"普通的平均劳动""同生产贵金属的劳动完全一样"。④

203. 只讲"对单个生产者来说,只有当他作为资本家进行生产,同时使用许多工人,从而一开始就推动社会平均劳动的时候,价值增殖规律才会完全实现",不讲"只有通过竞争的波动从而通过商品价格的波动,商品生产的价值规律才能得到贯彻,社会必要劳动时间决

---

① 《资本论》第 1 卷,法文版中译本,中国社会科学出版社 1983 年版,第 187 页;《马克思恩格斯全集》第 23 卷,第 124 页。
② 《马克思恩格斯全集》第 26 卷(Ⅰ),第 235 页。
③ 《马克思恩格斯全集》第 21 卷,第 216 页。
④ 《马克思恩格斯全集》第 47 卷,第 87 页。

定商品价值这一点才能成为现实"。①

204. 只讲"社会必要劳动量等于社会平均劳动量",不讲"假定市场上的每一块麻布都只包含社会必要劳动时间。即使这样,这些麻布的总数仍然可能包含耗费过多的劳动时间。如果市场的胃口不能以每码2先令的正常价格吞下麻布的总量,这就证明,在全部社会劳动时间中,以织麻布的形式耗费的时间太多了。其结果就像每一个织布者花在他个人的产品上的时间都超过了社会必要劳动时间一样"。②

205. 只讲"社会必要劳动量等于社会平均劳动量",不讲它如何与这个论点自洽:"使取得产品所必需的劳动成为社会必要劳动,也就是说,使生产单个商品所必需的劳动等于在平均生产条件下劳动所必需的最低额。"③

八 关于劳动和服务——两者都可以成为商品

206. 只讲劳动不能成为商品,因为"劳动要作为商品在市场上出卖,无论如何必须在出卖以前就已存在",不讲"从结果来看,实际上是购买劳动,虽然这里也是通过同劳动能力的交换作为中介,而不是直接同劳动交换"。④

207. 只讲"商品概念本身,即商品价值,不包含作为过程的劳动",不讲活劳动是"价值的另一种存在方式"。⑤

208. 只讲"劳动量没有价值,不是商品",不讲"劳动时间本身可以交换(本身是商品)"。⑥

---

① 《马克思恩格斯全集》第21卷,第215页。
② 《马克思恩格斯全集》第23卷,第126页。
③ 《马克思恩格斯全集》第48卷,第19页。
④ 《马克思恩格斯全集》第26卷(Ⅰ),第66页。
⑤ 《马克思恩格斯全集》第46卷(上),第283页。
⑥ 《马克思恩格斯全集》第46卷(上),第118页。

209. 只讲"货币即物化劳动同活劳动的直接交换,也会或者消灭那个正是在资本主义生产的基础上才自由展开的价值规律,或者消灭那种正是以雇佣劳动为基础的资本主义生产本身",不讲"这里直接被出卖的,……实际上是劳动本身"。①

210. 只讲劳动"本身没有价值",因为"一个十二小时工作日的价值是由什么决定的呢?是由十二小时工作日中包含的12个劳动小时决定的;这是无谓的同义反复",不讲这是以劳动的特殊性等于劳动的社会性为前提,因而只适用于简单商品社会和"第一种"资本主义生产方式。②

211. 只讲"劳动本身作为纯粹活动是我们无法评价的",不讲"服务有一定的使用价值(想象的或现实的)和一定的交换价值"。③

212. 只讲服务是非生产性劳动,不讲"随着资本主义生产的发展,所有的服务都转化为雇佣劳动,所有服务的执行者都转化为雇佣工人,从而都具有这种与生产工人相同的性质"。④

213. 只讲服务是非生产性劳动,不讲"〔在资本流通的条件下〕……总消费表现为……作为交换价值的产品的尺度","任何时候,在消费品中,除了以商品形式存在的消费品以外,还包括一定量的以服务形式存在的消费品。因此,消费品的总额,任何时候都比没有可消费的服务存在时要大。其次,价值也大了,因为它等于维持这些服务的商品的价值和这些服务本身的价值"。⑤

---

① 《马克思恩格斯全集》第26卷(Ⅰ),第427页。
② 《马克思恩格斯全集》第23卷,第94、213、223页;第25卷,第203页;第49卷,第85—86页。
③ 《马克思恩格斯全集》第26卷(Ⅰ),第149页。
④ 《马克思恩格斯全集》第49卷,第103页。
⑤ 《马克思恩格斯全集》第46卷(上),第389页;第26卷(Ⅰ),第160—161页。

九 关于价值的保存和创造——保存和创造的都只是"非价值"

214. 只讲活劳动在创造新价值时又保存旧价值，并使之永久化，不讲资本有可能"亏损"。①

215. 只讲"资本通过价值增殖过程（1）通过交换本身（即同活劳动交换）而保存了自己的价值；（2）增加了价值，创造了剩余价值"，不讲"这个价值作为价值是货币。但是它仅仅自在地是货币，它还没有表现为货币；首先表现出来的、现有的东西，是具有一定的（观念上的）价格的商品，也就是说，这个商品只是在观念上作为一定的货币额而存在，它要在交换中才能实现为一定的货币额"，"观念地转化为货币和实在地转化为货币决不是由同一些规律决定的"。②

216. 只讲"新价值的加进，是由于劳动的单纯的量的追加；生产资料的旧价值在产品中的保存，是由于所追加的劳动的质。同一劳动由于它的二重性造成的这种二重作用，清楚地表现在种种不同的现象上"，不讲"如果说资本通过生产过程作为价值和新价值被再生产出来，那么，它同时也是作为非价值，作为还要通过交换才能实现为价值的东西被创造出来"。③

217. 只讲商品的价值由被保存的价值和追加的价值即 $c+v+m$ 构成，不讲"商品的现实价值不是它的个别价值，而是它的社会价值"。④

218. 只讲商品的价值由被保存的价值和追加的价值即 $c+v+m$ 构成，不讲"［在资本流通的条件下］……总消费表现为……作为交

---

① 《马克思恩格斯全集》第23卷，第127页。
② 《马克思恩格斯全集》第46卷（上），第383—384、135页。
③ 《马克思恩格斯全集》第46卷（上），第385页。
④ 《马克思恩格斯全集》第23卷，第353页。

换价值的产品的尺度"。①

十 关于劳动力的价值——要区分社会的人和非社会的人

219. 只讲用"劳动力"替换"劳动"解决了使李嘉图学派破产的一个难题,不讲这仅仅是制造了一个"交换的假象"而已。②

220. 只讲"劳动力作为商品,它的价值规定具有极重要的意义",不讲对于作为社会价值与个别价值之差的剩余价值,可以"不管他的商品是不是属于必要生活资料的范围,是不是参加劳动力的一般价值的决定"。③

221. 只讲重农学派正确地了解劳动力的价值,不讲"狭隘地域性的个人"与"世界历史性的、真正普遍的个人"之间的区别。④

222. 只讲重农学派正确地了解劳动力的价值,不讲"在李嘉图以前,始终只对工资作了简单的考察,因而工人被看作牲畜"。⑤

223. 只讲"劳动力的价值由两种要素所构成:一种是纯生理的要素,另一种是历史的或社会的要素",不讲"人就是人的世界,就是国家,社会","人的本质……是一切社会关系的总和","如果从整体上来考察资产阶级社会,那么社会本身,即处于社会关系中的人本身"。⑥

224. 只讲"现在的必要劳动只是以……雇佣劳动阶级的生活费用为限",不讲"表现为社会需要的个人需要"。⑦

225. 只讲满足社会的一般需要与劳动力价值无关,不讲"个人

---

① 《马克思恩格斯全集》第 46 卷(上),第 389 页。
② 《马克思恩格斯全集》第 46 卷(下),第 46 页。
③ 《马克思恩格斯全集》第 23 卷,第 353 页。
④ 《马克思恩格斯全集》第 3 卷,第 39 页。
⑤ 《马克思恩格斯全集》第 26 卷(Ⅱ),第 476—477 页。
⑥ 《马克思恩格斯全集》第 1 卷,第 452 页;第 3 卷,第 5 页;第 46 卷(下),第 226 页。
⑦ 《马克思恩格斯全集》第 46 卷(下),第 25 页。

是社会存在物。因此,他的生命表现,即使不采取共同的、同其他人一起完成的生命表现这种直接形式,也是社会生活的表现和确证","不仅我的活动所需的材料,甚至思想家用来进行活动的语言本身,都是作为社会的产品给予我的,而且我本身的存在就是社会的活动"。①

226. 只讲工资是劳动力的价值,不讲"一个人就其自身来说,他的价值不比别人大,也不比别人小"。②

227. 只讲工资是劳动力的价值,不讲作为只有通过交换才能生存的人,他们只能是"价值相等的人"。③

228. 只讲工资是劳动力的价值,不讲"经理的薪金只是,或者应该只是某种熟练劳动的工资,这种劳动的价格,同任何别种劳动的价格一样,是在劳动市场上调节的"。④

229. 只讲工资水平的差别以简单劳动和复杂劳动的差别为基础,不讲"确定工资的基础即供求规律"。⑤

230. 只讲劳动力成为商品,"像在市场上出卖了自己的皮一样,只有一个前途——让人家来鞣",不讲资本家的"支配权本身只限于一定的劳动和一定的时间"。⑥

231. 只讲"劳动能力的正常再生产所需要的生活资料数额不是取决于生活资料的交换价值,而是取决于生活资料的使用价值,它的质和量;……如果生活资料的这个数额由于实际劳动生产率提高,能够在较短的劳动时间内生产出来,那么,劳动能力的价值就会下降",不讲"奴隶以实物形式(它无论在形式上或在数量上都是固定的),以使用价值的形式来获得维持自己生存所必需的生活资料。自由工人

---

① 《马克思恩格斯全集》第42卷,第122—123页。
② 《马克思恩格斯全集》第26卷(Ⅲ),第495页。
③ 《马克思恩格斯全集》第46卷(上),第194页。
④ 《马克思恩格斯全集》第25卷,第494页。
⑤ 《马克思恩格斯全集》第46卷(上),第16页。
⑥ 《马克思恩格斯全集》第46卷(上),第240页。

则是以货币的形式，以交换价值的形式，以财富的抽象社会形式取得维持自己生存所必需的生活资料"。①

232. 只讲"劳动能力的正常再生产所需要的生活资料数额不是取决于生活资料的交换价值，而是取决于生活资料的使用价值，它的质和量"，不讲"我们的需要和享受是由社会产生的，因此，我们对于需要和享受是以社会的尺度，而不是以满足它们的物品去衡量的。因为我们的需要和享受具有社会性质，所以它们是相对的"。②

233. 只讲劳动力的价值取决于生活资料的使用价值，不讲"［在资本流通的条件下］……总消费……表现为作为交换价值的产品的尺度"。③

234. 只讲劳动力的价值是生活资料的价值，不讲"生产力的这种发展将会引起革命，因为它意味着大部分居民丧失价值"。④

235. 只讲劳动力价值会随生产力的提高而降低，不讲这必须"假定工人是靠他本人所生产的使用价值生活的"。⑤

236. 只讲"假定工人是靠他本人所生产的使用价值生活的"，不讲"由于机器体系所造成的规模巨大的生产，产品同生产者的直接需要的任何联系也都消失了，从而同直接使用价值的任何联系也都消失了"。⑥

237. 只讲"假定工人是靠他本人所生产的使用价值生活的"，不讲"每个文明国家以及这些国家中的每一个人的需要的满足都依赖于整个世界"。⑦

238. 只讲"假定工人是靠他本人所生产的使用价值生活的"，不

---

① 《马克思恩格斯全集》第48卷，第11—12页。
② 《马克思恩格斯全集》第6卷，第492页。
③ 《马克思恩格斯全集》第46卷（上），第389页。
④ 《马克思恩格斯全集》第48卷，第337页。
⑤ 《马克思恩格斯全集》第47卷，第269页。
⑥ 《马克思恩格斯全集》第46卷（下），第209—210页。
⑦ 《马克思恩格斯全集》第3卷，第68页。

讲"人一旦摆脱纯粹的动物状态,人的生活就开始以各种社会生产为基础"。①

239. 只讲工人生产生活资料的等价物,不讲"要使交换价值得到实现,……就必须使整个生产得到保证,而且要保证整个生产按照使交换者的需要得到满足的那种比例进行"。②

240. 只讲工资和利润成反比,不讲在商品的个别价值低于社会价值时,"剩余价值总会这样提高,不管他的商品是不是属于必要生活资料的范围,是不是参加劳动力的一般价值的决定"。③

241. 只讲"劳动力的日价值是根据劳动力的正常的平均持续时间或工人的正常的寿命来计算的,并且是根据从生命物质到运动的相应的、正常的、适合人体性质的转化来计算的",不讲价值是一种"社会规定的量"。④

十一 关于剩余价值论——注意既要"剩余",又要有"价值"的条件

剩余价值论的前提——活劳动价值论

242. 只讲剩余价值论,不讲剩余价值论的前提是"所用的劳动时间只是一定社会生产条件下的必要劳动时间"。⑤

243. 只讲剩余劳动和必要劳动,不讲"任何一个对象对我的意义(它只是对那个与它相适应的感觉说来才有意义)都以我的感觉所及的程度为限。所以社会的人的感觉不同于非社会的人的感

---

① 《马克思恩格斯全集》第48卷,第122页。
② 《马克思恩格斯全集》第46卷(上),第101页。
③ 《马克思恩格斯全集》第23卷,第353页。
④ 《马克思恩格斯全集》第23卷,第126页。
⑤ 《马克思恩格斯全集》第23卷,第213页。

觉"。① ——非社会的人感觉剩余的劳动,社会的人未必感觉剩余。

244. 只讲马克思发展了重农学派的"纯产品论",不讲剩余价值论仍然"假定工人是靠他本人所生产的使用价值生活的"。②

245. 只讲剩余劳动"为一切社会生产方式所共有",不讲它如何与这个论点自洽:"剩余价值……存在于以阶级对立……为基础的一切生产方式中。"③

246. 只讲"资本并没有发明剩余劳动。凡是社会上一部分人享有生产资料垄断权的地方,劳动者,无论是自由的或不自由的,都必须在维持自身生活所必需的劳动时间以外,追加超额的劳动时间来为生产资料的所有者生产生活资料","使各种社会经济形态例如奴隶社会和雇佣劳动的社会区别开来的,只是从直接生产者身上,劳动者身上,榨取这种剩余劳动的形式",不讲它如何与这个论点自洽:只是在劳动力成为商品以后,"才出现劳动能力的价值和这个劳动能力所创造的价值之间的差额"即剩余价值。④

247. 只讲"资本并没有发明剩余劳动。凡是社会上一部分人享有生产资料垄断权的地方,劳动者,无论是自由的或不自由的,都必须在维持自身生活所必需的劳动时间以外,追加超额的劳动时间来为生产资料的所有者生产生活资料",不讲在商品社会,"他不能把手放在任何一件可以捉摸的使用价值上说:这是我的产品","作为生产者出现的,是社会活动的结合"。⑤

248. 只讲"一个人无论是一周中在他自己的田地上为自己劳动3天,再在自己主人领地上无报酬地劳动3天,或是一天里在工厂或作坊中替自己劳动6小时,再为他的雇主劳动6小时,结果都一样,不

---

① 《马克思恩格斯全集》第42卷,第126页。
② 《马克思恩格斯全集》第47卷,第269页。
③ 《马克思恩格斯全集》第47卷,第203页。
④ 《马克思恩格斯全集》第26卷(Ⅰ),第16页。
⑤ 《马克思恩格斯全集》第46卷(下),第468、222页。

过在后一场合，劳动的有偿部分和无偿部分是不可分割地混在一起了，整个交易的实质都因有合同存在和周末支领工资而完全被掩饰了"，不讲在发达的商品社会，"我只有为社会生产才是为自己生产，而社会的每个成员又在另一个领域中为我劳动"。①——因此劳动已经不能再进行必要和剩余的划分。

249. 只讲剩余劳动"为一切社会生产方式所共有"，不讲在商品社会就已经使个人成为"世界历史性的、真正普遍的个人"，因而"社会需要"等于"社会地发展了的人的需要"，"超过必要劳动的剩余劳动本身成了从个人需要本身产生的普遍需要"。②

250. 只讲剩余劳动"为一切社会生产方式所共有"，不讲它如何与这个论点自洽：共产主义的"目的是要消除〔必要劳动和剩余劳动的〕关系本身；这样，剩余产品本身就表现为必要产品了"。③

251. 只讲剩余劳动"为一切社会生产方式所共有"，不讲"假定我们作为人进行生产。……你自己意识到和感觉到我是你自己本质的补充，是你自己不可分割的一部分，……在我个人的生命表现中，我直接创造了你的生命表现，因而在我个人的活动中，我直接证实和实现了我的真正的本质，即我的人的本质，我的社会的本质"。④

剩余价值的定义——区分是产品的剩余，还是价值的剩余

252. 只讲"剩余价值即纯产品"，不讲价值"和商品的物体实在性毫无关系"。⑤

253. 只讲"剩余价值即纯产品"，不讲"剩余价值同商品没有关

---

① 《马克思恩格斯全集》第46卷（下），第465—466页。
② 《马克思恩格斯全集》第3卷，第39页；第25卷，第288页；第46卷（上），第287页。
③ 《马克思恩格斯全集》第46卷（下），第114页。
④ 《马克思恩格斯全集》第42卷，第37页。
⑤ 《马克思恩格斯全集》第26卷（Ⅰ），第164页。

系，它只表示总工作日的两个部分之间的比例"。①

254. 只讲"过了一定年数以后，资本原有的价值额都被资本家吃光了"，不讲价值是"量的生产关系"。②

255. 只讲为别人形成剩余价值，不讲价值是一种"把每个个人都包括在内的社会关系"。③

256. 只讲剩余价值是剩余劳动和剩余产品，不讲"如果物没有用，那末其中包含的劳动也就没有用，不能算作劳动，因此不形成价值"。④——剩余的就是没用的。

257. 只讲剩余产品就是剩余价值，不讲"剩余产品本身不代表剩余价值"。⑤

258. 只讲增加剩余产品就能扩大再生产，不讲"需求的产生，也像它们的满足一样，本身是一个历史过程"。⑥——没有需求的扩大就没有生产的扩大。

259. 只讲剩余产品的实物形式是无关紧要的，不讲"在考察实际再生产过程的时候，它却具有重要意义"。⑦

260. 只讲必要劳动时间是劳动力的价值，不讲"必要劳动时间无非是有酬劳动时间"，⑧ 因而与劳动力价值无关。

261. 只讲假定不存在任何资本，工人就可以自己占有自己的剩余价值，不讲假如产品没有"社会的使用价值"，"那末其中包含的劳动也就没有用，不能算作劳动，因此不形成价值"。⑨——假定不存在任何资本，就会有许多产品没有社会的使用价值。

---

① 《马克思恩格斯全集》第47卷，第277页。
② 《马克思恩格斯全集》第46卷（上），第88页。
③ 《马克思恩格斯全集》第46卷（下），第492页。
④ 《马克思恩格斯全集》第23卷，第54页。
⑤ 《马克思恩格斯全集》第26卷（Ⅲ），第408页。
⑥ 《马克思恩格斯全集》第3卷，第80页。
⑦ 《马克思恩格斯全集》第26卷（Ⅲ），第276页。
⑧ 《马克思恩格斯全集》第47卷，第265页。
⑨ 《马克思恩格斯全集》第23卷，第54页。

262. 只讲更多的产品就是更多的剩余价值，不讲"在产品总量单纯增加的意义上所说的剩余产品并不表现剩余价值。它可以代表价值的减少"。①

263. 只讲作为剩余价值的财富，不讲"资本的实际增长率，由利润决定，而不是由剩余价值决定"。②

剩余价值的用途——并不剩余

264. 只讲个人在维持其生存所必需的直接劳动之外的劳动是剩余劳动，不讲"这种劳动无论对于共同体或作为共同体成员的每个个人来说都是必要的"。③

265. 只讲剩余劳动，不讲"虽然食物直接生产者的劳动，对他们自己来说也分为必要劳动和剩余劳动，但对社会来说，它所代表的，只是生产食物所需的必要劳动。并且，不同于一个工场内部分工的整个社会内部的一切分工也是如此"。④

266. 只讲剩余劳动，不讲"对于那些直接生产生活必需品的工人，以及那些再生产这些生活必需品的生产中所消费掉的不变资本（因此，也保存不变资本的再生产中所消费的那部分不变资本）的工人来说，他们的一部分劳动是有酬劳动（必要劳动），另一部分是无酬劳动或剩余劳动。如果考察整个社会，它的劳动就是必要劳动"。⑤

267. 只讲整个社会的必要劳动是为工人阶级生产全部生活资料的部分，不讲整个社会的必要劳动"表现在不断地以原有规模再生产出整个工人阶级加上资本家阶级（这里包括其他一切非劳动者和他们的仆役）所必需的总产品上"。⑥

---

① 《马克思恩格斯全集》第25卷，第887页。
② 《马克思恩格斯全集》第48卷，第276页。
③ 《马克思恩格斯全集》第46卷（下），第18页。
④ 《马克思恩格斯全集》第25卷，第716页。
⑤ 《马克思恩格斯全集》第49卷，第517页。
⑥ 《马克思恩格斯全集》第49卷，第517页。

268. 只讲创造共同生产条件的工人是剩余的，不讲"在任何生产形式下，劳动者都必须用自己的产品同生产条件相交换，才能够重复生产"。①

269. 只讲"剩余劳动…是整个社会发展和全部文化的物质基础"，不讲"只有我们的桑乔这种类型的圣者才会想到把'人们'的发展与他们生活于其中的'社会'的发展分割开来"。②

270. 只讲"社会的整个上层建筑就把工人的剩余劳动作为生存条件"，不讲上层建筑"由于它本来具有的、即它一经获得便逐渐向前发展了的相对独立性，又反过来对生产的条件和进程发生影响"。③

271. 只讲各种社会的剩余价值与劳动力的再生无关，不讲"从一个处于私人地位的生产者身上扣除的一切，又会直接或间接地用来为处于社会成员地位的这个生产者谋福利"。④

272. 只讲劳动时间与自由时间的对立，不讲"直接的劳动时间本身不可能像从资产阶级经济学的观点出发所看到的那样永远同自由时间处于抽象对立中，这是不言而喻的。……自由时间——不论是闲暇时间还是从事较高级活动的时间——自然要把占有它的人变为另一主体，于是他作为这另一主体又加入直接生产过程"，"节约劳动时间等于增加自由时间，即增加使个人得到充分发展的时间，而个人的充分发展又作为最大的生产力反作用于劳动生产力"。⑤

273. 只讲满足一般的社会需要是剩余的，不讲"劳动力的实际价值……不仅取决于身体需要，而且也取决于成为第二天性的历史上发展起来的社会需要"。⑥

274. 只讲满足一般的社会需要是剩余的，不讲"人的本质是人

---

① 《马克思恩格斯全集》第46卷（下），第261页。
② 《马克思恩格斯全集》第3卷，第235页。
③ 《马克思恩格斯全集》第37卷，第486—487页。
④ 《马克思恩格斯全集》第19卷，第20页。
⑤ 《马克思恩格斯全集》第46卷（下），第225—226、225页。
⑥ 《马克思恩格斯全集》第25卷，第971页。

的真正的社会联系,所以人在积极实现自己本质的过程中创造、生产人的社会联系、社会本质,而社会本质不是一种同单个人相对立的抽象的一般的力量,而是每一个单个人的本质,是他自己的活动,他自己的生活,他自己的享受,他自己的财富"。①

275. 只讲满足一般的社会需要是剩余的,不讲"只有在社会中,人的自然的存在对他说来才是他的人的存在"。②

276. 只讲满足一般的社会需要是剩余的,不讲社会的再生产就是"把自己作为活劳动能力保存下来"。③

277. 只讲满足一般的社会需要是剩余的,不讲"价值"就是"劳动的社会性","[单个的直接劳动]的共同的、社会的性质"就是"作为满足一般需求的[手段]的性质"。④——因此,是否所有的价值都是剩余的?

278. 只讲一般的社会需要与个人的直接需要无关,不讲"一般使用价值"是"每个人的使用价值"。⑤

279. 只讲靠生活必需品生活的人,不讲"作为社会体的存在"的人..⑥

280. 只讲工人为自己劳动和为别人劳动的对立,不讲"生产者(直接生产者)自己的需要表现为他人需求的需要"。⑦

281. 只讲"凡是社会上一部分人享有生产资料垄断权的地方,劳动者都必须在维持自身生活所必需的劳动时间以外,追加超额的劳动时间来为生产资料的所有者生产生活资料",不讲劳动力的价值"不仅取决于身体需要,而且也取决于成为第二天性的历史上发展起

---

① 《马克思恩格斯全集》第42卷,第24页。
② 《马克思恩格斯全集》第42卷,第122页。
③ 《马克思恩格斯全集》第46卷(下),第20页。
④ 《马克思恩格斯全集》第19卷,第420页;第46卷(下),第223页。
⑤ 《马克思恩格斯全集》第13卷,第37页。
⑥ 《马克思恩格斯全集》第46卷(下),第218页。
⑦ 《马克思恩格斯全集》第46卷(上),第390页。

来的社会需要"。①

282. 只讲剩余劳动是剥削，不讲"即使没有资本存在，社会也必须不断地完成这个剩余劳动时间，以便能支配一个所谓发展基金——仅仅人口的增长，就已使这个发展基金成为必要的了"。②

剩余价值的源泉——未必是过度劳动

283. 只讲"如果除了资本家预付的价值，再没有任何别的要素加入商品的价值形成，那末我们就不明白，怎样会从生产中得出一个比加入生产中的价值更大的价值，或者说，怎样会从无中生出有来"，不讲"〔在资本流通的条件下〕……总消费表现为……作为交换价值的产品的尺度"。③——只有成本才是看生产中加入了多少价值。

284. 只讲"剩余价值的出生地是生产领域"，不讲"产品始终直接就是货币——这种想法同资本的本性相矛盾，所以也同大工业的实践相矛盾"。④

285. 只讲"资本在生产过程结束时具有的剩余价值，——这种剩余价值作为产品的更高的价格，只有在流通中才得到实现，但是，它同一切价格一样，这些价格在流通中得到实现，是由于它们在进入流通以前，已经在观念上先于流通而存在了，已经决定了"，不讲不存在蒲鲁东先生所谓的"劳动时间先天决定交换价值"的情况。⑤

286. 只讲在生产过程中创造的剩余价值在流通过程中得到实现，不讲在生产过程中创造的是"非价值"。⑥

287. 只讲"价值增殖，利润，货币或商品之转化为资本，都不是由于商品按价值规律进行交换，即与它们所花费的劳动时间成比例

---

① 《马克思恩格斯全集》第25卷，第971页。
② 《马克思恩格斯全集》第26卷（Ⅰ），第89页。
③ 《马克思恩格斯全集》第46卷（上），第389页。
④ 《马克思恩格斯全集》第46卷（下），第43—44页。
⑤ 《马克思恩格斯全集》第4卷，第103页。
⑥ 《马克思恩格斯全集》第46卷（上），第385页。

地进行交换而发生的,相反倒是由于商品或货币(物化劳动)同比它所包含的或者说耗费的劳动多的活劳动相交换的结果",不讲"货币转化为资本,必须根据商品交换的内在规律来加以说明,因此等价物的交换应该是起点"。①

288. 只讲马尔萨斯"把商品的价值和商品作为资本的价值增殖等同起来,是极其荒谬的。当商品或货币(简单说,物化劳动)作为资本同活劳动相交换时,它们所换得的劳动量总是比它们本身所包含的劳动量大;如果把交换前的商品同它与活劳动交换后所得到的产品二者加以比较,就会发现,商品所换得的,是商品本身的价值(等价物)加上超过商品本身价值的余额即剩余价值。但是,如果因此说商品的价值等于它的价值加超过这个价值的余额,那是荒谬的",不讲价值是一种"社会规定的量"。②

289. 只讲剩余价值不能从等价交换中产生,不讲"只要他的产品的个别价值低于其社会价值,……剩余价值就创造出来了"。③

290. 只讲"资本家为生产商品支付过报酬的劳动(物化劳动和直接劳动)和生产商品所必要的劳动在量上是完全不同的。它们之间的差额也就形成预付价值和所得价值之间的差额,形成资本家购买商品的价格和商品出卖的价格(如果商品按照它的价值出卖)之间的差额。如果这个差额不存在,货币或商品就决不会转化为资本。随着剩余价值的消失,利润的源泉也就消失",不讲利润也可以由"社会劳动和同一产品中所包含的私人劳动二者之间的差别"而产生。④

291. 只讲剩余价值来自资本与劳动的不等价交换,不讲"劳动的正常价格也包含着一定量的无酬劳动"。⑤

---

① 《马克思恩格斯全集》第23卷,第188—189页。
② 《马克思恩格斯全集》第23卷,第126页。
③ 《马克思恩格斯全集》第49卷,第83页。
④ 《马克思恩格斯全集》第20卷,第335页。
⑤ 《马克思恩格斯全集》第23卷,第602页。

292. 只讲"剩余价值来源于单独地考察的每一个工人的剩余劳动",不讲"物化在机器体系中的价值表现为这样一个前提,同它相比,单个劳动能力创造价值的力量作为无限小的量而趋于消失"。①

293. 只讲"剩余价值的唯一源泉是活劳动。在劳动剥削程度相等时,资本100所推动的劳动量,从而它所占有的剩余劳动量,取决于它的可变组成部分的大小。如果一个百分比构成为 $90c+10v$ 的资本和一个 $10c+90v$ 的资本,在劳动剥削程度相等时,会生产出同样多的剩余价值或利润,那就非常清楚,剩余价值,从而价值本身的源泉必定不是劳动,而是别的什么东西了,而这样一来,政治经济学就会失去任何合理的基础了",不讲"整个资本主义生产的基础是:直接购买劳动,以便在生产过程中不经购买而占有所使用的劳动的一部分,然后又以产品形式把这一部分卖掉;……这是资本存在的基础,是资本的实质"。②

294. 只讲"剩余价值只是由于一部分被使用的活劳动被无偿占有才会产生",不讲"这个劳动究竟是不是在正常的社会平均条件下付出的。生产者为了生产一天可以生产出来的产品,是费了十天,还是只费一天,他们用的工具是最好的,还是最坏的,他们的劳动时间是耗费在生产社会必需的物品和生产社会需要的数量上,还是耗费在根本不需要的东西上,或者虽然需要但却在数量上是多于需要还是少于需要"。③

295. 只讲对于资本家来说,"只要他的产品的个别价值低于其社会价值,从而可以在他的产品的个别价值以上出卖,对他来说剩余价值就创造出来了",不讲社会价值是由"社会决定的价值"。④

296. 只讲"从事剩余劳动的时间并不为任何经济规律所规定",

---

① 《马克思恩格斯全集》第46卷(下),第209页。
② 《马克思恩格斯全集》第26卷(Ⅰ),第305页。
③ 《马克思恩格斯全集》第21卷,第212页。
④ 《马克思恩格斯全集》第49卷,第98页。

不讲作为满足社会需要的剩余劳动有"一种内在联系把各种不同的需要量连结成一个自然的体系"。①

297. 只讲耗费更多的活劳动就能生产更多的剩余价值,不讲在商品社会"在他的商品上耗费的劳动不应该多于生产这种商品所需的社会必要劳动时间"。②

298. 只讲"总产业资本的周转次数越多,利润量或一年内生产的剩余价值量也就越大,因此,在其他条件不变时,利润率也就越高",不讲"[在资本流通的条件下]……总消费表现为……作为交换价值的产品的尺度"。③

299. 只讲"现今财富的基础是盗窃他人的劳动时间",不讲"工厂主靠着对工人进行琐细偷窃的办法来互相竞争已经不合算了。事业的发展已经不允许再使用这些低劣的谋取金钱的手段;这些手段对拥资百万的工厂主说来已毫无意义"。④

300. 只讲剩余价值的实质是"无酬劳动",是"诈骗"、"盗窃"和"掠夺",不讲"互相欺骗不会创造任何新价值或剩余价值,只不过使已经存在的资本在资本家之间的分配有所不同而已"。⑤

301. 只讲剩余价值的实质是"无酬劳动",是"诈骗"、"盗窃"和"掠夺",不讲"现代政治经济学的规律之一……就是:资本主义生产愈发展,它就愈不能采用作为它早期阶段的特征的那些琐细的哄骗和欺诈手段"。⑥

剩余价值的统计学位置——是存量

302. 只讲剩余价值是增量,不讲在社会简单再生产公式中有它

---

① 《马克思恩格斯全集》第23卷,第394页。
② 《马克思恩格斯全集》第47卷,第355—356页。
③ 《马克思恩格斯全集》第46卷(上),第389页。
④ 《马克思恩格斯全集》第22卷,第312—313页。
⑤ 《马克思恩格斯全集》第16卷,第265页。
⑥ 《马克思恩格斯全集》第22卷,第311页。

的位置,① 因而是存量。——简单再生产意味着价值总量不变。

303. 只讲剩余价值是增量,不讲"简单再生产实质上是以消费为目的的,虽然攫取剩余价值是单个资本家的动机;但是,剩余价值——不管它的比例量如何——在这里最终只是用于资本家的个人消费"。②

304. 只讲"剩余价值是新价值的实际创造",不讲资本家的生活资料是既存"等价物",除此之外才是"新创造的剩余价值",而且"对新创造的价值来说,没有现成的等价物;后者的可能性只在新的劳动中"。③ ——创造的只是一种未来的"可能性"。

305. 只讲对总资本来说的剩余产品,不讲"只是对第Ⅰ类的资本家来说,而不是对总资本来说,剩余产品才成为剩余产品,因为它是第Ⅱ类的不变资本部分"。④

306. 只讲剩余价值是绝对增量,不讲"[剩余价值的]这种创造同不经交换而占有他人劳动是一回事","共同的掠夺物即全部剩余价值"。⑤

307. 只讲剩余价值是绝对增量,不讲"杜林先生……错误地把商品价值……看做直到目前为止在经济学上据我们所知还根本没有通行过的'绝对价值'"。⑥

308. 只讲剩余价值是绝对增量,不讲"在一个国家内,亏损和盈利是平衡的"。⑦

绝对剩余价值——有特定的前提条件

309. 只讲绝对剩余价值,不讲它"是劳动对资本的形式上的从

---

① 《马克思恩格斯全集》第24卷,第441页。
② 《马克思恩格斯全集》第24卷,第457页。
③ 《马克思恩格斯全集》第46卷(上),第338—339页。
④ 《马克思恩格斯全集》第48卷,第149页。
⑤ 《马克思恩格斯全集》第46卷(下),第49页;第25卷,第234页。
⑥ 《马克思恩格斯全集》第20卷,第216页。
⑦ 《马克思恩格斯全集》第26卷(Ⅲ),第112页。

属的物质表现",因而所适用的只是"第一种"资本主义生产方式,即不是"本来意义上的资本主义生产方式"。①

310. 只讲"在绝对剩余价值的场合,产品量也增加了,然而是和它们的交换价值同时增加的,也就是说,是同它们所包含的劳动时间成比例地增加的",不讲"总产品的价值……等于这个领域的总产品同其他领域的产品保持应有的比例时按比例应当花费的劳动时间"。②

311. 只讲延长劳动时间就能创造绝对剩余价值,不讲"资本创造绝对剩余价值——更多的物化劳动——要有一个条件,即流通范围要扩大,而且要不断扩大。在一个地点创造出的剩余价值要求在另一个地点创造出它与之交换的剩余价值;要求首先哪怕只是生产出更多的金银,更多的货币"。③

相对剩余价值——区分总价格不变的相对剩余价值和作为个别价值与社会价值之差的相对剩余价值

312. 只讲相对剩余价值,不讲它"是劳动对资本的实际上的从属的物质表现",因而所适用的是"第二种"资本主义生产方式。④

313. 只讲"重农学派在农业劳动范围内是正确地理解剩余价值的",不讲重农学派认为"纯产品"来自"自然的赐予"。⑤

314. 只讲剩余价值"取决于劳动生产率",不讲"劳动生产力的提高可以使一定劳动时间内的产品增加,但决不能赋予这些产品以剩余价值"。⑥

315. 只讲由于生产力提高,"在 1 劳动小时内所生产的商品的[总]价值同其他[在同一时间内所生产的]所有商品相比提高了",

---

① 《马克思恩格斯全集》第 49 卷,第 84—85、87 页。
② 《马克思恩格斯全集》第 26 卷(Ⅰ),第 235 页。
③ 《马克思恩格斯全集》第 46 卷(上),第 390 页。
④ 《马克思恩格斯全集》第 49 卷,第 84—85 页。
⑤ 《马克思恩格斯全集》第 26 卷(Ⅰ),第 25 页。
⑥ 《马克思恩格斯全集》第 46 卷(下),第 147 页。

不讲"在相对剩余价值的场合，……产品的总价值仍然不变，而产品的总量或使用价值的总量却增长了"。①

316. 只讲"在资本主义生产中，发展劳动生产力的目的，是为了缩短工人必须为自己劳动的工作日部分，以此来延长工人能够无偿地为资本家劳动的工作日的另一部分"，不讲"先前的历史发展使……人类全部力量的全面发展成为目的本身"。②

317. 只讲"构成一切相对剩余价值基础的过程，是通过缩短必要劳动时间来延长剩余劳动时间"，不讲"在最抽象的形式上，用来发展相对剩余价值的那一切方法，从而特殊的资本主义生产方式，可以归结为，这种生产方式力图把单位商品的价值降低到它的最低限度"。③

318. 只讲"每一个进行投资的特殊部门中的生产力的发展或劳动生产率的发展，都会在某种程度上直接减少必要劳动时间"，不讲"我们看到，某些使用价值在前后悬隔的不同文化时代里彼此间总是构成一个特殊交换价值的系列，这些特殊交换价值彼此间虽然不是保持着丝毫不变的数字比例，但是保持着高低级次的一般关系，如金、银、铜、铁或小麦、黑麦、大麦、燕麦，由此只能得出这样的结论：社会生产力的向前发展，以均等的或大体均等的程度影响着生产这种种商品所需要的劳动时间"。④

319. 只讲"凡是在资本主义基础上发展生产力的场合都是……缩短工人为再生产其劳动力所必需的劳动时间，……并通过缩短这一部分而延长……他的剩余劳动时间"，不讲"假定劳动生产率增长了，因而体现这个价值的商品量也增加了，但工资按其价值仍然不变，在这一关系中，剩余价值不会发生任何变化，虽然它与工资一样，代表

---

① 《马克思恩格斯全集》第47卷，第275页。
② 《马克思恩格斯全集》第46卷（上），第486页。
③ 《马克思恩格斯全集》第48卷，第22页。
④ 《马克思恩格斯全集》第13卷，第26—27页。

比过去更多的使用价值量"。①

320. 只讲"相对剩余价值与劳动生产力成正比",不讲"可变资本的价值和劳动[复杂性的]程度一起提高或降低,因为剩余劳动和必要劳动具有同样的性质,所以剩余价值和可变资本之比不变"。②

321. 只讲"相对剩余价值与劳动生产力成正比。它随着生产力提高而提高,随着生产力降低而降低",不讲这只有在直接用自己的产品抵充工资,即实行实物工资制的情况下才有这个可能,因而马克思在讲这种相对剩余价值的时候,总是不忘记声明:"假定工人是靠他本人所生产的使用价值生活的","我们假定,他们的产品本身加入他们的消费,于是他们的必要劳动时间就会缩短"。至少,"工人所生产的产品是他的生活资料的一个部分,因而这种产品的便宜会在某种程度上减少再生产工人的生命所需要的劳动时间。因为相对剩余价值只有在这种前提下才会产生,所以在考察相对剩余价值时始终能够而且必须假定这一前提是存在的"。③

322. 只讲相对剩余价值是工人创造的,不讲"工人所以会创造出相对剩余价值,……只是因为他用比以前较少的时间生产出进入他自身消费的产品"。④

323. 只讲劳动力价值会随生活资料生产率的提高而降低,不讲这种降低"是不可能确切地计算的"。⑤

324. 只讲"相对剩余价值与劳动生产力成正比",不讲"生产相对剩余价值,即以提高和发展生产力为基础来生产剩余价值,要求生产出新的消费;要求在流通内部扩大消费范围,就像以前[在生产绝

---

① 《马克思恩格斯全集》第47卷,第608页。
② 《马克思恩格斯全集》第48卷,第24页。
③ 《马克思恩格斯全集》第47卷,第269页;第46卷(下),第295页;第47卷,第278页。
④ 《马克思恩格斯全集》第47卷,第269—270页。
⑤ 《马克思恩格斯全集》第47卷,第278页。

对剩余价值时]扩大生产范围一样"。①

325. 只讲"相对剩余价值与劳动生产力成正比",不讲"剩余价值或剩余劳动并不是和生产力按同一数字比例增加","相对剩余价值的增长随着劳动生产力的提高而降低"。②

326. 只讲"由于劳动生产率的增长,……他的利润,就只能以两种方式增长:或者是劳动产品以一定的比例进入劳动能力的再生产,……劳动能力的价值也按同一比例下降,……;或者是由于工厂主高于商品的价值出售商品,……但工人和以前一样,只得到同样的正常工资。……这是一回事情",不讲前者属于个别价值等于社会价值的时期,这时"总价格没有变",发生变化的只是其内部比例;后者属于个别价值不等于社会价值的时期,这时总价格不是根据个别价值计算,剩余来自"商品的个别价值低于它的社会价值"。③

327. 只讲"用两个人代替20个人,不管绝对剩余劳动时间或相对剩余劳动时间怎样增加,要使这两个人的剩余劳动时间等于20个人的剩余劳动时间,这在体力上是不可能的",不讲价值是"量的生产关系",④ 而不是体力。

328. 只讲相对剩余价值"来源于机器使用的劳动力",不讲"从劳动的社会形式中产生的劳动生产率的增长,……不是来自这种劳动本身,而是来自劳动在其中进行并用来进行生产的那些条件"。⑤

329. 只讲产品余额来自更多的劳动,不讲"在农业中,土地从它的化学等等作用来说,本身已经是一种机器,这种机器使直接劳动具有更高的生产效率,从而较早地提供剩余额"。⑥

330. 只讲"只有这种相对剩余劳动,才使资本家在出售商品时

---

① 《马克思恩格斯全集》第46卷(上),第391页。
② 《马克思恩格斯全集》第46卷(上),第302、298页。
③ 《马克思恩格斯全集》第46卷(上),第307页;第23卷,第352页。
④ 《马克思恩格斯全集》第46卷(上),第88页。
⑤ 《马克思恩格斯全集》第48卷,第276页。
⑥ 《马克思恩格斯全集》第46卷(下),第87页。

得到高于它的价值的价格余额",不讲"产业的向前发展所造成的不变资本的这种节约,具有这样的特征:在这里,一个产业部门利润率的提高,要归功于另一个产业部门劳动生产力的发展。在这里,资本家得到的好处,……是社会劳动的产物,……并不是他自己直接剥削的工人的产物"。①

331. 只讲"产品的市场价值和它的个别价值之间的差别,只能同生产率程度的差别有关,在这些不同程度的生产率下,一定量劳动创造出总产品的不同份额。这种差别决不能意味着价值是不依赖于该生产领域一般使用的劳动量而决定的",不讲"总产品的价值……等于这个领域的总产品同其他领域的产品保持应有的比例时按比例应当花费的劳动时间"。②

332. 只讲社会价值与个别价值之差是剩余价值,不讲它是"与工人的剩余劳动完全不同的东西"。③

333. 只讲在劳动生产率提高时,剩余劳动时间增加了,"这种增加是通过迂回的道路即通过高于价值的出售来实现的",不讲"一个国家的整个资本家阶级不能靠欺骗自己来发财致富"。④

334. 只讲"劳动生产力的发展间接促使现有资本价值增加,因为它增加了使用价值的数量和种类,……资本所能支配的劳动量,不是取决于资本的价值,而是取决于构成资本的原料和辅助材料、机器和固定资本要素以及生活资料的数量,而不管这些物品的价值如何。只要所使用的劳动的量由此增加了,因而剩余劳动的量也由此增加了,再生产出来的资本的价值和新加入资本的剩余价值也就增加了",不讲"每种需要都有一定的限度","如果物没有用,那末其中包含的

---

① 《马克思恩格斯全集》第 25 卷,第 97 页。
② 《马克思恩格斯全集》第 26 卷(Ⅰ),第 235 页。
③ 《马克思恩格斯全集》第 49 卷,第 115 页。
④ 《马克思恩格斯全集》第 23 卷,第 185—186 页。

劳动也就没有用，不能算作劳动，因此不形成价值"。①

335. 只讲一个国家的资本主义生产越发达，那里的国民劳动的强度和生产率，就越超过国际水平，不讲"在英国采用蒸汽织布机以后，把一定量的纱织成布所需要的劳动可能比过去少一半"。②

336. 只讲没有劳动者的剩余劳动就没有大私有者阶级，不讲"没有一定程度的劳动生产率，……就不可能有剩余劳动，……不可能有大私有者阶级"。③

十二　关于利润——生产要素的调节工具

337. 只讲利润由工人阶级生产的超过它消费的余额构成，不讲利润是"总资本在生产过程和流通过程结束时所得到的价值超过""全部生产费用价值的余额"。④

338. 只讲"要是没有无偿劳动，利润从何而来"，不讲利润可以从生产工艺的差别以及供求不平衡而来："价值是私人产品中所包含的社会劳动的表现，在这里已经存在着社会劳动和同一产品中所包含的私人劳动二者之间的差别的可能性。这样，如果一个私人生产者在社会的生产方式不断进步的时候，仍用旧的方式进行生产，那末他会深切地感到这一差别。当某类商品的全体私人生产者生产的商品超过社会所需要的数量的时候，也会发生同样的现象。"⑤

339. 只讲"利润之所以存在，正是由于工人所能提出的需求小于他们的产品的价值"，不讲"劳动投向这个方向还是投向另一个方向，要看在这个或那个生产领域里能获得什么样的利润","利润……

---

① 《马克思恩格斯全集》第26卷（Ⅱ），第610页；第23卷，第54页。
② 《马克思恩格斯全集》第23卷，第52页。
③ 《马克思恩格斯全集》第23卷，第559页。
④ 《马克思恩格斯全集》第48卷，第277页。
⑤ 《马克思恩格斯全集》第20卷，第335页。

表现为……资本和劳动本身在不同生产部门之间分配的因素"。①

340. 只讲"利润之所以存在，正是由于工人所能提出的需求小于他们的产品的价值"，不讲马克思对蒲鲁东的批评："似乎整个社会仅仅是由以工资形式领得自己的产品的直接劳动者所组成。"②

341. 只讲利润是剩余的，不讲"利润、分配形式，在这里同时又是生产形式、生产条件、生产过程的必要的构成要素"。③

342. 只讲利润是剩余的，不讲利润是商品维持正常再生产的"自然价格"的"正确……构成要素"。④

343. 只讲"超额利润只能从超过正常剩余时间，从而超过法律规定的正常日的无酬剩余时间中产生"，不讲"成本价格的减少以及由此而来的超额利润，在这里，是执行职能的资本的使用方法造成的。……超额利润来源于资本本身"。⑤

344. 只讲"如果超额利润是正常地产生的，不是由于流通过程中的偶然情况产生的，它就总是作为两个等量资本和劳动的产量之间的差额而产生出来。如果两个等量资本和劳动被使用在等面积土地上而产生的结果不同，这个超额利润就转化为地租"，不讲"产品的单纯增加并不使价值增加"。⑥

345. 只讲"超额利润不是产生在两个不同生产部门之间，而是产生在每个生产部门之内"，不讲由于生产的"比例失调而引起的市场价值的提高或降低，造成资本从一个生产领域抽出并转入另一个生产领域，造成资本从一个领域向另一个领域的转移"，"劳动投向这个方向还是投向另一个方向，要看在这个或那个生产领域里能获得什么样的利润"，"利润……表现为……资本和劳动本身在不同生产部门之

---

① 《马克思恩格斯全集》第26卷（Ⅲ），第490页；第25卷，第998页。
② 《马克思恩格斯全集》第4卷，第99页。
③ 《马克思恩格斯全集》第26卷（Ⅲ），第86页。
④ 《马克思恩格斯全集》第26卷（Ⅲ），第85页。
⑤ 《马克思恩格斯全集》第25卷，第726页。
⑥ 《马克思恩格斯全集》第46卷（下），第277页。

间分配的因素"。① ——在求大于供的生产部门也能得到超额利润。

346. 只讲超额利润是平均劳动与个别劳动之差，不讲它如何与这个论点自洽：在市场出清的情况下，即使个别劳动等于平均劳动，它也能得到超额利润，因为这时"在最坏条件下生产的商品就决定市场价值"。②

347. 只讲"利润的最高限度受生理上所能容许的工资的最低限度和生理上所能容许的工作日的最高限度的限制"，不讲由于"人类所支配的生产力是无穷无尽的"，因而作为社会价值与个别价值之差的利润也没有止境。③

十三　关于劳动的"自乘"——注意与有机构成论和平均利润下降论的自洽

348. 只讲"生产力特别高的劳动起了自乘的劳动的作用，或者说，在同样的时间内，它所创造的价值比同种社会平均劳动要多"，不讲它如何与这个论点自洽："生产力当然始终是有用的具体的劳动的生产力，……生产力的变化本身丝毫也不会影响表现为价值的劳动。……不管生产力发生了什么变化，同一劳动在同样的时间内提供的价值量总是相同的。"④

349. 只讲生产力高的劳动会"自乘"，不讲它如何与这个论点自洽："商品的价值量与体现在商品中的劳动的量成正比，与这一劳动的生产力成反比。"⑤

350. 只讲生产力高的劳动会"自乘"，不讲它如何与这个论点自

---

① 《马克思恩格斯全集》第26卷（Ⅱ），第595页；第26卷（Ⅲ），第490页；第25卷，第998页。
② 《马克思恩格斯全集》第25卷，第200页。
③ 《马克思恩格斯全集》第1卷，第616页。
④ 《马克思恩格斯全集》第23卷，第59—60页。
⑤ 《马克思恩格斯全集》第23卷，第53—54页。

洽:"只是社会必要劳动量,或生产使用价值的社会必要劳动时间,决定该使用价值的价值量","社会必要劳动时间是在现有的社会正常的生产条件下,在社会平均的劳动熟练程度和劳动强度下制造某种使用价值所需要的劳动时间"。①

351. 只讲生产力高的劳动会"自乘",不讲为什么一旦"新的生产方式被普遍采用",这种"自乘"的能力会"消失"。②

352. 只讲机器"在最初偶尔被采用时,会把机器所有主使用的劳动变为高效率的劳动,把机器产品的社会价值提高到它的个别价值以上",不讲社会价值是一种"社会规定的量"。③

353. 只讲"随着机器在同一生产部门内普遍应用,机器产品的社会价值就降低到它的个别价值的水平",不讲"假定市场上的每一块麻布都只包含社会必要劳动时间。即使这样,这些麻布的总数仍然可能包含耗费过多的劳动时间"。④

354. 只讲较高级的劳动在同样长的时间内物化为较多的价值,不讲这种价值"要受外部条件的支配"。⑤

355. 只讲使用机器的劳动是会自乘的较高级的劳动,不讲机器"把一切劳动都变为简单劳动"。⑥

356. 只讲使用机器的劳动是会自乘的较高级的劳动,不讲"机器生产部门的工人,比起极完善的机器来,只能起着极不完善的机器的作用"。⑦

357. 只讲使用机器的劳动是会自乘的较高级的劳动,不讲"如果我们拿另一个生产部门例如排字来看,在这里还没有使用机器,那

---

① 《马克思恩格斯全集》第23卷,第52页。
② 《马克思恩格斯全集》第23卷,第354页。
③ 《马克思恩格斯全集》第23卷,第126页。
④ 《马克思恩格斯全集》第23卷,第126页。
⑤ 《马克思恩格斯全集》第46卷(上),第92页。
⑥ 《马克思恩格斯全集》第47卷,第560页。
⑦ 《马克思恩格斯全集》第6卷,第505页。

末这个部门中的 12 小时创造的价值，同机器等等最发达的生产部门中的 12 小时创造的价值完全一样多"。①

358. 只讲使用机器的劳动是会自乘的较高级的劳动，不讲"汤普逊的资本家在这里只是说出了工厂主的一个通常的错觉，似乎一个用机器等进行生产的劳动者的劳动时间所创造的价值大于在机器发明以前一个普通的手工劳动者的劳动时间所创造的价值。产生这种幻想的依据，是说这个资本家带着他或者可能还有几个别的资本家所独占的新发明的机器闯进在此以前属于手工劳动的部门而取得了一种特殊的'剩余价值'"。②

359. 只讲生产力高的劳动会"自乘"，会在同样长的时间内物化为较多的价值，不讲"提高劳动生产力的一切手段……属于劳动过程，而不属于价值增殖过程"。③

360. 只讲生产力高的劳动会"自乘"，会在同样长的时间内物化为较多的价值，不讲"［在资本流通的条件下］……总消费表现为……作为交换价值的产品的尺度"。④

361. 只讲生产力高的劳动会"自乘"，会在同样长的时间内物化为较多的价值，不讲"总产品的价值……等于这个领域的总产品同其他领域的产品保持应有的比例时按比例应当花费的劳动时间"。⑤

362. 只讲生产力高的劳动会"自乘"，会在同样长的时间内物化为较多的价值，不讲它如何与这个论点自洽："如果投在一定生产部门的资本的构成，高于社会平均资本，……它所生产的商品的价值，就会低于这些商品的生产价格"。⑥

363. 只讲生产力高的劳动会"自乘"，会在同样长的时间内物化

---

① 《马克思恩格斯全集》第 26 卷（Ⅰ），第 423 页。
② 《马克思恩格斯全集》第 21 卷，第 560 页。
③ 《马克思恩格斯全集》第 47 卷，第 296 页。
④ 《马克思恩格斯全集》第 46 卷（上），第 389 页。
⑤ 《马克思恩格斯全集》第 26 卷（Ⅰ），第 235 页。
⑥ 《马克思恩格斯全集》第 25 卷，第 855—856 页。

为较多的价值,不讲它如何与这个论点自洽:有机构成高的部门生产"较低的剩余价值,由于该部门的资本被抽出并由此而形成有利的供求关系",才提高到平均水平。①

364. 只讲生产力高的劳动会"自乘",会在同样长的时间内物化为较多的价值,不讲在求大于供的条件下,即使生产力最低的劳动也将得到平均利润和超额利润,因为"商品的现实价值不是它的个别价值,而是它的社会价值","假定生产部门 e(例如面包业)是必要的,那么这个部门的资本家就必须得到平均利润率10%","总产品的价值……等于这个领域的总产品同其他领域的产品保持应有的比例时按比例应当花费的劳动时间"。②

365. 只讲生产率的提高最后会增加交换价值的总额,不讲"提高了的生产率只能增加资本物质,而不增大资本价值"。③

366. 只讲生产率的提高最后会增加交换价值的总额,不讲它"创造出一个这样的价值,这个价值不应当简单地作为等价物被交换,而是必须作为价值保存自己;一句话,生产率的提高会创造出更多的货币",即"对新创造的价值来说,没有现成的等价物,后者的可能性只在新的劳动中"。④

367. 只讲超额利润来自工人劳动的"自乘",不讲"成本价格的减少以及由此而来的超额利润,在这里,是执行职能的资本的使用方法造成的。它们的产生,或者是因为异常大量的资本积聚在一个人手中(这种情况在平均使用同样大的资本量的时候就会消失),或者是因为一定量资本以一种生产率特别高的方式执行职能(这种情况在例外的生产方法已经普遍应用,或者为一种效率更高的生产方法所超过

---

① 《马克思恩格斯全集》第46卷(上),第426页。
② 《马克思恩格斯全集》第23卷,第353页;第46卷(上),第426页;第26卷(Ⅰ),第235页。
③ 《马克思恩格斯全集》第24卷,第115页。
④ 《马克思恩格斯全集》第46卷(上),第362、339页。

的时候也会消失）"。①

十四　关于利息——货币资源的调节工具

368. 只讲"连续几年的长期平均利息是由平均利润率决定的"，"地租、利息和产业利润不过是商品的剩余价值或商品中所含无偿劳动不同部分的不同名称罢了，它们都是同样从这个泉源并且只是从这一个泉源产生的"，不讲"市场利息率是由供求关系直接地、不通过任何媒介决定的"。② ——由供求关系决定的市场利息率的平均怎么会等于不受供求关系影响的平均利润率？

369. 只讲"交易所只改变着从工人中已经窃得的剩余价值的分配"，不讲"交易所朝着集中的方向改变分配，大大加速资本的积聚，因此这是像蒸汽机那样的革命的因素"。③

十五　关于地租——土地资源的调节工具

地租来自供求和生产力的不平衡

370. 只讲地租来自剩余劳动，不讲"提供地租的产品的价格也是垄断价格，……这里，也是需求超过供给"。④

371. 只讲农产品按实际价值出售："农产品跟其他那些价值同样高于费用价格的商品不同，它们的价值不因资本的竞争而降低到它们的费用价格的水平"，不讲"社会……按产品内所包含的实际劳动时间的二倍半来购买这种土地产品"。⑤

---

① 《马克思恩格斯全集》第25卷，第726页。
② 《马克思恩格斯全集》第25卷，第412页。
③ 《马克思恩格斯全集》第35卷，第428页。
④ 《马克思恩格斯全集》第26卷（Ⅱ），第179页。
⑤ 《马克思恩格斯全集》第25卷，第745页。

372. 只讲马克思"证明，即使假定绝对地租存在，也决不能由此得出结论说，在任何情况下最坏的耕地或最坏的矿山也都是支付地租的；相反地，很可能它们不得不把自己的产品按市场价值、但低于其个别价值出售"，不讲"在资本主义生产的基础上，如果商品不提供等于预付资本价值加平均利润的费用价格，它就——最终地、照例地——不会拿到市场上去"。①

373. 只讲"单纯的级差地租——它的产生不是由于资本仅仅投入土地而不投入其他任何部门——在理论上没有什么困难。这种地租不过是任何工业生产领域中经营条件优于平均水平的资本所具有的超额利润而已"，不讲由于农产品求大于供，因此"在最坏条件下生产的商品就决定市场价值"。② 这样，就不是"优于"中等土地才能得到级差地租，而是中等土地本身就能得到级差地租。

374. 只讲土地产品虚假的社会价值，不讲"[在资本流通的条件下]……总消费表现为……作为交换价值的产品的尺度"。③

375. 只讲地租由剩余价值决定，不讲"地租以及土地价值会随着土地产品市场的扩大，也就是随着非农业人口的增加，随着他们对食物和原料的需要和需求的增加而发展起来"。④

376. 只讲"一切地租都是剩余价值，是剩余劳动的产物"，不讲"如果有一种新的不用水力的生产方法，使那些用蒸汽机生产的商品的成本价格由 100 镑减低到 90 镑，那末，超额利润，从而地租，从而瀑布的价格就会消失"。⑤

377. 只讲"一切地租都是剩余价值，是剩余劳动的产物"，不讲只要有"足够数量的草原"被开垦，就"可以使欧洲所有大地主以及

---

① 《马克思恩格斯全集》第 26 卷（Ⅲ），第 85 页。
② 《马克思恩格斯全集》第 25 卷，第 200 页。
③ 《马克思恩格斯全集》第 46 卷（上），第 389 页。
④ 《马克思恩格斯全集》第 25 卷，第 718 页。
⑤ 《马克思恩格斯全集》第 25 卷，第 730 页。

小地主遭到破产"。① ——只要土地足够，地租就将消除。

378. 只讲地租是虚假的社会价值，不讲"超额利润之转化为地租"。②

379. 只讲地租是人和人之间的关系，不讲"地租是土地的单位面积产量即自然方面……和人的方面即竞争之间的相互关系"。③

380. 只讲地租是剥削，不讲"消灭土地私有制并不要求消灭地租，……由劳动人民实际占有一切劳动工具，无论如何都不排除承租和出租的保存"。④

土地所有权不是无限的

381. 只讲"地租是一种垄断价格，……只是由于土地所有权的干预，产品才按照高于费用价格的价格出卖，按照自己的价值出卖"，不讲"绝对地租对于其他土地例如矿山来说，也可能不存在，因为后者在数量上相对地说总是无限的（同需求相比），以致土地所有权在这里不可能对资本进行任何抵抗；土地所有权即使在法律上存在，在经济上也是不存在的"。⑤

十六 关于剥削——要区分剥削活劳动和剥削劳动的社会生产力

劳动同劳动条件的分离的必要性

382. 只讲劳动和自己的实现条件的分离是不公平的，不讲为了提高社会劳动的生产力，"劳动和所有权（后者应理解为对于生产条

---

① 《马克思恩格斯全集》第25卷，第818页。
② 《马克思恩格斯全集》第32卷，第75页。
③ 《马克思恩格斯全集》第1卷，第608页。
④ 《马克思恩格斯全集》第18卷，第315页。
⑤ 《马克思恩格斯全集》第26卷（Ⅱ），第414页。

件的所有权）之间的分离、破裂和对立就成为必要的了。这种破裂的最极端的形式（在这种形式下社会劳动的生产力同时会得到最有力的发展）就是资本的形式"。①

383. 只讲劳动和劳动条件的分离是不合理的，不讲"科学分离出来成为与劳动相对立的、服务于资本的独立力量，一般说来属于生产条件与劳动相分离的范畴。并且正是科学的这种分离和独立（最初只是对资本有利）成为发展科学和知识的潜力的条件"。②

384. 只讲劳动和劳动条件的分离是不合理的，不讲"历史的过程使这种分离成为社会发展的因素"。③

385. 只讲"一个除自己的劳动力外没有任何其他财产的人，在任何社会的和文化的状态中，都不得不为占有劳动的物质条件的他人做奴隶。他只有得到他人的允许才能劳动，因而只有得到他人的允许才能生存"，不讲"不论生产的社会形式如何，劳动者和生产资料始终是生产的因素。但是，二者在彼此分离的情况下只在可能性上是生产因素。凡要进行生产，就必须使它们结合起来"。④——如果说劳动力所有者离开了生产资料就不能生存，那么，生产资料的所有者离开了劳动同样也不能生存。

386. 只讲"劳动能力由于被剥夺了劳动资料即被剥夺了通过劳动占有自然因素所需的物的条件，它也就被剥夺了生活资料"，不讲"工资……的一般基础，……为工人本人劳动产品中加入工人个人消费的部分"。⑤——改变的只是获取生活资料的方式。

387. 只讲奴隶主、封建主和资本家是靠剩余劳动养活的，即不必要的，不讲"没有古代的奴隶制，就没有现代的社会主义"。⑥

---

① 《马克思恩格斯全集》第26卷（Ⅲ），第466页。
② 《马克思恩格斯全集》第47卷，第598页。
③ 《马克思恩格斯全集》第26卷（Ⅲ），第299页。
④ 《马克思恩格斯全集》第24卷，第44页。
⑤ 《马克思恩格斯全集》第25卷，第990页。
⑥ 《马克思恩格斯全集》第20卷，第196—197页。

388. 只讲"没有资本家，再生产也能进行"，不讲"社会劳动生产力的发展是资本的历史任务和权利"。①

389. 只讲资产阶级是剩余的，不讲"现代社会主义力图实现的变革，……不但需要有能实现这个变革的无产阶级，而且还需要有使社会生产力发展到能够彻底消灭阶级差别的资产阶级。……资产阶级正如无产阶级本身一样，也是社会主义革命的一个必要的先决条件"。②

390. 只讲使用资本家的生产资料给报酬是剥削，不讲商品交换双方"必须彼此承认对方是私有者"。③

391. 只讲资本剥削劳动，不讲"不变资本的总价值完全和自然力一样，例如和水、风等等一样，提供无偿的服务"。④

分工不是剥削

392. 只讲"从第一次社会大分工中，也就产生了第一次社会大分裂，即分裂为两个阶级：主人和奴隶、剥削者和被剥削者"，不讲"一个民族的生产力发展的水平，最明显地表现在该民族分工的发展程度上"。⑤

393. 只讲生产劳动者与非生产劳动者是剥削关系，不讲"这种区分本身表现为分工的结果"。⑥

394. 只讲生产劳动与非生产劳动的区别，不讲"交换价值的实体是抽象劳动"，"一般劳动是一切科学工作，一切发现，一切发明"。⑦

395. 只讲物质生产是劳动，不讲"全部人的活动迄今都是劳动"。⑧

---

① 《马克思恩格斯全集》第48卷，第304页。
② 《马克思恩格斯全集》第18卷，第610—611页。
③ 《马克思恩格斯全集》第23卷，第102页。
④ 《马克思恩格斯全集》第48卷，第77页。
⑤ 《马克思恩格斯全集》第3卷，第24页。
⑥ 《马克思恩格斯全集》第26卷（Ⅰ），第311页。
⑦ 《马克思恩格斯全集》第16卷，第275页；第25卷，第120页。
⑧ 《马克思恩格斯全集》第42卷，第127页。

396. 只讲国家的管理者等等属于不劳动者，不讲"国家本身以及同它有关的东西，……对社会说来，属于生产费用"。①

397. 只讲精神生产者属于不劳动者，不讲"在精神生产中，表现为生产劳动的是另一种劳动"。②

398. 只讲只有"直接参加使用价值的生产"的人，只有从事"生活资料的生产"的人，才是"劳动者"，其他都是"不劳动者"，不讲"资产阶级抹去了一切向来受人尊崇和令人敬畏的职业的神圣光环。它把医生、律师、教士、诗人和学者变成了它出钱招雇的雇佣劳动者"。③

399. 只讲占有自由时间的人是不劳动者，不讲"自由时间……自然要把占有它的人变为另一主体，于是他作为这另一主体又加入直接生产过程"。④

400. 只讲占有自由时间的人是剥削者，不讲"其他一切劳动同生活资料的生产中所使用的劳动时间相比，就已经成为自由时间"。⑤——"其他一切劳动者"不是剥削者。

401. 只讲宗教、家庭、国家、法、道德、科学、艺术等等，都是非生产的，不讲它们"都不过是生产的一些特殊的方式，并且受生产的普遍规律的支配"。⑥

402. 只讲"生产工人创造着养活非生产劳动者，因而使他们得以生存的物质基础"，不讲"一切产品和活动转化为交换价值，既要以生产中人的（历史的）一切固定的依赖关系的解体为前提，又要以生产者互相间的全面的依赖为前提。每个人的生产，依赖于其他一切人的生产；同样，他的产品转化为他本人的生活资料，也要依赖于其

---

① 《马克思恩格斯全集》第46卷（下），第24页。
② 《马克思恩格斯全集》第26卷（Ⅰ），第295页。
③ 《马克思恩格斯选集》第1卷，人民出版社1995年版，第275页。
④ 《马克思恩格斯全集》第46卷（下），第225—226页。
⑤ 《马克思恩格斯全集》第47卷，第217页。
⑥ 《马克思恩格斯全集》第42卷，第121页。

他一切人的消费"。①

403. 只讲"生产工人创造着养活非生产劳动者，因而使他们得以生存的物质基础"，不讲"人们在肉体上和精神上互相创造着"。②

404. 只讲工人创造的产品工人占有，不讲"随着分工的发展，劳动产品的任何个人性质都消失了"。③

405. 只讲产品应当全部归工人，不讲马克思对蒲鲁东的批评："似乎整个社会仅仅是由以工资形式领得自己的产品的直接劳动者所组成。"④

剥削是指不等价交换

406. 只讲剥削，不讲剥削只是指非等价交换的"诈骗"、"盗窃"和"掠夺"，因而并不会对总价值量产生影响。⑤

407. 只讲剥削，不讲"整个资本主义的剥削"是指有"某些不可逾越的自然界限"的"过度劳动"。⑥

408. 只讲过度劳动的剥削，不讲"资本为了自身的利益，看来也需要规定一种正常工作日"，"［缩短工作日的］上述过程——如统计学所证明的——对于改善英国工人阶级的体力、道德和智力的状况，产生了非常有利的影响"。⑦

区分两种剥削

409. 只讲资本剥削活劳动，不讲资本"剥削劳动的社会生产

---

① 《马克思恩格斯全集》第46卷（上），第102页。
② 《马克思恩格斯全集》第3卷，第42页。
③ 《马克思恩格斯全集》第47卷，第332页。
④ 《马克思恩格斯全集》第4卷，第99页。
⑤ 《马克思恩格斯全集》第26卷（Ⅲ），第285页；第46卷（下），第218页；第25卷，第234页。
⑥ 《马克思恩格斯全集》第23卷，第515页。
⑦ 《马克思恩格斯全集》第23卷，第296页；第47卷，第408页。

力"。①

410. 只讲资本主义积累来自剥削，不讲"靠提高劳动生产力来加速积累和靠提高对劳动者的剥削程度来加速积累，这是两个完全不同的过程，而经济学家却常常把它们混为一谈"。②

411. 只讲致富欲望只有靠物化更多的直接劳动才能实现，不讲"唯一能实现这种欲望的条件不断地驱使劳动生产力向前发展"。③

412. 只讲直接劳动时间的量是财富生产的决定因素，不讲"现实财富的创造……取决于科学在生产上的应用"。④

413. 只讲利润量取决于劳动的剥削程度，不讲有"与工人的剩余劳动完全不同的"利润，"利润可以由于劳动的一般条件使用上的节约，……而增加"。⑤

414. 只讲机器加剧剥削，不讲机器"有利于解放了的劳动，也是使劳动获得解放的条件"。⑥

415. 只讲"随着每一个新的科学发现，随着每一项新的技术发明，劳动力的一天产品超出其一天费用的那个余额也在不断增长，因而工作日中工人为偿还自己一天工资而工作的那一部分时间就在缩短；另一方面，工人不得不为资本家白白工作而不取分文报酬的那部分时间却在延长"，不讲"假定劳动生产率增长了，因而体现这个价值的商品量也增加了，但工资按其价值仍然不变，在这一关系中，剩余价值不会发生任何变化，虽然它与工资一样，代表比过去更多的使用价值量"。⑦

416. 只讲直接劳动者养活了非直接劳动者，不讲"随着大工业

---

① 《马克思恩格斯全集》第48卷，第276页。
② 《资本论》第1卷，法文版中译本，中国社会科学出版社1983年版，第631页。
③ 《马克思恩格斯全集》第46卷（上），第287页。
④ 《马克思恩格斯全集》第46卷（下），第217页。
⑤ 《马克思恩格斯全集》第49卷，第115页；第48卷，第40页。
⑥ 《马克思恩格斯全集》第46卷（下），第214页。
⑦ 《马克思恩格斯全集》第47卷，第608页。

的这种发展，直接劳动本身不再是生产的基础"。①

417. 只讲"中间阶级不断增加""成了作为社会基础的工人身上的沉重负担"，不讲"社会上依靠别人劳动来生活的那部分人的数量，……随着社会劳动生产力的增进，……绝对地和相对地增大起来"。②

418. 只讲如果生产力发展了，工人就应当缩短劳动时间："如果这6个工人自己占有机器，那么，从此他们每人只要劳动半个工作日就够了"，不讲"在大工业中，某甲不能任意确定自己劳动的时间，因为某甲的劳动，如果没有组成企业的一切其他的某甲和某乙的合作，那就没有什么作用。……大工业的性质就要求一切人的劳动时间都完全一样"。③

419. 只讲生产力提高一倍，工人的劳动时间就应当减少一半，不讲社会劳动生产力是"历史地发展起来的"，④ 所以它的成果理当由社会共享。

420. 只讲"资本所得到的剩余价值只能由这个资本所剥削的那些工人生产出来"，不讲它来自"社会价值"。⑤

421. 只讲"生产力的任何提高都不能使——不管他们如何提高剩余劳动时间的率——2个工人所提供的剩余价值量同旧生产方式下的24个工人提供的一样多。就生产力的发展和利润率没有按比例这样厉害地下降来看，对劳动的剥削大大加剧了"，不讲"只要他的产品的个别价值低于其社会价值，……剩余价值就创造出来了"。⑥

422. 只讲"直接剥削的条件和实现这种剥削的条件，不是一回事"，不讲价值"如果不通过流通来实现，就等于什么也没

---

① 《马克思恩格斯全集》第46卷（下），第222页。
② 《马克思恩格斯全集》第23卷，第559—560页。
③ 《马克思恩格斯全集》第4卷，第116页。
④ 《马克思恩格斯全集》第23卷，第563页。
⑤ 《马克思恩格斯全集》第23卷，第353页。
⑥ 《马克思恩格斯全集》第49卷，第83页。

有"。① ——因此大谈直接剥削没有任何意义。

423. 只讲"一个国家的三个工作日也可能同另一个国家的一个工作日交换。价值规律在这里有了重大的变化。或者说，不同国家的工作日相互间的比例，可能象一个国家内熟练的、复杂的劳动同不熟练的、简单的劳动的比例一样。在这种情况下，比较富有的国家剥削比较贫穷的国家"，不讲"价值尺度……是由世界市场上的平均必要劳动时间来决定"，"制造对于别人没有使用价值的物品，那末他的全部力量就不能造成丝毫价值；如果他坚持用手工的方法去制造一种物品，而机器生产这种物品却比他制造的便宜二十倍，那末他所投入的力量的二十分之十九既没有造成任何价值，也没有造成一种特殊的价值量"。② ——如果"没有造成任何价值"，就谈不上被剥削。

正常利润不是剥削

424. 只讲平均利润是剥削，不讲平均利润在原始共产主义的幼枝"马尔克公社"就存在。③

425. 只讲利润是剥削，不讲利润引导"劳动投向这个方向还是投向另一个方向"。④

发展不平衡是一种代价

426. 只讲工人得不到发展，不讲"'人'类的才能的这种发展，虽然在开始时要靠牺牲多数的个人，甚至靠牺牲整个阶级，但最终会克服这种对抗，而同每个个人的发展相一致；因此，个性的比较高度的发展，只有以牺牲个人的历史过程为代价"。⑤

---

① 《马克思恩格斯全集》第46卷（上），第205页。
② 《马克思恩格斯全集》第47卷，第405页；第20卷，第204—205页。
③ 《马克思恩格斯全集》第25卷，第1021—1022页。
④ 《马克思恩格斯全集》第26卷（Ⅲ），第490页。
⑤ 《马克思恩格斯全集》第26卷（Ⅱ），第124—125页。

十七 关于资本——要区分以"过度劳动"为源泉的资本和以"节约人力和费用"为源泉的资本

生产资料不等于资本

427. 只讲占有生产资料即占有资本，不讲生产资料只有在"充当剥削和统治工人的手段的条件下，才成为资本"，"在动产为了生产商品而剥削自由劳动者的剩余劳动，因而愈来愈具有资本的职能的时候，现代经济学意义上的'资本'这个名词才出现"。[1]

区分剥削性资本和先进性资本

428. 只讲以劳资关系为"轴心"的资本主义，不讲劳资关系只是"要素"的资本主义。[2]

429. 只讲以"过度劳动"为源泉的资本，不讲以"节约人力和费用"为源泉的资本。[3]

430. 只讲"劳动力的价值和劳动力在劳动过程中的价值增殖，是两个不同的量。资本家购买劳动力时，正是看中了这个价值差额"，不讲"生产方式的变化所引起的商品的个别价值和社会价值之间的差额……成了资本家的直接动机"。[4]

431. 只讲资本力图占有更多的劳动，不讲资本"力图把单位商品的价值降低到它的最低限度"。[5]

432. 只讲资本除了剥削劳动以外没有别的源泉，不讲"超额利

---

[1] 《马克思恩格斯全集》第23卷，第835页；第20卷，第228页。
[2] 《马克思恩格斯全集》第46卷（下），第264页。
[3] 《马克思恩格斯全集》第26卷（Ⅱ），第625页。
[4] 《马克思恩格斯全集》第48卷，第23—24页。
[5] 《马克思恩格斯全集》第48卷，第22页。

润来源于资本本身"。①

433. 只讲资本家"为了使他的生活只比一个普通工人好一倍，并且把所生产的剩余价值的一半再转化为资本，他就必须把预付资本的最低限额和工人人数都增加为原来的 8 倍"，不讲"商品的现实价值不是它的个别价值，而是它的社会价值"。②

434. 只讲"资本只有当它像吸血鬼一样，不断地吸吮活劳动作为自己的灵魂的时候才获得"生命，不讲"资本（总而言之，财产）建立在劳动生产率上"。③

435. 只讲"物化劳动和活劳动，这是两个因素，资本主义生产正是建立在这两个因素的对立之上"，不讲"过去是活的工人的活动，现在成了机器的活动"。④

436. 只讲"在资本主义社会里，生产资料要不先变为资本，变为剥削人的劳动力的工具，就不能发挥作用"，不讲"资本的趋势是赋予生产以科学的性质，而直接劳动则被贬低为只是生产过程的一个要素"。⑤

437. 只讲资本"会在奴隶制、农奴制等等野蛮灾祸之上，再加上一层过度劳动的文明灾祸"，不讲"资本在这里——完全是无意地——使人的劳动，使力量的支出缩减到最低限度。这将有利于解放了的劳动，也是使劳动获得解放的条件"。⑥

438. 只讲"资本主义生产比其他任何一种生产方式都更加浪费人和活劳动，它不仅浪费人的血和肉，而且浪费人的智慧和神经"，不讲"资本的趋势是，在直接使用活劳动时把活劳动缩减为必要劳动，并且通过剥削劳动的社会生产力来不断缩减制造产品所必需的劳动，即节约活劳动，使用尽可能少的劳动来制造这种或那种商品，同

---

① 《马克思恩格斯全集》第 25 卷，第 726 页。
② 《马克思恩格斯全集》第 23 卷，第 353 页。
③ 《马克思恩格斯全集》第 46 卷（下），第 526 页。
④ 《马克思恩格斯全集》第 46 卷（下），第 217 页。
⑤ 《马克思恩格斯全集》第 46 卷（下），第 211 页。
⑥ 《马克思恩格斯全集》第 46 卷（下），第 214 页。

样，资本的趋势也是要把这种节约了的、已缩减为必要劳动的劳动用在最节约的条件下，即把不变资本的交换价值缩减到尽可能小的限度，总之，也就是把生产费用缩减到最小限度"。①

439. 只讲资本主义积累论，不讲资本主义积累论是活劳动价值论的推论，因此它的前提同样是"所用的劳动时间只是一定社会生产条件下的必要劳动时间"。②

440. 只讲资本的积累来自剩余劳动，不讲"资本的再生产和积累，更多地取决于所使用的劳动的生产率，而不是所使用的劳动量"。③

441. 只讲资本的积累就是无产阶级的增加，不讲"资本家相互间的产业战争。这种战争有一个特点，就是致胜的办法与其说是增加劳动大军，不如说是减少劳动大军"。④

442. 只讲"在其他条件相同的情况下，任何在资本主义生产基础上发展的国家的财富取决于无产者的人数，即取决于被迫从事雇佣劳动的人数"，不讲"如果说直接劳动在量的方面降到微不足道的比例，那么它在质的方面，虽然也是不可缺少的，但一方面同一般科学劳动相比，同自然科学在工艺上的应用相比，另一方面同产生于总生产中的社会组织的、并表现为社会劳动的自然赐予（虽然是历史的产物）的一般生产力相比，却变成一种从属的要素"。⑤

443. 只讲资本使一部分人沦为"产业后备军"，不讲资本"为游离出来的资本和劳动创造出一个在质上不同的新的生产部门，这个生产部门会满足并引起新的需要"。⑥

---

① 《马克思恩格斯全集》第48卷，第276页。
② 《马克思恩格斯全集》第23卷，第213页。
③ 《马克思恩格斯全集》第25卷，第99页。
④ 《马克思恩格斯全集》第6卷，第504页。
⑤ 《马克思恩格斯全集》第46卷（下），第212页。
⑥ 《马克思恩格斯全集》第46卷（上），第392页。

资本会消除两极分化

444. 只讲两极分化论，不讲两极分化论是活劳动价值论的推论，因此它的前提同样是"所用的劳动时间只是一定社会生产条件下的必要劳动时间"。①

445. 只讲"在一极是财富的积累，同时在另一极，即在把自己的产品作为资本来生产的阶级方面，是贫困、劳动折磨、受奴役、无知、粗野和道德堕落的积累"，不讲"靠提高劳动生产力来加速积累和靠提高对劳动者的剥削程度来加速积累，这是两个完全不同的过程，而经济学家却常常把它们混为一谈"。②

446. 只讲资本靠发展贫困来发展财富，不讲"财产是劳动生产率的结果"。③

447. 只讲资本家的财富来自工人的贫困，不讲"在劳动生产力提高时，工人和资本家的生活资料量可以同时按照同样的比例增长"。④

448. 只讲资本制造赤贫，不讲资本还"有消除这种赤贫的趋势"。⑤

449. 只讲"一切真正的危机的最根本的原因，总不外乎群众的贫困和他们的有限的消费"，不讲洛贝尔图斯"把商业危机的原因解释为工人阶级的消费不足，这种说法在西斯蒙第的《政治经济学新原理》第四卷第四章中已经可以看到。只是西斯蒙第在这个问题上始终注意到世界市场，而洛贝尔图斯的眼界却没有超出普鲁士的国界"。⑥

450. 只讲"一切真正的危机的最根本的原因，总不外乎群众的贫困和他们的有限的消费"，不讲"认为危机是由于缺少有支付能力

---

① 《马克思恩格斯全集》第23卷，第213页。
② 《资本论》第1卷，法文版中译本，中国社会科学出版社1983年版，第631页。
③ 《马克思恩格斯全集》第46卷（下），第70页。
④ 《马克思恩格斯全集》第23卷，第571页。
⑤ 《马克思恩格斯全集》第46卷（下），第111页。
⑥ 《马克思恩格斯全集》第24卷，第23页。

的消费或缺少有支付能力的消费者引起的,这纯粹是同义反复。……如果有人想使这个同义反复具有更深刻的论据的假象,说什么工人阶级从他们自己的产品中得到的那一部分太小了,只要他们从中得到较大的部分,即提高他们的工资,弊端就可以消除,那末,我们只须指出,危机每一次都恰好有这样一个时期做准备,在这个时期,工资会普遍提高,工人阶级实际上也会从供消费用的那部分年产品中得到较大的一份。……而这种繁荣往往只是危机风暴的预兆"。①

451. 只讲"一切真正的危机的最根本的原因,总不外乎群众的贫困和他们的有限的消费",不讲资本"却是寻求一切办法刺激工人的消费,使自己的商品具有新的诱惑力,强使工人有新的需求等等"。②

452. 只讲"一切真正的危机的最根本的原因,总不外乎群众的贫困和他们的有限的消费",不讲"随着资本主义生产方式的发展,生产资料的变换加快了,它们因无形损耗而远在自己有形寿命终结之前就要不断补偿的必要性也增加了。……这种由若干互相联系的周转组成的包括若干年的周期(资本被它的固定组成部分束缚在这种周期之内),为周期性的危机造成了物质基础。在周期性的危机中,营业要依次通过松弛、中等活跃、急剧上升和危机这几个时期"。③——危机的物质基础是固定资本的更新周期。

453. 只讲"一切真正的危机的最根本的原因,总不外乎群众的贫困和他们的有限的消费",不讲"总资本在[生产者的]两个类之间进行分配的一定比例关系,或产品各组成部分在一定地方进入再生

---

① 《马克思恩格斯全集》第24卷,第456—457页。"他在70年代末写成的第Ⅷ稿(属于《资本论》第2卷)中才明确放弃消费不足理论的观点。"[[德]]米夏埃尔·亨利希:《存在马克思的危机理论吗?——进一步理解马克思《政治经济学批判》手稿中的"危机"概念》,载《马克思主义与现实》2009年第4期。原载《马克思恩格斯研究论丛》柏林1995年新辑。作者米夏埃尔·亨利希系柏林自由大学政治学博士,曾任维也纳大学客座教授,柏林技术和经济大学副教授,《马克思恩格斯全集》历史考证版编辑,德国《批判社会科学》杂志主编。]
② 《马克思恩格斯全集》第46卷(上),第247页。
③ 《马克思恩格斯全集》第24卷,第206—207页。

产过程时所依据的一定比例关系遭到破坏,这里就产生失调的新的可能性,从而产生危机的可能性。这种比例失调现象不仅会发生在固定资本和流动资本之间(在再生产它们时),可变资本和不变资本之间,不变资本各部分之间,而且也会发生在资本和收入之间"。①

454. 只讲"资产阶级不能统治下去了,因为它甚至不能保证自己的奴隶维持奴隶的生活,因为它不得不让自己的奴隶落到不能养活它反而要它来养活的地步。社会再不能在它统治下生存下去了,就是说,它的生存不再同社会相容了",不讲"随着资本主义的发展,会形成资本主义社会的平均水平"。②——因此资本会消除两极分化。

资本在不自觉地使人全面发展

455. 只讲"劳动生产了智慧,但是给工人生产了愚钝和痴呆",不讲"自动工厂中分工的特点,是劳动在这里已完全丧失专业的性质。但是,当一切专门发展一旦停止,个人对普遍性的要求以及全面发展的趋势就开始显露出来。自动工厂消除着专业和职业的痴呆"。③

456. 只讲"资本主义生产的动力——用剥削别人劳动的办法来发财致富","剩余价值的生产是资本主义生产的决定的目的",不讲价值规律所固有的目的:"先前的历史发展使……人类全部力量的全面发展成为目的本身。"④

457. 只讲资本强迫进行剩余劳动,不讲"资本……驱使劳动超过自己自然需要的界限,来为发展丰富的个性创造出物质要素"。⑤

458. 只讲资本使人"异化"和"片面化",不讲资本"培养社会的人的一切属性,并且把他作为具有尽可能丰富的属性和联系的人,

---

① 《马克思恩格斯全集》第48卷,第152页。
② 《马克思恩格斯全集》第26卷(Ⅲ),第495页。
③ 《马克思恩格斯选集》第1卷,人民出版社1995年版,第169页。
④ 《马克思恩格斯全集》第46卷(上),第486页。
⑤ 《马克思恩格斯全集》第46卷(上),第287页。

·从剥削论到调节论·

因而具有尽可能广泛需要的人生产出来——把他作为尽可能完整的和全面的社会产品生产出来（因为要多方面享受，他就必须有享受的能力，因此他必须是具有高度文明的人），——这同样是以资本为基础的生产的一个条件"。① ——资本在不自觉地使人全面发展。

459. 只讲资本使人"异化"，不讲"从直接生产过程的角度来看，节约劳动时间可以看作生产固定资本，这种固定资本就是人本身"。②

460. 只讲"知识和技能的积累，社会智慧的一般生产力的积累，就同劳动相对立而被吸收在资本当中，从而表现为资本的属性，更明确些说，表现为固定资本的属性"，不讲"固定资本的发展表明，一般社会知识，已经在多么大的程度上变成了直接的生产力，从而社会生活过程的条件本身在多么大的程度上受到一般智力的控制并按照这种智力得到改造"。③ ——社会智慧并不同劳动相对立。

461. 只讲以盗窃他人的劳动时间为基础的财富，不讲在大工业时期，"表现为生产和财富的宏大基石的，既不是人本身完成的直接劳动，也不是人从事劳动的时间，而是对人本身的一般生产力的占有，是人对自然界的了解和通过人作为社会体的存在来对自然界的统治，总之，是社会个人的发展"。④

462. 只讲"资本主义生产……破坏着人和土地之间的物质变换"，不讲"资本主义生产在破坏这种物质变换的纯粹自发形成的状况的同时，又强制地把这种物质变换作为调节社会生产的规律，并在一种同人的充分发展相适合的形式上系统地建立起来"。⑤

资本在不自觉地均衡和发展生产

463. 只讲资本不顾需求为生产而生产，不讲"没有一个企业是

---

① 《马克思恩格斯全集》第46卷（上），第392页。
② 《马克思恩格斯全集》第46卷（下），第225页。
③ 《马克思恩格斯全集》第46卷（下），第219—220页。
④ 《马克思恩格斯全集》第46卷（下），第218页。
⑤ 《马克思恩格斯全集》第23卷，第552页。

由于考虑到它销售自己的产品比其他企业困难才创办起来的"。①

464. 只讲资本不顾需求为生产而生产，不讲"一种内在联系把各种不同的需要量连结成一个自然的体系；……商品的价值规律决定社会在它所支配的全部劳动时间中能够用多少时间去生产每一种特殊商品"。②

465. 只讲资本不顾需求为生产而生产，不讲"为生产而生产无非就是发展人类的生产力，也就是发展人类天性的财富这种目的本身"。③

466. 只讲资本的目的不是满足需要，而是生产利润，不讲"资本投入这个或那个生产部门，社会总资本分在不同生产部门中的量，最后，社会总资本从一个生产部门转移到另一个生产部门的比例，所有这一切却都决定于社会对这些特殊生产部门的产品即对这些特殊生产部门所创造的商品使用价值的需要的变动的比例；因为被支付的虽然只是商品的交换价值，但商品却总是仅仅由于它的使用价值才被购买。因为生产过程的直接产物是商品，所以资本家只有为自己的商品找到买主，才能够实现以商品形式存在于过程终点上的资本，从而也才能够实现包括在资本中的剩余价值"。④

467. 只讲资本主义"整个生产中的社会无政府状态"，不讲"由股份公司经营的资本主义生产，已不再是私人生产，而是为许多结合在一起的人谋利的生产。如果我们从股份公司进而来看那支配着和垄断着整个工业部门的托拉斯，那末，那里不仅私人生产停止了，而且无计划性也没有了"。⑤

468. 只讲资本主义"整个生产中的社会无政府状态"，不讲"资本的趋势，……是要均衡地分配生产力"。⑥

---

① 《马克思恩格斯全集》第46卷（下），第12页。
② 《马克思恩格斯全集》第23卷，第394页。
③ 《马克思恩格斯全集》第26卷（Ⅱ），第124页。
④ 《马克思恩格斯全集》第49卷，第71页。
⑤ 《马克思恩格斯全集》第22卷，第270页。
⑥ 《马克思恩格斯全集》第46卷（下），第298页。

469. 只讲资本阻碍生产力的发展，不讲资本"摧毁一切阻碍发展生产力、扩大需要、使生产多样化、利用和交换自然力量和精神力量的限制"。①

资本在不自觉地为一个更高级的生产形式创造物质条件

470. 只讲"雇主本身摆脱体力劳动，由小业主变成资本家"，不讲"只有在本人完全不必劳动时，这个雇用劳动的人才成为真正的资本家"。②

471. 只讲资本家是不劳动者，不讲资本家"从事劳动过程的指挥工作和生产出来的商品的交易工作"。③

472. 只讲资本家是不劳动者，不讲资本是在"不自觉地为一个更高级的生产形式创造物质条件"。④

473. 只讲"无论转化为股份公司，还是转化为国家财产，都没有消除生产力的资本属性"，不讲"信用制度和银行制度扬弃了资本的私人性质"。⑤

资本的历史使命尚未完成

474. 只讲资本主义即将崩溃论，不讲资本主义即将崩溃论是活劳动价值论的推论，因此它的前提同样是"所用的劳动时间只是一定社会生产条件下的必要劳动时间"。⑥

475. 只讲"资本主义生产的限制是剩余劳动对必要劳动的比例"，不讲在发达的商品社会，"我只有为社会生产才是为自己生产，

---

① 《马克思恩格斯全集》第46卷（上），第393页。
② 《马克思恩格斯全集》第16卷，第307页。
③ 《马克思恩格斯全集》第49卷，第87页。
④ 《马克思恩格斯全集》第25卷，第289页。
⑤ 《马克思恩格斯全集》第25卷，第686页。
⑥ 《马克思恩格斯全集》第23卷，第213页。

而社会的每个成员又在另一个领域中为我劳动"。①——因此劳动已经不能再进行必要和剩余的划分。

476. 只讲资本的历史正当性已经消失了，不讲"历史清楚地表明，当时欧洲大陆经济发展的状况还远没有成熟到可以铲除资本主义生产方式的程度"。②

477. 只讲大资产阶级已经完成了它的历史使命，不讲"人不再从事那种可以让物来替人从事的劳动，——一旦到了那样的时候，资本的历史使命就完成了"。③

十八 关于有机构成论——注意与社会必要劳动价值论的自洽

478. 只讲有机构成论，不讲有机构成论是活劳动价值论的推论，因此它的前提同样是"所用的劳动时间只是一定社会生产条件下的必要劳动时间"。④

479. 只讲"资本分为不变资本和可变资本，……这个区别提供了一把解决经济学上最复杂的问题的钥匙"，不讲"[在资本流通的条件下]……总消费表现为……作为交换价值的产品的尺度"。⑤

480. 只讲有机构成的高低使产品的价值不一样，不讲它如何与这个论点自洽："只是社会必要劳动量，或生产使用价值的社会必要劳动时间，决定该使用价值的价值量"，"社会必要劳动时间是在现有的社会正常的生产条件下，在社会平均的劳动熟练程度和劳动强度下制造某种使用价值所需要的劳动时间。"⑥

---

① 《马克思恩格斯全集》第46卷（下），第465—466页。
② 《马克思恩格斯全集》第22卷，第597页。
③ 《马克思恩格斯全集》第46卷（上），第287页。
④ 《马克思恩格斯全集》第23卷，第213页。
⑤ 《马克思恩格斯全集》第46卷（上），第389页。
⑥ 《马克思恩格斯全集》第23卷，第52页。

481. 只讲有机构成的高低使产品的价值不一样，不讲"总产品的价值……等于这个领域的总产品同其他领域的产品保持应有的比例时按比例应当花费的劳动时间"。①

482. 只讲有机构成不同，会产出不同的利润，不讲资本"是和外部条件联结在一起的过程"。②

483. 只讲有机构成低的部门生产的价值高，不讲"劳动产品只是在它们的交换中，才取得一种社会等同的价值对象性"，价值量是"社会规定的量"。③

484. 只讲有机构成高的部门生产的价值低，不讲它如何与这个论点自洽："生产条件比平均生产条件有利的资本家，在所有情况下都会赚得一种超额利润，就是说，他们的利润会超过这个领域的一般利润率。"④

485. 只讲有机构成高的部门生产的价值低，不讲它如何与这个论点自洽："生产力特别高的劳动起了自乘的劳动的作用，或者说，在同样的时间内，它所创造的价值比同种社会平均劳动要多。"⑤

486. 只讲有机构成高的部门生产的价值低，不讲它如何与这个论点自洽："随着劳动推动的不变资本价值量的增长，同一劳动再生产出来的再现在产品中的物化劳动价值量也就增多，总产品的价值总量也就增多。"⑥

487. 只讲"不同生产部门由于投入其中的资本量的有机构成不同，会产生极不相同的利润率。但是资本会从利润率较低的部门抽走，投入利润率较高的其他部门"，不讲由于生产的"比例失调而引起的市场价值的提高或降低，造成资本从一个生产领域抽出并转入另

---

① 《马克思恩格斯全集》第26卷（Ⅰ），第235页。
② 《马克思恩格斯全集》第46卷（上），第390页。
③ 《马克思恩格斯全集》第23卷，第90、126页。
④ 《马克思恩格斯全集》第26卷（Ⅱ），第228页。
⑤ 《马克思恩格斯全集》第23卷，第354页。
⑥ 《马克思恩格斯全集》第48卷，第81页。

一个生产领域，造成资本从一个领域向另一个领域的转移"。①

488. 只讲"不同生产部门由于投入其中的资本量的有机构成不同，会产生极不相同的利润率。但是资本会从利润率较低的部门抽走，投入利润率较高的其他部门"，不讲"只有供求的变动告诉生产者，某种商品应当生产多少才可以在交换中至少收回生产费用。这种变动是经常的，所以资本也就不断地出入于各个不同的工业部门"。②

489. 只讲"不同生产部门由于投入其中的资本量的有机构成不同，会产生极不相同的利润率。但是资本会从利润率较低的部门抽走，投入利润率较高的其他部门"，不讲"资本主义生产的普遍趋势就是：在所有生产部门中用机器代替人的劳动"。③

490. 只讲一切资本"不管它们的构成如何，在竞争的压力下，都力求和中等构成的资本拉平"，不讲"竞争的结果，——他们也必须采用使可变资本同不变资本相比已经相对减少的新的生产方法"。④

491. 只讲一切资本"不管它们的构成如何，在竞争的压力下，都力求和中等构成的资本拉平"，不讲它如何与这个论点自洽："在资本主义生产方式的发展中，一般的平均的剩余价值率必然表现为不断下降的一般利润率。因为所使用的活劳动的量，同它所推动的物化劳动的量相比，同生产中消费掉的生产资料的量相比，不断减少"。⑤

492. 只讲"英国人一个工作日的产品量包含的价值大大多于印度人一个工作日的产品量"，不讲它如何与这个论点自洽："如果我们拿另一个生产部门例如排字来看，在这里还没有使用机器，那末这个部门中的12小时创造的价值，同机器等等最发达的生产部门中的12小时创造的价值完全一样多。"⑥

---

① 《马克思恩格斯全集》第26卷（Ⅱ），第595页。
② 《马克思恩格斯全集》第4卷，第105—106页。
③ 《马克思恩格斯全集》第47卷，第561页。
④ 《马克思恩格斯全集》第25卷，第295页。
⑤ 《马克思恩格斯全集》第25卷，第237页。
⑥ 《马克思恩格斯全集》第26卷（Ⅰ），第423页。

493. 只讲"由既定的活劳动量推动的物化劳动量越多｛为再生产服务的物化财富越多｝，现有的劳动条件越丰富，由同一劳动量再生产出来的总产品价值就越多（代表这个价值的产品量也就越多）；尽管在工作日的大小（粗放的和集约的）既定的前提下，同一劳动量加进产品的只是同一价值"，不讲"[在资本流通的条件下]……总消费表现为……作为交换价值的产品的尺度"。①

十九　关于平均利润率下降论——注意与劳资对立说的自洽

494. 只讲"政治经济学的最重要的规律，即：利润率在资本主义生产进程中有下降的趋势"，不讲平均利润率下降论是活劳动价值论的推论，因此它的前提同样是"所用的劳动时间只是一定社会生产条件下的必要劳动时间"。②

495. 只讲"政治经济学的最重要的规律，即：利润率在资本主义生产进程中有下降的趋势"，不讲"造成利润率下降趋势的同一些原因，也会阻碍这种趋势的实现"。③——所以，实际上不可能存在所谓的平均利润率下降的规律。

496. 只讲"在资本主义生产方式的发展中，一般的平均的剩余价值率必然表现为不断下降的一般利润率"，不讲它如何与这个论点自洽："生产力特别高的劳动起了自乘的劳动的作用"。④

497. 只讲由于活劳动减少利润率下降，不讲"总产品的价值……等于这个领域的总产品同其他领域的产品保持应有的比例时按比例应

---

① 《马克思恩格斯全集》第46卷（上），第389页。
② 《马克思恩格斯全集》第23卷，第213页。
③ 《马克思恩格斯全集》第25卷，第263页。
④ 《马克思恩格斯全集》第23卷，第354页。

当花费的劳动时间"。①

498. 只讲由于活劳动减少利润率下降，不讲由于"节约活劳动"而利润率提高。②

499. 只讲竞争降低平均利润率，不讲它如何与这个论点自洽："总剩余价值不是按照各个个别生产部门的资本所实际创造的剩余价值来分配，而是与他们的资本量成比例地大致平均地进行分配。……竞争不能降低这个水平本身，它只是具有形成这个水平的趋势"。③

500. 只讲竞争降低平均利润率，不讲竞争所降低以致消失的只是"超额利润"："当新的生产方式被普遍采用，因而比较便宜地生产出来的商品的个别价值和它的社会价值之间的差额消失的时候，这个超额剩余价值也就消失。"④

501. 只讲"利润率则表现活劳动按既定的剥削率被资本使用的相对量，或者说，表现支付工资的资本即可变资本与预付资本总额之比"，不讲"利润表现产品价值超过全部生产费用价值的余额，也就是说，实际上表现总资本在生产过程和流通过程结束时所得到的价值超过它在这个生产过程之前，即它进入这个生产过程之前就具有的价值所形成的增长额"，⑤因而利润率可以是社会价值与个别价值之差与预付资本总额之比。

502. 只讲"利润率的下降会延缓新的独立资本的形成，从而表现为对资本主义生产过程发展的威胁"，"资本主义生产的真正限制是资本自身"，不讲由于"人类所支配的生产力是无穷无尽的"，因而作为社会价值与个别价值之差的利润也没有止境。⑥

503. 只讲资本主义生产方式下一般利润率下降的规律，不讲它

---

① 《马克思恩格斯全集》第26卷（Ⅰ），第235页。
② 《马克思恩格斯全集》第48卷，第276页。
③ 《马克思恩格斯全集》第46卷（上），第426—427页。
④ 《马克思恩格斯全集》第23卷，第354页。
⑤ 《马克思恩格斯全集》第48卷，第277页。
⑥ 《马克思恩格斯全集》第1卷，第616页。

如何与这个论点自洽:"工资和利润是互成反比的。……利润降低多少,则工资就增加多少。"①

二十 关于转型论——是一个已经被马克思放弃的假定

转型论的前提

504. 只讲转型论,不讲转型论是活劳动价值论的推论,因此它的前提同样是"所用的劳动时间只是一定社会生产条件下的必要劳动时间"。②

505. 只讲"正常的和平均的利润,不是由于超过商品实在价值出卖商品得来的,而是按商品实在价值出卖商品得来的",不讲"生产价格以及它所包含的一般利润率的存在和概念,是建立在单个商品不是按照它们的价值出售这样一个基础上的"。③

506. 只讲商品的利润是按商品的价值出售得来的,不讲"每一这种新生产方式都会使商品变便宜。因此,资本家最初是高于这种商品的生产费用,也就是高于这种商品的价值,出售这种商品"。④

507. 只讲"商品是按照它们的价值来出售(即按照它们包含的价值的比例,按照与它们的价值相一致的价格来交换),还是按照那种使它们的出售能为生产它们所预付的等量资本提供等量利润的价格来出售,这显然是完全不同的两件事情",不讲"[在资本流通的条件下]……总消费表现为……作为交换价值的产品的尺度"。⑤

转型论只是一个假定

508. 只讲转型论解决了使李嘉图学派破产的另一个难题,不讲

---

① 《马克思恩格斯全集》第6卷,第495页。
② 《马克思恩格斯全集》第23卷,第213页。
③ 《马克思恩格斯全集》第25卷,第857页。
④ 《马克思恩格斯全集》第48卷,第341页。
⑤ 《马克思恩格斯全集》第46卷(上),第389页。

转型只是马克思的一种"假定":"在这一篇中,我们假定每个特殊生产部门占有的利润量,和投入这个部门的总资本所产生的剩余价值的总和相等","另一个前提是,商品中包含的劳动量要代表社会必要的劳动,因而,商品的个别价值(在这里的前提下,也就是出售价格)要同它的社会价值相一致。……让我们把这一点应用到市场上现有的、构成某一整个部门的产品的商品总量上来"。①

转型论事实上已经被放弃

509. 只讲"一切不同生产部门的利润的总和,必然等于剩余价值的总和;社会总产品的生产价格的总和,必然等于它的价值的总和",不讲由于马克思承认剩余劳动"不会全部实现",② 因而转型论事实上已经被放弃。

510. 只讲"一切不同生产部门的利润的总和,必然等于剩余价值的总和;社会总产品的生产价格的总和,必然等于它的价值的总和",不讲"直接剥削的条件和实现这种剥削的条件,不是一回事。二者不仅在时间和空间上是分开的,而且在概念上也是分开的。前者只受社会生产力的限制,后者受不同生产部门的比例和社会消费力的限制"。③

511. 只讲等量资本得到等量利润,"在这个意义上,资本家是'共产主义者'",不讲"商品价值从商品体跳到金体上,……是商品的惊险的跳跃。这个跳跃如果不成功,摔坏的不是商品,但一定是商品所有者"。④

512. 只讲资本家"面对着整个工人阶级却结成真正的共济会团体",不讲"一个资本家打倒许多资本家。……少数资本家对多数资

---

① 《马克思恩格斯全集》第25卷,第155、203页。
② 《马克思恩格斯全集》第25卷,第942页。
③ 《马克思恩格斯全集》第25卷,第272页。
④ 《马克思恩格斯全集》第23卷,第124页。

本家的剥夺"。①

513. 只讲"价值转化为生产价格",不讲"[在资本流通的条件下]……总消费表现为……作为交换价值的产品的尺度"。② ——生产价格作为社会价值不是实耗劳动的平均。

514. 只讲利润总额就是剩余价值总额,不讲"如果剩余价值不变,利润可以由于劳动的一般条件使用上的节约……而增加"。③

515. 只讲"市场价值,……应看作是一个部门所生产的商品的平均价值","市场价值必定表现实际价值",不讲"总产品的价值……不等于它本身所包含的劳动时间,而等于这个领域的总产品同其他领域的产品保持应有的比例时按比例应当花费的劳动时间"。④

516. 只讲"如果用来生产某种物品的社会劳动的数量,和要满足的社会需要的规模相适应,从而产量也和需求不变时再生产的通常规模相适应,那末这种商品就会按照它的市场价值来出售","也就是说,按照它包含的社会必要劳动来出售","市场价值,……应看作是一个部门所生产的商品的平均价值",不讲它如何与这个论点自洽:当市场出清时(它包括供求平衡和求大于供两种情况),"在最坏条件下生产的商品就决定市场价值",而且,即使是最坏条件下生产的商品也要得到平均利润,因为"假定生产部门 e(例如面包业)是必要的,那么这个部门的资本家就必须得到平均利润率10%"。⑤

517. 只讲"生产条件比平均生产条件有利的资本家,在所有情况下都会赚得一种超额利润",不讲"如果市场的胃口不能以每码2先令的正常价格吞下麻布的总量,这就证明,在全部社会劳动时间中,以织麻布的形式耗费的时间太多了。其结果就象每一个织布者花

---

① 《马克思恩格斯全集》第23卷,第831页。
② 《马克思恩格斯全集》第46卷(上),第389页。
③ 《马克思恩格斯全集》第48卷,第40页。
④ 《马克思恩格斯全集》第26卷(Ⅰ),第235页。
⑤ 《马克思恩格斯全集》第25卷,第200页;第46卷(上),第426页。

在他个人的产品上的时间都超过了社会必要劳动时间一样"。① ——超过了就会亏损。

518. 只讲"关于市场价值所说的,也适用于生产价格,只要把市场价值换成生产价格就行了",不讲按照市场价值理论,个别价值将不会全部实现:"市场价值,……应看作是一个部门所生产的商品的平均价值,……个别价值低于市场价值的商品,就会实现一个额外剩余价值或超额利润,而个别价值高于市场价值的商品,却不能实现它们所包含的剩余价值的一部分",而按照生产价格理论,个别价值将全部实现:"一切不同生产部门的利润的总和,必然等于剩余价值的总和;社会总产品的生产价格的总和,必然等于它的价值的总和。"②

519. 只讲竞争形成平均利润,不讲资本究竟是向生产力高的部门流,还是向生产力低的部门流。③ ——在平均利润下降论中,资本是向生产力高的部门流;在有机构成论中,资本是向生产力低的部门流。

520. 只讲有机构成高的部门生产"较低的剩余价值,由于该部门的资本被抽出并由此而形成有利的供求关系",才提高到"平均水平",不讲"在普遍采用机器以前,机器生产的商品的个别价值是和它们的社会价值有差别的,由于单个资本家把这一差额的一部分装进自己的腰包,所以,资本主义生产的普遍趋势就是:在所有生产部门中用机器代替人的劳动",平均利润率"是资本的历史出发点之一"。④

521. 只讲"竞争在同一生产领域所起的作用是:使这一领域生产的商品的价值决定于这个领域中平均需要的劳动时间;从而确立市场价值",不讲"价值由社会必要劳动时间决定这一点,是通过商品

---

① 《马克思恩格斯全集》第23卷,第126页。
② 《马克思恩格斯全集》第25卷,第199、193页。
③ 《马克思恩格斯全集》第25卷,第236页;第46卷(上),第426页。
④ 《马克思恩格斯全集》第47卷,第561页;第25卷,第1021—1022页。

变得便宜和商品不得不按同样有利的条件进行生产而表现出来的"，"劳动时间降到生产该商品所必需的最低限度，也就由于竞争而成了普遍规律"。①

522. 只讲"竞争在同一生产领域所起的作用是：使这一领域生产的商品的价值决定于这个领域中平均需要的劳动时间；从而确立市场价值。竞争在不同生产领域之间所起的作用是：把不同的市场价值平均化为代表不同于实际市场价值的费用价格的市场价格，从而在不同领域确立同一的一般利润率"，不讲它如何与这个论点自洽："平均利润率是在互相竞争的资本家势均力敌的时候出现的。竞争可以造成这种均势，但不能造成在这种均势形成时出现的利润率。当这种均势形成的时候，一般利润率为什么会是10%、20%或100%呢？是由于竞争吗？正好相反，竞争消除了那些造成与10%或20%或100%相偏离的原因。它带来一个商品价格，按照这个价格，每个资本都按照它的量提供相同的利润。但这个利润本身的量与竞争无关。竞争只是把一切偏离不断地化为这个数量"。②

523. 只讲"竞争在同一生产领域所起的作用是：使这一领域生产的商品的价值决定于这个领域中平均需要的劳动时间；从而确立市场价值。竞争在不同生产领域之间所起的作用是：把不同的市场价值平均化为代表不同于实际市场价值的费用价格的市场价格，从而在不同领域确立同一的一般利润率"，不讲平均利润率"是资本的历史出发点之一"，"总产品的价值……不等于它本身所包含的劳动时间，而等于这个领域的总产品同其他领域的产品保持应有的比例时按比例应当花费的劳动时间"，"单位商品的价值（价格）等于产品的总价值除以产品总量"。③

---

① 《马克思恩格斯全集》第25卷，第726页；第47卷，第328页。
② 《马克思恩格斯全集》第25卷，第978页。
③ 《马克思恩格斯全集》第25卷，第1021—1022页；第26卷（Ⅰ），第235页；第26卷（Ⅱ），第294页。

524. 只讲"竞争在同一生产领域所起的作用是：使这一领域生产的商品的价值决定于这个领域中平均需要的劳动时间；从而确立市场价值。竞争在不同生产领域之间所起的作用是：把不同的市场价值平均化为代表不同于实际市场价值的费用价格的市场价格，从而在不同领域确立同一的一般利润率"，不讲竞争确定比例：一切资本家都想放弃利润较低的行业而转入利润较高的行业，"这种趋势促使社会劳动时间总量按社会需要在不同生产领域之间进行分配"，"全部社会资本在不同投资领域之间的分配"是"由竞争决定的"。①

525. 只讲"商品的费用价格和价值之间的差额是由双重原因产生的：一方面是那些构成新商品生产过程的前提的商品的费用价格和价值之间的差额，另一方面是实际加到生产费用上的剩余价值和［按预付资本］计算的利润之间的差额"，不讲"［在资本流通的条件下］……总消费表现为……作为交换价值的产品的尺度"。②

526. 只讲"如果不同的价值不平均化为生产价格，不同的个别生产价格不平均化为一般的调节市场的生产价格，那末，通过使用瀑布而引起劳动生产力的单纯的提高，就只会减低那些利用瀑布生产的商品的价格，而不会增加这些商品中包含的利润部分"，不讲"［在资本流通的条件下］……总消费表现为……作为交换价值的产品的尺度"。③

平均利润是再生产的条件

527. 只讲平均利润是剩余的，不讲"从长期来看生产价格是供给的条件，是每个特殊生产部门商品再生产的条件"。④

528. 只讲"相等的利润率"是"资本主义生产的最后结果之

---

① 《马克思恩格斯全集》第26卷（Ⅱ），第232、231页。
② 《马克思恩格斯全集》第46卷（上），第389页。
③ 《马克思恩格斯全集》第46卷（上），第389页。
④ 《马克思恩格斯全集》第25卷，第221页。

一",不讲平均利润率"是资本的历史出发点之一,甚至是马尔克公社直接生出的幼枝,而马尔克公社又是原始共产主义直接生出的幼枝"。①

529. 只讲平均利润率是由竞争形成的,不讲平均利润率是"有意识地和自觉地""互相商定的"。②

530. 只讲"每个特殊生产部门……生产的剩余价值量作为决定因素之一参与平均利润的调节",不讲"不应忘记,一般利润率并不是均衡地由所有生产部门的剩余价值决定"。③

531. 只讲"就利润来说,不同的资本家在这里彼此只是作为一个股份公司的股东发生关系,在这个公司中,按每100资本均衡地分配一份利润。因此,对不同的资本家来说,他们的利润之所以有差别,只是因为他们投在总企业中的资本量不等,因为他们在总企业中的入股比例不等,因为他们持有的股票数不等",不讲"劳动投向这个方向还是投向另一个方向,要看在这个或那个生产领域里能获得什么样的利润","利润……表现为……资本和劳动本身在不同生产部门之间分配的因素"。④

剩余价值不可能被转移

532. 只讲"竞争正是通过以下途径来确立一般利润率的:它把商品的价值转化为平均价格,在平均价格中,一种商品的剩余价值的一部分转到另一种商品上",不讲"由于劳动生产力的不断变动,生产某个商品的社会必要劳动的量也会不断变动,在这种情况下,有一部分商品总是要在不正常的条件下生产出来,总是要低于自己的个别

---

① 《马克思恩格斯全集》第25卷,第1021—1022页。
② 《马克思恩格斯全集》第25卷,第1020—1021页。
③ 《马克思恩格斯全集》第25卷,第737页。
④ 《马克思恩格斯全集》第26卷(Ⅲ),第490页;第25卷,第998页。

价值出售，单是由于这一原因，剩余劳动就已经不会全部实现"。①——不能实现的剩余劳动如何转移？

533. 只讲先进企业的超额利润是从落后企业转移来的，不讲"制造对于别人没有使用价值的物品，那末他的全部力量就不能造成丝毫价值；如果他坚持用手工的方法去制造一种物品，而机器生产这种物品却比他制造的便宜二十倍，那末他所投入的力量的二十分之十九既没有造成任何价值，也没有造成一种特殊的价值量"。②——价值"没有造成"，何来转移？

534. 只讲先进企业的超额利润是从落后企业转移来的，不讲"生产力的这种提高并不是靠在另一地方增加劳动消耗换来的"。③

535. 只讲先进企业的超额利润是从落后企业转移来的，不讲它如何与这个论点自洽："生产力特别高的劳动起了自乘的劳动的作用，或者说，在同样的时间内，它所创造的价值比同种社会平均劳动要多。"④

二十一 关于分配——只有一种按社会需要的内在比例进行的有效分配

536. 只讲"消费资料的任何一种分配，都不过是生产条件本身分配的结果。而生产条件的分配，则表现生产方式本身的性质"，不讲"生产资料决定劳动组织"。⑤——生产资料的发展程度决定生产条件的分配。

537. 只讲利润和地租是剩余的，不讲"分配形式只不过是从另

---

① 《马克思恩格斯全集》第25卷，第942页。
② 《马克思恩格斯全集》第20卷，第204—205页。
③ 《马克思恩格斯全集》第23卷，第424页。
④ 《马克思恩格斯全集》第23卷，第354页。
⑤ 《马克思恩格斯全集》第31卷，第236页。

一个角度看的生产形式"。①

538. 只讲工资、利润和地租"这种分配是以这种实体已经存在为前提的,也就是说,是以年产品的总价值为前提的,而这个总价值不外就是物化的社会劳动。……就劳动形成价值,并体现为商品的价值来说,它和这个价值在不同范畴之间的分配无关",不讲"如果说资本通过生产过程作为价值和新价值被再生产出来,那么,它同时也是作为非价值,作为还要通过交换才能实现为价值的东西被创造出来","对新创造的价值来说,没有现成的等价物;后者的可能性只在新的劳动中"。②——因此,所谓劳动创造价值所创造的只是一种未来的"可能性",而不是"已经存在"的"实体"。

539. 只讲工资、利润和地租"这种分配是以这种实体已经存在为前提的,也就是说,是以年产品的总价值为前提的,而这个总价值不外就是物化的社会劳动。……就劳动形成价值,并体现为商品的价值来说,它和这个价值在不同范畴之间的分配无关",不讲"劳动尺度本身……是由必须达到的目的和为达到这个目的而必须由劳动来克服的那些障碍所提供的","〔在资本流通的条件下〕……总消费表现为……作为交换价值的产品的尺度"。③——在资本流通的条件下,正是"工资、利润和地租"的总和构成"总消费",从而构成价值的尺度。

540. 只讲"社会消费力既不是取决于绝对的生产力,也不是取决于绝对的消费力,而是取决于以对抗性的分配关系为基础的消费力","'社会需要',也就是说,调节需求原则的东西,本质上是由不同阶级的互相关系和它们各自的经济地位决定的,因而也就是,第一是由全部剩余价值和工资的比率决定的,第二是由剩余价值所分成的不同部分(利润、利息、地租、赋税等等)的比率决定的。这里再一

---

① 《马克思恩格斯全集》第26卷(Ⅲ),第86页。
② 《马克思恩格斯全集》第46卷(上),第385、339页。
③ 《马克思恩格斯全集》第46卷(下),第112页;第46卷(上),第389页。

次表明，在供求关系借以发生作用的基础得到说明以前，供求关系绝对不能说明什么问题"，不讲"物质生活的这样或那样的组织，每次都依赖于已经发达的需求，而这些需求的产生，也像它们的满足一样，本身是一个历史过程"，"一种内在联系把各种不同的需要量连结成一个自然的体系"。① —— "社会消费力"是一种"自然的体系"。

541. 只讲按劳分配，不讲按劳分配的前提是"个人的劳动不再经过迂回曲折的道路，而是直接地作为总劳动的构成部分存在着"。②

542. 只讲多劳多得，不讲"总产品的价值……等于这个领域的总产品同其他领域的产品保持应有的比例时按比例应当花费的劳动时间"。③

二十二　关于所有制——要区分所有制和所有权

543. 只讲个人劳动创造个人所有权，不讲它的前提——"自然是公共所有物"。④

544. 只讲在私有制下生产被个人控制："在资本主义生产内部，各个生产部门之间的平衡表现为由不平衡形成的一个不断的过程，因为在这里，全部生产的联系是作为盲目的规律强加于生产当事人，而不是作为由他们的集体的理性所把握、从而受他们支配的规律来使生产过程服从于他们的共同的控制"，不讲价值规律作为社会自然规律，本来就是"由他们的集体的理性所把握""服从于他们的共同的控制"："历史是这样创造的：最终的结果总是从许多单个的意志的相互冲突中产生出来的，……每个意志都对合力有所贡献，因而是包括在

---

① 《马克思恩格斯全集》第3卷，第80页；第23卷，第394页。
② 《马克思恩格斯全集》第19卷，第20页。
③ 《马克思恩格斯全集》第26卷（Ⅰ），第235页。
④ 《马克思恩格斯全集》第26卷（Ⅰ），第391页。

这个合力里面的。"①

545. 只讲要建立公有制，不讲"整个社会，一个民族，以至一切同时存在的社会加在一起，都不是土地的所有者"。②

546. 只讲要建立公有制，不讲"这一要求并不是要恢复原始的公有制，而是要建立高级得多、发达得多的公共占有形式"。③——"公有制"是指一种"占有制"。

547. 只讲公有制就是国有制，"无产阶级运用自己的政治统治，一步一步地夺取资产阶级所有的全部资本，把一切生产工具集中在国家手里，即集中在已组织成为统治阶级的无产阶级手里"，不讲只有在"资产阶级时代的成果"，"世界市场和现代生产力"，"都服从于最先进的民族的共同监督的时候，人类的进步才会不再像可怕的异教神像那样，只有用人头做酒杯才能喝下甜美的酒浆"。④——马克思的"公有制"是指全世界"最先进的民族的共同监督"。

548. 只讲"工人革命的第一步就是使无产阶级上升为统治阶级，争得民主。无产阶级利用自己的政治统治，一步一步地夺取资产阶级的全部资本，把一切生产工具集中在国家即组织成为统治阶级的无产阶级手里"，实行土地、银行和工厂等国有化的"革命措施"，不讲"不管最近25年来的情况发生了多大的变化，这个《宣言》中所阐述的一般原理整个说来直到现在还是完全正确的。某些地方本来可以作一些修改。这些原理的实际运用，正如《宣言》中所说的，随时随地都要以当时的历史条件为转移，所以第二章末尾提出的那些革命措施根本没有特别的意义。如果是在今天，这一段在许多方面都会有不同的写法了"。⑤

----

① 《马克思恩格斯全集》第37卷，第461—462页。
② 《马克思恩格斯全集》第25卷，第875页。
③ 《马克思恩格斯全集》第20卷，第151页。
④ 《马克思恩格斯全集》第9卷，第252页。
⑤ 《马克思恩格斯选集》第1卷，人民出版社1995年版，第248—249页。

549. 只讲"商品生产按自己本身内在的规律越是发展成为资本主义生产,商品生产的所有权规律也就越是转变为资本主义的占有规律",不讲"商品的现实价值不是它的个别价值,而是它的社会价值"。①

550. 只讲"商品生产按自己本身内在的规律越是发展成为资本主义生产,商品生产的所有权规律也就越是转变为资本主义的占有规律",不讲"随着大工业的发展,现实财富的创造较少地取决于劳动时间和已耗费的劳动量,较多地取决于在劳动时间内所运用的动因的力量,而这种动因自身——它们的巨大效率——又和生产它们所花费的直接劳动时间不成比例,相反地却取决于一般的科学水平和技术进步,或者说取决于科学在生产上的应用"。②——更多占有直接劳动时间的规律失效。

551. 只讲"社会化生产和资本主义占有的不相容性",不讲"私有财产是生产力发展一定阶段上必然的交往形式"。③

552. 只讲私有权的罪恶,不讲"土地所有权的正当性,和一定生产方式下的一切其他所有权形式的正当性一样,要由生产方式本身具有的历史的暂时的必然性来说明,因而也要由那些由此产生的生产关系和交换关系具有的历史的暂时的必然性来说明"。④

553. 只讲"社会产品被个别资本家所占有。这就是产生现代社会借以运动并在大工业中表现得特别明显的一切矛盾的基本矛盾",不讲"资产阶级社会的症结正是在于,对生产自始就不存在有意识的社会调节"。⑤

554. 只讲社会性生产和私人占有是现代社会的基本矛盾,不讲

---

① 《马克思恩格斯全集》第23卷,第353页。
② 《马克思恩格斯全集》第46卷(下),第217页。
③ 《马克思恩格斯全集》第3卷,第410—411页。
④ 《马克思恩格斯全集》第25卷,第702页。
⑤ 《马克思恩格斯全集》第32卷,第542页。

"由市场价值规律造成的……按产品内所包含的实际劳动时间的二倍半来购买这种土地产品"是"土地所有者阶级存在的基础"。① ——总体上的自发调节才是现代社会的特征,才是阶级存在的基础。

555. 只讲"任何时候,我们总是要在生产条件的所有者同直接生产者的直接关系……当中,为整个社会结构,从而也为主权和依附关系的政治形式,总之,为任何当时的独特的国家形式,找出最深的秘密,找出隐蔽的基础",不讲"生产和运输的全部技术装备……照我们的观点看来,同时决定着产品的交换方式,以及分配方式,从而在氏族社会解体后也决定着阶级的划分,决定着统治和从属的关系,决定着国家、政治、法律等等"。②

556. 只讲"资产阶级生存和统治的根本条件,是财富在私人手里的积累,是资本的形成和增殖;资本的条件是雇佣劳动",不讲"资产阶级如果不使生产工具经常发生变革,从而不使生产关系,亦即不使全部社会关系经常发生变革,就不能生存下去"。③ ——与其说资产阶级靠私有生存,不如说靠革新生存。私有只是前提,不是原因。

557. 只讲"无产阶级将取得社会权力,并且利用这个权力把脱离资产阶级掌握的社会化生产资料变为公共财产。通过这个行动,无产阶级使生产资料摆脱了它们迄今具有的资本属性",不讲利润可以从生产工艺的差别以及供求不平衡而来:"价值是私人产品中所包含的社会劳动的表现,在这里已经存在着社会劳动和同一产品中所包含的私人劳动二者之间的差别的可能性。这样,如果一个私人生产者在社会的生产方式不断进步的时候,仍用旧的方式进行生产,那末他会深切地感到这一差别。当某类商品的全体私人生产者生产的商品超过

---

① 《马克思恩格斯全集》第25卷,第745页。
② 《马克思恩格斯全集》第39卷,第198页。
③ 《马克思恩格斯全集》第4卷,第469页。

社会所需要的数量的时候,也会发生同样的现象。"① ——因此,只要哪里有生产工艺的差别或供求不平衡,哪里就可以使投入生产的价值成为资本。

558. 只讲"社会的劳动资料,在其占据者(或其占有者)手中,变成剥削的手段。由此所决定的工人在经济上受劳动资料即生活源泉的占据者的支配,是一切形式的奴役即社会贫困、精神屈辱、政治依附的基础",不讲"不论生产的社会形式如何,劳动者和生产资料始终是生产的因素。但是,二者在彼此分离的情况下只在可能性上是生产因素。凡要进行生产,就必须使它们结合起来"。② ——因此,"劳动资料"不等于"生活源泉"。

559. 只讲"工人阶级得不到自己劳动的全部劳动产品,而不得不满足于自己生产的产品的一部分,这一部分就叫做工资。资本家攫取了全部产品(从中支付工人的工资),因为他是劳动资料的所有者",不讲商品交换双方"必须彼此承认对方是私有者","商品流通……在现象纯粹地进行的情况下,就只引起等价物的交换。……因此,就使用价值来看,交换双方都能得到利益,但在交换价值上,双方都不能得到利益"。③ ——工人得到工资,就说明资本家没有占有全部产品。

560. 只讲"工人阶级在成为一切劳动资料——土地、原料、机器等的所有者,从而也成为他们自己劳动的全部产品的所有者以前,就得不到真正的解放",不讲"只有在现实的世界中并使用现实的手段才能实现真正的解放;没有蒸汽机和珍妮走锭精纺机就不能消灭奴隶制;没有改良的农业就不能消灭农奴制;当人们还不能使自己的吃喝住穿在质和量方面得到充分供应的时候,人们就根本不能获得解

---

① 《马克思恩格斯全集》第20卷,第335页。
② 《马克思恩格斯全集》第24卷,第44页。
③ 《马克思恩格斯全集》第23卷,第102、180页。

放"。①

561. 只讲"生产者只有在占有生产资料之后才能获得自由",不讲"自由是在于根据对自然界的必然性的认识来支配我们自己和外部自然界"。②

562. 只讲"劳动和资本的这种对立一达到极限,就必然成为全部私有财产关系的顶点、最高阶段和灭亡",不讲"随着资本主义的发展,会形成资本主义社会的平均水平"。③

563. 只讲"共产党人可以把自己的理论概括为一句话:消灭私有制",不讲"共产主义并不剥夺任何人占有社会产品的机会,它只剥夺利用这种占有去奴役他人劳动的机会"。④

564. 只讲"共产党人可以把自己的理论概括为一句话:消灭私有制",不讲无产者要消灭的只是"现有的占有方式"。⑤

565. 只讲"共产党人可以把自己的理论概括为一句话:消灭私有制",不讲"其实,分工和私有制是两个同义语,讲的是同一件事情,一个是就活动而言,另一个是就活动的产品而言"。⑥——因此,"消灭私有制"就是"消灭分工"。

566. 只讲"迄今所发生的一切革命,都是为了保护一种所有制以反对另一种所有制的革命",不讲"过去的一切革命始终没有触动活动的性质,始终不过是按另外的方式分配这种活动,不过是在另一些人中间重新分配劳动,而共产主义革命则反对活动的旧有性质","劳动转化为自主活动"。⑦——"共产主义革命"是为了改变劳动的"性质"。

---

① 《马克思恩格斯全集》第42卷,第368页。
② 《马克思恩格斯全集》第20卷,第125—126页。
③ 《马克思恩格斯全集》第26卷(Ⅲ),第495页。
④ 《马克思恩格斯全集》第4卷,第485页。
⑤ 《马克思恩格斯全集》第4卷,第477页。
⑥ 《马克思恩格斯全集》第3卷,第37页。
⑦ 《马克思恩格斯全集》第3卷,第78、77页。

567. 只讲消灭私有制，不讲"废除私有财产只有被理解为废除'劳动'（当然，这种废除只有通过劳动本身才有可能，就是说，只有通过社会的物质活动才有可能，而决不能把它理解为用一种范畴代替另一种范畴）的时候，才能成为现实"。①

568. 只讲消灭私有制"是个人自由发展的共同条件"，不讲"私有制只有在个人得到全面发展的条件下才能消灭，因为现存的交往形式和生产力是全面的，所以只有全面发展的个人才可能占有它们，即才可能使它们变成自己的自由的生活活动"。②

569. 只讲重新建立个人所有制，不讲"在那里，鲁滨逊的劳动的一切规定又重演了，不过不是在个人身上，而是在社会范围内重演"。③——这才是马克思理想的确切表达。

二十三 关于斯密——调节论的鼻祖

570. 只讲斯密"不是根据产品所包含的劳动量，而是根据该产品所能换取的劳动量来确定产品的价值。这个定义是旧体系的整个矛盾所在"。不讲"劳动产品只是在它们的交换中，才取得一种社会等同的价值对象性"，价值量是"社会规定的量"。④

571. 只讲斯密"不是根据产品所包含的劳动量，而是根据该产品所能换取的劳动量来确定产品的价值。这个定义是旧体系的整个矛盾所在"。不讲"其实，这里只包含着交换价值的概念——我的劳动只有作为社会劳动才决定我的财富，因而我的财富是由使我能够支配等量社会劳动的我的劳动产品决定的"。⑤

---

① 《马克思恩格斯全集》第42卷，第255页。
② 《马克思恩格斯全集》第3卷，第516页。
③ 《马克思恩格斯全集》第23卷，第95页。
④ 《马克思恩格斯全集》第23卷，第90、126页。
⑤ 《马克思恩格斯全集》第26卷（Ⅰ），第53页。

572. 只讲斯密在讲价值由产品所能换取的劳动量来确定时"忽略了一点:连我的劳动,或者我的商品中包含的劳动,也已经被社会地规定,它已经根本改变了自己的性质",不讲斯密认为"生产各种商品所必要的劳动时间,决定……交换价值"。①

573. 只讲"作为以往一切经济学的支柱的亚·斯密的谬论:商品的价格由上述三种收入……构成的说法已经被驳倒。……结论就是阶级斗争",不讲"[在资本流通的条件下]……总消费表现为……作为交换价值的产品的尺度"。②

574. 只讲斯密关于每一个单个商品的价格或交换价值,都是由工资、利润和地租三个组成部分构成的论点因为漏掉不变资本而成为荒谬教条,不讲"无论在第Ⅰ部类还是在第Ⅱ部类,社会工作日没有任何部分是用来生产这两大生产部门所使用的并在其中执行职能的不变资本的价值的"。③

575. 只讲"最初斯密正确地把价值分解为工资、利润和地租(撇开不变资本)。但是他立即走上了相反的道路,把价值和'自然价格'(即由竞争决定的商品的平均价格,或者说,费用价格)等同起来,认为后者是由工资、利润和地租构成的",不讲"无论如何,利润加上地租等于全部已实现的剩余价值(剩余劳动),……已实现的剩余价值可以看作同全部剩余价值相等"。④——马克思也是根据利润和地租推算剩余价值。

576. 只讲"斯密后来更直接地从工人超出他用来支付(即用等价物来补偿)自己工资的那个劳动量之上所完成的劳动,引伸出利润。从而斯密认识到了剩余价值的真正起源",不讲"在斯密那里,……劳动创造剩余价值,实际上也只是因为,余额在分工中表现

---

① 《马克思恩格斯全集》第26卷(Ⅰ),第55页。
② 《马克思恩格斯全集》第46卷(上),第389页。
③ 《马克思恩格斯全集》第24卷,第476页。
④ 《马克思恩格斯全集》第25卷,第942页。

为社会的自然赐予，表现为社会的自然力，正如在重农学派那里这个余额表现为土地的赐予一样"。①——在斯密和重农学派那里，都没有"剥削"的概念。

577. 只讲"斯密后来更直接地从工人超出他用来支付（即用等价物来补偿）自己工资的那个劳动量之上所完成的劳动，引伸出利润。从而斯密认识到了剩余价值的真正起源"，不讲"体现在商品中的劳动时间量的真凭实据，并不能在交换价值世界中充当商品的价格"。②

578. 只讲"斯密后来更直接地从工人超出他用来支付（即用等价物来补偿）自己工资的那个劳动量之上所完成的劳动，引伸出利润。从而斯密认识到了剩余价值的真正起源"，不讲工人的劳动加到材料上以后，资本有可能"连原有价值也要丧失"。③

579. 只讲"斯密后来更直接地从工人超出他用来支付（即用等价物来补偿）自己工资的那个劳动量之上所完成的劳动，引伸出利润。从而斯密认识到了剩余价值的真正起源"，不讲利润"促使社会劳动时间总量按社会需要在不同生产领域之间进行分配。……这一切都来自亚·斯密"。④

二十四　关于李嘉图——实际上他把劳动只是当做价值量的尺度来考察

580. 只讲"李嘉图的价值论是对现代经济生活的科学解释"，不讲李嘉图"把资产阶级生产或者看作不存在买和卖的区别而实行直接的物物交换的生产方式，或者看作社会的生产，在这种生产中，社会

---

① 《马克思恩格斯全集》第46卷（上），第292—293页。
② 《马克思恩格斯全集》第46卷（上），第106页。
③ 《马克思恩格斯全集》第46卷（上），第385页。
④ 《马克思恩格斯全集》第26卷（Ⅱ），第232页。

好像按照计划，根据为满足社会的各种需要所必需的程度和规模，来分配它的生产资料和生产力，因此每个生产领域都能分到为满足有关的需要所必需的那一份社会资本。这种虚构，一般说来，是由于不懂得资产阶级生产这一特殊形式而产生的"。①

581. 只讲"李嘉图的价值论是对现代经济生活的科学解释"，不讲"在李嘉图看来，资本是节约的结果。这一点已经表明，他不懂得资本的产生过程和再生产过程。……在李嘉图看来，利润和剩余价值之间没有差别，这证明他既不明白前者的本性也不明白后者的本性"。②

582. 只讲"李嘉图的价值论是对现代经济生活的科学解释"，不讲李嘉图"只注意供给而不管需求"。③

583. 只讲"李嘉图的价值论是对现代经济生活的科学解释"，不讲"商品中包含的劳动必须表现为同一的社会劳动即货币，这种情况被李嘉图忽视了"。④

584. 只讲"李嘉图的价值论是对现代经济生活的科学解释"，不讲"加尼耳反对李嘉图和大多数政治经济学家时说，虽然他们的体系和一切资产阶级的体系一样，以交换价值为基础，可是他们在考察劳动时，却把交换置之不顾；这个意见是完全正确的"。⑤

585. 只讲"李嘉图的价值论是对现代经济生活的科学解释"，不讲李嘉图"总是假定（这在理论上是错误的），不管市场条件怎样，在最不利的条件下生产出来的商品始终决定市场价值。你早在《德法年鉴》中就已经正确地对这一点反驳过"。⑥ ——指恩格斯在《德法年鉴》上发表的《政治经济学批判大纲》中"价值是生产费用对效用

---

① 《马克思恩格斯全集》第26卷（Ⅱ），第604页。
② 《马克思恩格斯全集》第46卷（下），第48页。
③ 《马克思恩格斯全集》第46卷（上），第394页。
④ 《马克思恩格斯全集》第26卷（Ⅲ），第141页。
⑤ 《马克思恩格斯全集》第26卷（Ⅰ），第202页。
⑥ 《马克思恩格斯全集》第30卷，第277页。

的关系"的观点。

586. 只讲"李嘉图的价值论是对现代经济生活的科学解释",不讲在科学的劳动价值论中,"使用价值不是像在李嘉图那里那样,始终只是作为前提呆在那里不起作用"。①

587. 只讲"李嘉图的价值论是对现代经济生活的科学解释",不讲"李嘉图错误地假定金不过是铸币,因此所有输入的金都增加着流通中的货币,从而使价格上涨,所有输出的金都减少着铸币,从而使价格跌落。这个理论上的假定在这里变成了实际的试验,有多少金存在就要使多少铸币流通。……这一信条在最大的、全国规模的试验之后,无论在理论上或实践上都遭到了可耻的破产"。②

588. 只讲"李嘉图的价值论是对现代经济生活的科学解释",不讲"尽管李嘉图已经假定资产阶级的生产是地租存在的必要条件,但是他仍然把他的地租概念用于一切时代和一切国家的土地所有权。这就是把资产阶级的生产关系当作永恒范畴的一切经济学家的通病"。③

589. 只讲"李嘉图的价值论是对现代经济生活的科学解释",不讲"李嘉图阐述利润问题的同时却与自己(正确的)价值定义发生了矛盾;这种矛盾使他的学派完全放弃了基础,并成为最讨厌的折衷主义"。④

590. 只讲"李嘉图的价值论是对现代经济生活的科学解释",不讲"在李嘉图那里,始终不能理解,价值以及资本怎么会增加,而同时又不像地租的情况那样,一人的所得就是他人的所失"。⑤

591. 只讲"李嘉图的价值论是对现代经济生活的科学解释",不讲"应该指责李嘉图的是,一方面,他的抽象还不够深刻,不够完

---

① 《马克思恩格斯全集》第46卷(上),第281—282页。
② 《马克思恩格斯全集》第13卷,第174—175页。
③ 《马克思恩格斯全集》第4卷,第186页。
④ 《马克思恩格斯全集》第29卷,第534页。
⑤ 《马克思恩格斯全集》第44卷,第111页。

全，因而当他，比如说，考察商品价值时，一开始就同样受到各种具体关系的限制；另一方面是，他把表现形式理解为普遍规律的直接的、真正的证实或表现；他根本没有揭示这种形式的发展。就第一点来说，他的抽象是极不完全的，就第二点来说，他的抽象是形式的，本身是虚假的"。①

592. 只讲"李嘉图体系的整个基础，……这个体系的优点：把资本和雇佣劳动的关系看作积累劳动和直接劳动之间的直接交换"，不讲李嘉图"把资本同劳动的交换看作积累劳动同直接劳动的直接交换，——这两种劳动是按照不相等的比例进行交换的，而在这样交换的情况下，以等量劳动相互交换为内容的价值规律便遭到了破坏"。②

593. 只讲李嘉图是劳动价值论的集大成者，不讲"李嘉图实际上把劳动只是当做价值量的尺度来考察"。③

594. 只讲"李嘉图的首要前提是'无限制的竞争'和产品通过工业劳动无限制地增加"，不讲"社会对……各种东西的需要……是有限度的"，"而没有使用价值就不会有交换，也不会有交换价值"。④

595. 只讲李嘉图正确地否定了斯密的价值决定于商品可以买到的劳动量的观点，不讲"商品的现实价值不是它的个别价值，而是它的社会价值"。⑤

596. 只讲李嘉图正确地否定了斯密的价值决定于商品可以买到的劳动量的观点，不讲李嘉图"他自己完全忘记了商品的价值规律，而求助于供求规律，……一字不差地重犯了他指责亚·斯密犯过的那种前后矛盾的错误"。⑥

597. 只讲李嘉图正确地坚持耗费劳动决定价值，不讲"李嘉图

---

① 《马克思恩格斯全集》第26卷（Ⅱ），第112页。
② 《马克思恩格斯全集》第26卷（Ⅲ），第104页。
③ 《马克思恩格斯全集》第19卷，第400页。
④ 《马克思恩格斯全集》第23卷，第125页；第46卷（下），第470页。
⑤ 《马克思恩格斯全集》第23卷，第353页。
⑥ 《马克思恩格斯全集》第26卷（Ⅱ），第458—459页。

和其他经济学家不同的地方，恰恰在于他前后一贯地把商品的价值看作仅仅是社会规定的劳动的'体现'"。①

598. 只讲李嘉图正确地坚持耗费劳动决定价值，不讲李嘉图由于不能为绝对地租找到耗费劳动，因而"为了理论而否认绝对地租"。②

599. 只讲李嘉图正确地坚持耗费劳动决定价值，不讲李嘉图"在其整个体系的一个基本点上，……是用需求和供给来决定价值"。③

600. 只讲李嘉图"把价值取决于劳动时间作为他的整个体系的基础"，不讲李嘉图指出："金银像一切其他商品一样，它们所具有的价值，只是与生产它们并把它们投入市场所必要的劳动量相适应"，"但是他又补充说，确定货币价值的不是实物所包含的劳动时间，而只是供求规律"。④

601. 只讲"各种同市场价值相偏离的市场价格，按平均数来看，就会平均化为市场价值"，不讲"李嘉图把不依各个生产领域使用的劳动量为转移的费用价格的平均化看作是价值本身的变形，从而把整个原理推翻了"。⑤

602. 只讲当穆勒说"所卖的商品即劳动的价值不是用'劳动时间'本身来衡量，而是由竞争，由供求来决定的时候，他也就承认，李嘉图的理论遭到破产"，不讲"劳动尺度本身……是由必须达到的目的和为达到这个目的而必须由劳动来克服的那些障碍所提供的"。⑥

603. 只讲"李嘉图把交换价值决定于劳动这一规定作了最透彻的表述和发挥"，不讲李嘉图"承认那些与劳动时间无关的影响决定

---

① 《马克思恩格斯全集》第26卷（Ⅲ），第197页。
② 《马克思恩格斯全集》第26卷（Ⅱ），第138页。
③ 《马克思恩格斯全集》第26卷（Ⅱ），第455页。
④ 《马克思恩格斯全集》第4卷，第125页。
⑤ 《马克思恩格斯全集》第26卷（Ⅲ），第23页。
⑥ 《马克思恩格斯全集》第46卷（下），第112页。

'价值'本身"。①

604. 只讲"李嘉图向科学大喝一声：'站住！'资产阶级制度的生理学——对这个制度的内在有机联系和生活过程的理解——的基础、出发点，是价值决定于劳动时间这一规定"，不讲"如果英国的棉纺织工厂所能够交换的劳动不能造成 1000 个国内和国外的销售市场，它们就不能创造出更多的价值。李嘉图完全忽视了这种可交换性和等价物的创造"。②

605. 只讲"通过对外贸易永远不可能积攒交换价值并按资产阶级的意义发财致富。李嘉图提出了这样的奇谈怪论。当然，如果我把我自己从国外得到的新价值去交换旧价值，那么，这是正确的。但是我可以：用新价值创造新劳动，通过新劳动创造新价值，我总是一而再地以新价值交换新价值，再生产全部过程"，不讲"如果物没有用，那末其中包含的劳动也就没有用，不能算作劳动，因此不形成价值"，"需求的产生，也像它们的满足一样，本身是一个历史过程"。③

606. 只讲"市场价格决不是像李嘉图在考察地租时假定的那样，决定于最坏条件下生产出来的商品的价格"，不讲它如何与这个论点自洽："只要需求稍占优势，那末市场价格就会由在不利条件下生产的商品的个别价值来调节"。④ ——活劳动价值论的前提事实上是求大于供，因为"像在全部研究中一样，我们始终假定，商品能够卖出去。"⑤

607. 只讲"李嘉图的地租定义是不正确的，因为它假定，需求一减少，马上就影响到地租，并且立刻就使相当数量的最劣等的耕地停止耕种"，不讲"地租以及土地价值会随着土地产品市场的扩大，

---

① 《马克思恩格斯全集》第 26 卷（Ⅱ），第 211 页。
② 《马克思恩格斯全集》第 44 卷，第 112 页。
③ 《马克思恩格斯全集》第 23 卷，第 54 页；第 3 卷，第 80 页。
④ 《马克思恩格斯全集》第 25 卷，第 206 页。
⑤ 《马克思恩格斯全集》第 26 卷（Ⅰ），第 122 页。

也就是随着非农业人口的增加，随着他们对食物和原料的需要和需求的增加而发展起来"。①

608. 只讲李嘉图"是所有经济学家中唯一懂得剩余价值的人"，不讲"李嘉图并不认为资本家是完全无用的人"。②

609. 只讲李嘉图"是所有经济学家中唯一懂得剩余价值的人"，不讲李嘉图"实际上没有说明剩余价值的起源（因为在李嘉图那里资本是直接和劳动相交换，而不是和劳动能力相交换）"。③

610. 只讲李嘉图"是所有经济学家中唯一懂得剩余价值的人"，不讲李嘉图"既不研究剩余价值的起源，也不研究绝对剩余价值，因而把工作日看作某种既定的量"。④

611. 只讲"李嘉图总的说来正确地阐明了相对剩余价值"，不讲"他的学派公开宣称，劳动生产力是利润（应读作剩余价值）产生的原因"。⑤

612. 只讲"李嘉图……下述论点……是完全正确的：'地租（即级差地租；他认为，除了级差地租，根本不存在什么别的地租）总是使用两个等量的资本和劳动所取得的产品量之间的差额'"，不讲"产品的单纯增加并不使价值增加"。⑥

613. 只讲李嘉图认为"土地所有者、资本家和雇佣工人彼此处在你死我活的和不可调和的对抗之中，因为地租的提高和降低同工业利润的提高和降低成反比，而工资的提高和降低又同利润成反比"，"确立相对工资的概念是李嘉图的最大功绩之一。其要点就是：工资的价值（因而还有利润的价值）完全取决于工作日中工人为他自己劳动（为了生产或再生产他的工资）的那一部分和归资本家所有的那一

---

① 《马克思恩格斯全集》第25卷，第718页。
② 《马克思恩格斯全集》第26卷（Ⅰ），第226页。
③ 《马克思恩格斯全集》第26卷（Ⅲ），第7页。
④ 《马克思恩格斯全集》第26卷（Ⅱ），第465页。
⑤ 《马克思恩格斯全集》第23卷，第564页。
⑥ 《马克思恩格斯全集》第46卷（下），第277页。

部分劳动时间的比例。这一点在经济学上非常重要，事实上这只是对正确的剩余价值理论的另一种表达。其次，这一点对理解两个阶级的社会关系是很重要的"，不讲"他后来力图向工人证明，利润和工资的这种对立性质同工人的实际收入没有利害关系，相反，工资的相对的（不是绝对的）提高是有害的，因为这妨碍积累"。①

614. 只讲李嘉图认为"土地所有者、资本家和雇佣工人彼此处在你死我活的和不可调和的对抗之中，因为地租的提高和降低同工业利润的提高和降低成反比，而工资的提高和降低又同利润成反比"，"李嘉图揭示并说明了阶级之间的经济对立——正如内在联系所表明的那样，——这样一来，在政治经济学中，历史斗争和历史发展过程的根源被抓住了，并且被揭示出来了"，不讲只要个别价值低于社会价值，"对于资本家来说，剩余价值总会这样提高，不管他的商品是不是属于必要生活资料的范围，是不是参加劳动力的一般价值的决定"。②——利润的提高未必以工资的下降为条件。

615. 只讲"李嘉图把同一生产领域内的市场价值形成过程同不同生产领域的费用价格形成过程混淆起来"，"竞争在同一生产领域所起的作用是：使这一领域生产的商品的价值决定于这个领域中平均需要的劳动时间；从而确立市场价值。竞争在不同生产领域之间所起的作用是：把不同的市场价值平均化为代表不同于实际市场价值的费用价格的市场价格，从而在不同领域确立同一的一般利润率"，不讲同一生产领域内的竞争和不同生产领域的竞争是同时进行的，因为"斗争……发生在出卖者所要求的交换价值和购买者所提出的交换价值之间。产品的交换价值每次都是这些互相矛盾的估价的合力"，"供给者之间的竞争和需求者之间的竞争构成购买者和出卖者之间斗争的必然要素，而交换价值就是这个斗争的产物"，"竞争用加压力于价格的办

---

① 《马克思恩格斯全集》第46卷（下），第96页。
② 《马克思恩格斯全集》第23卷，第353页。

法，即一般说来是唯一可行的办法来确立这种对价值的决定"。①

616. 只讲"如果就商品价格在商品价值上下波动的平均数来看，……那末平均价格等于价值，因而一定生产领域的平均利润也等于一般利润率；……这就是亚·斯密的观点，尤其是李嘉图的观点，因为后者更明确地坚持真正的价值概念。……可是，这个观点是错误的"，不讲"商品的价值完全如同劳动能力的价值一样，实际上表现为商品的平均价格，时跌时涨的市场价格在平均价格中拉平，因而商品的价值在市场价格本身的波动中实现、确立"。②

617. 只讲斯密"企图用工资、利润和地租的自然价格的相加数来决定商品的自然价格。李嘉图的主要功绩之一，就是消除了这种混乱"，不讲"李嘉图显然同意斯密关于年产品的总价值归结为收入的观点。因此，他也就把价值和费用价格混淆起来了"，"斯密又用'自然价格'把李嘉图引入了迷途"。③

618. 只讲"李嘉图的一切例证只有一个用处，就是帮助他偷偷地把一般利润率作为前提引进来。……他预先就把利润率当作规律来假定"，不讲平均利润率"是资本的历史出发点之一，甚至是马尔克公社直接生出的幼枝，而马尔克公社又是原始共产主义直接生出的幼枝"。④

二十五　关于阶级和阶级性——人类社会有共同的思维、目的、任务、利益、特性和事业

619. 只讲"到目前为止，生产力就是由于这种阶级对抗的规律而发展起来的"，不讲"劳动生产力是随着科学和技术的不断进步而

---

① 《马克思恩格斯全集》第4卷，第85、87页；第21卷，第215页。
② 《马克思恩格斯全集》第47卷，第44页。
③ 《马克思恩格斯全集》第26卷（Ⅱ），第484、241页。
④ 《马克思恩格斯全集》第25卷，第1021—1022页。

不断发展的"。①

620. 只讲任何时候都不能离开阶级分析的方法，不讲"阶级的存在仅仅同生产发展的一定历史阶段相联系"。②

621. 只讲"通过把一切劳动资料转交给生产者的办法消灭现存的压迫条件，从而迫使每一个体力适合于工作的人为保证自己的生存而工作，这样，我们就会消灭阶级统治和阶级压迫的唯一的基础"，不讲"由社会占有全部生产资料，……只有在实现它的物质条件已经具备的时候才能成为可能，才能成为历史的必然性。……社会分裂为剥削阶级和被剥削阶级、统治阶级和被压迫阶级，是以前生产不大发展的必然结果"。③

622. 只讲"生产者阶级同占有者阶级斗争"，不讲"商品价值从商品体跳到金体上，……是商品的惊险的跳跃。这个跳跃如果不成功，摔坏的不是商品，但一定是商品所有者"。④

623. 只讲"政治经济学所研究的材料的特殊性，把人们心中最激烈、最卑鄙、最恶劣的感情，把代表私人利益的复仇女神召唤到战场上来反对自由的科学研究"，不讲"科学愈是毫无顾忌和大公无私，它就愈加符合于工人的利益和愿望"。⑤——真正的科学既没有资产阶级的私利，也没有工人阶级的私利。

624. 只讲"工人阶级政治经济学"和"资产阶级政治经济学"，不讲"为了向您表明，经济学已经衰落到了什么程度，路约·布伦坦诺发表了《古典国民经济学》讲义（1888年莱比锡版），其中宣称：一般经济学或理论经济学是毫无价值的，专门经济学或实践经济学是最有力量的。如同在自然科学中那样（！），我们应当只限于描述事

---

① 《马克思恩格斯全集》第23卷，第664页。
② 《马克思恩格斯全集》第28卷，第509页。
③ 《马克思恩格斯全集》第20卷，第306页。
④ 《马克思恩格斯全集》第23卷，第124页。
⑤ 《马克思恩格斯全集》第21卷，第353页。

实；这种描述要比一切先验的结论无比崇高和宝贵。'如同在自然科学中那样！'在达尔文、迈尔、焦耳、克劳胥斯的时代，在进化论和能量转换时代，竟说出这样的话，真是无与伦比！"①——存在"一般经济学"。

625. 只讲"工人阶级政治经济学"和"资产阶级政治经济学"，不讲马克思四年后的认识："理论的历史确实证明，对价值关系的理解始终是一样的，……真正能理解的思维只能是一样的"。②——人类社会有共同的思维。

626. 只讲"资本主义生产的目的是剩余价值"，不讲资本主义在"促进一般的社会目的"方面的作用。③——存在"一般的社会目的"。

627. 只讲"资本来到世间，从头到脚，每个毛孔都滴着血和肮脏的东西"，"一旦有适当的利润，资本就胆大起来。如果有10％的利润，它就保证到处被使用；有20％的利润，它就活跃起来；有50％的利润，它就铤而走险；为了100％的利润，它就敢践踏一切人间法律；有300％的利润，它就敢犯任何罪行，甚至冒绞首的危险。如果动乱和纷争能带来利润，它就会鼓励动乱和纷争。走私和贩卖奴隶就是证明"，不讲价值规律所固有的目的："先前的历史发展使……人类全部力量的全面发展成为目的本身。"④——人类社会有共同的目的。

628. 只讲资本主义和社会主义两种社会的对立，不讲"确立个人对偶然性和关系的统治，以之代替关系和偶然性对个人的统治。……这个由现代关系提出的任务和按共产主义原则组织社会的任务是一致的"。⑤——人类社会有共同的任务。

---

① 《马克思恩格斯全集》第37卷，第106页。
② 《马克思恩格斯全集》第32卷，第541页。
③ 《马克思恩格斯全集》第20卷，第164页。
④ 《马克思恩格斯全集》第46卷（上），第486页。
⑤ 《马克思恩格斯全集》第3卷，第515页。

·从剥削论到调节论·

629. 只讲"人类的全部历史（从土地公有的原始氏族社会解体以来）都是阶级斗争的历史，即剥削阶级和被剥削阶级之间、统治阶级和被压迫阶级之间斗争的历史"，不讲"马克思则证明，过去的全部历史是阶级斗争的历史，在全部纷繁和复杂的政治斗争中，问题的中心始终是社会阶级的社会和政治的统治，即旧的阶级要保持统治，新兴的阶级要争得统治"。① ——要区分纵横两种类型的阶级斗争。

630. 只讲"现在也还有这样一些人，他们从'不偏不倚的'高高在上的观点向工人鼓吹一种凌驾于工人的阶级利益和阶级斗争之上、企图把两个互相斗争的阶级的利益调和于更高的人道之中的社会主义，这些人如果不是还需要多多学习的新手，就是工人的最凶恶的敌人，披着羊皮的豺狼"，不讲"在原则上，共产主义是超乎资产阶级和无产阶级之间的敌对的；共产主义只承认这种敌对在目前的历史意义，但是否认它在将来还有存在的必要；共产主义正是以消除这种敌对为目的的"。②

631. 只讲"要使无产阶级在决定关头强大到足以取得胜利，无产阶级必须（马克思和我从1847年以来就坚持这种立场）组成一个不同于其他所有政党并与它们对立的特殊政党，一个自觉的阶级政党"，不讲"如果说直接劳动在量的方面降到微不足道的比例，那么它在质的方面，虽然也是不可缺少的，但一方面同一般科学劳动相比，同自然科学在工艺上的应用相比，另一方面同产生于总生产中的社会组织的、并表现为社会劳动的自然赐予（虽然是历史的产物）的一般生产力相比，却变成一种从属的要素"。③ ——"直接劳动"者将"微不足道"。

632. 只讲"共产党一分钟也不忽略教育工人尽可能明确地意识到资产阶级和无产阶级的敌对的对立"，不讲"'思想'一旦离开'利

---

① 《马克思恩格斯全集》第19卷，第121—122页。
② 《马克思恩格斯全集》第2卷，第586页。
③ 《马克思恩格斯全集》第46卷（下），第212页。

益'，就一定会使自己出丑。另一方面，不难了解，任何得到历史承认的群众的'利益'，当它最初出现于世界舞台时，总是在'思想'或'观念'中远远地超出自己的实际界限，很容易使自己和全人类的利益混淆起来"。① ——人类社会有共同的利益。

633. 只讲"共产党一分钟也不忽略教育工人尽可能明确地意识到资产阶级和无产阶级的敌对的对立"，不讲"假如我们想知道什么东西对狗有用，我们就必须探究狗的本性。这种本性本身是不能从'效用原则'中虚构出来的。如果我们想把这一原则运用到人身上来，想根据效用原则来评价人的一切行为、运动和关系等等，就首先要研究人的一般本性，然后要研究在每个时代历史地发生了变化的人的本性"。② ——人有"一般本性"。

634. 只讲"共产党一分钟也不忽略教育工人尽可能明确地意识到资产阶级和无产阶级的敌对的对立"，不讲"人的类特性恰恰就是自由的自觉的活动"。③ ——人类社会有共同的特性。

635. 只讲"共产党一分钟也不忽略教育工人尽可能明确地意识到资产阶级和无产阶级的敌对的对立"，不讲"共产主义……并不仅仅是工人的事业，而是全人类的事业"。④ ——人类社会有共同的事业。

636. 只讲"共产党一分钟也不忽略教育工人尽可能明确地意识到资产阶级和无产阶级的敌对的对立"，"阶级对立的发展是同工业的发展步调一致的"，不讲"假定劳动生产率增长了，因而体现这个价值的商品量也增加了，但工资按其价值仍然不变，在这一关系中，剩余价值不会发生任何变化，虽然它与工资一样，代表比过去更多的使

---

① 《马克思恩格斯全集》第 2 卷，第 103 页。
② 《马克思恩格斯全集》第 23 卷，第 669 页。
③ 《马克思恩格斯全集》第 42 卷，第 96 页。
④ 《马克思恩格斯全集》第 2 卷，第 586 页。

用价值量"。① ——劳动生产率的增长可以使两个阶级双赢。

637. 只讲"共产党一分钟也不忽略教育工人尽可能明确地意识到资产阶级和无产阶级的敌对的对立",不讲"共产主义超乎无产阶级和资产阶级间的对立,所以它和纯粹无产阶级的宪章主义比起来,更容易为资产阶级的优秀的代表人物(但是这种人是极少的,而且只能从正在成长的一代中去寻找)所赞同"。②

638. 只讲富人和穷人的势不两立,不讲如果工人"抱有像财产公有这样一个合理的和为所有人谋福利的目的,那么,不言而喻,富人中比较好的和比较有理智的人就会宣布自己赞同工人,并且会支持工人。在德国各地已经有很多富裕而又有教养的人公开表示赞同财产公有,并捍卫人民对有产阶级所把持的世上财富的权利"。③

639. 只讲《资本论》是工人阶级政党"理论的圣经",不讲科学是"社会发展的一般精神成果"。④

640. 只讲《资本论》是工人阶级政党"理论的圣经",不讲"过去那种地方的和民族的闭关自守和自给自足状态已经消逝,现在代之而起的已经是各个民族各方面互相往来和各方面互相依赖了。物质的生产如此,精神的生产也是如此。各个民族的精神活动的成果已经成为共同享受的东西"。⑤

641. 只讲《资本论》是工人阶级政党"理论的圣经",不讲"我还有这样一个特点:要是隔一个月重看自己所写的一些东西,就会感到不满意,于是又得全部改写"。⑥

642. 只讲《资本论》是工人阶级政党"理论的圣经",不讲"至于说到每一个人的思维所达到的认识的至上意义,那末我们大家都知

---

① 《马克思恩格斯全集》第47卷,第608页。
② 《马克思恩格斯全集》第2卷,第587页。
③ 《马克思恩格斯全集》第42卷,第236页。
④ 《马克思恩格斯全集》第49卷,第115页。
⑤ 《马克思恩格斯全集》第4卷,第470页。
⑥ 《马克思恩格斯全集》第30卷,第617页。

道，它是根本谈不上的，而且根据到目前为止的一切经验看来，这些认识所包含的需要改善的因素，无例外地总是要比不需要改善的或正确的因素多得多"。①

643. 只讲《资本论》是工人阶级政党"理论的圣经"，不讲"这种辩证哲学推翻了一切关于最终的绝对真理和与之相应的人类绝对状态的想法。在它面前，不存在任何最终的、绝对的、神圣的东西；它指出所有一切事物的暂时性；在它面前，除了发生和消灭、无止境地由低级上升到高级的不断的过程，什么都不存在"。②

644. 只讲马克思"已经推翻了迄今存在的全部利润学说"，不讲一切资本家都想放弃利润较低的行业而转入利润较高的行业，"这种趋势促使社会劳动时间总量按社会需要在不同生产领域之间进行分配。……这一切都来自亚·斯密"。③

645. 只讲按劳分配是"资产阶级权利"，不讲"按劳分配"的"劳"如果是指"社会必要劳动"，那么，这种按劳分配与按价值规律的分配是重合的，因而是一种"自然规律"④；如果是指"实耗劳动"或"活劳动"，那么，正是马克思发现，"并非任何仿佛是或者甚至真正是生产某一商品所必需的劳动，都会在任何条件下使该商品具有与所消耗的劳动量相当的数量的价值"。⑤

646. 只讲"无产阶级的运动是绝大多数人为绝大多数人谋利益的独立自主的运动"，不讲"资本家相互间的产业战争。这种战争有一个特点，就是致胜的办法与其说是增加劳动大军，不如说是减少劳动大军"。⑥

647. 只讲"在当前同资产阶级对立的一切阶级中，只有无产阶

---

① 《马克思恩格斯全集》第20卷，第94页。
② 《马克思恩格斯全集》第21卷，第308页。
③ 《马克思恩格斯全集》第26卷（Ⅱ），第232页。
④ 《马克思恩格斯全集》第23卷，第92页。
⑤ 《马克思恩格斯全集》第22卷，第236页。
⑥ 《马克思恩格斯全集》第6卷，第504页。

级才是真正革命的阶级。其余的一切阶级都随着大工业的发展而日趋衰落和灭亡，无产阶级却是大工业本身的产物"，不讲"资本的趋势是赋予生产以科学的性质，而直接劳动则被贬低为只是生产过程的一个要素"。①

648. 只讲"社会阶级的消灭是以生产的高度发展阶段为前提的，在这个阶段上，某一特殊的社会阶级对生产资料和产品的占有，从而对政治统治、教育垄断和精神领导的占有，不仅成为多余的，而且成为经济、政治和精神发展的障碍"，不讲"过去劳动，其中包括劳动的一般社会力，自然力和科学，直接变成了一种武器，这种武器……把工人抛向街头，把他变成多余的人"。②

649. 只讲"阶级斗争必然要导致无产阶级专政"，不讲"随着资本主义的发展，会形成资本主义社会的平均水平"。③——这样就将没有专政的主体即"两极分化"意义上的无产阶级。

650. 只讲阶级专政，不讲"刺刀尖碰上了尖锐的'经济'问题会变得像软绵绵的灯蕊一样"。④

651. 只讲阶级专政，不讲"国家，政治制度是从属的东西，而市民社会，经济关系的领域是决定性的因素"。⑤

652. 只讲阶级专政，不讲"一切政府，甚至最专制的政府，归根到底都只不过是本国状况所产生的经济必然性的执行者。它们可以通过各种方式——好的、坏的或不好不坏的——来执行；它们可以加速或延缓经济发展及其政治和法律的结果，可是最终它们还是要遵循这种发展"。⑥

653. 只讲无产阶级是最革命的阶级，不讲"人来源于动物界这

---

① 《马克思恩格斯全集》第46卷（下），第211页。
② 《马克思恩格斯全集》第47卷，第566页。
③ 《马克思恩格斯全集》第26卷（Ⅲ），第495页。
④ 《马克思恩格斯全集》第5卷，第543页。
⑤ 《马克思恩格斯全集》第21卷，第345页。
⑥ 《马克思恩格斯全集》第38卷，第364—365页。

一事实已经决定人永远不能完全摆脱兽性,所以问题永远只能在于摆脱得多些或少些,在于兽性或人性的程度上的差异"。①

654. 只讲法不过是被制定为法律的统治阶级的意志,不讲"在社会发展某个很早的阶段,产生了这样的一种需要:把每天重复着的生产、分配和交换产品的行为用一个共同规则概括起来,设法使个人服从生产和交换的一般条件。这个规则首先表现为习惯,后来便成了法律。……在社会进一步发展的进程中,法律便发展成或多或少广泛的立法。这种立法愈复杂,它的表现方式也就愈益不同于社会日常经济生活条件所借以表现的方式。立法就显得好像是一个独立的因素,这个因素并不是从经济关系中,而是从自己的内在基础中,例如从'意志概念'中,获得存在的理由和继续发展的根据。人们往往忘记他们的法权起源于他们的经济生活条件,正如他们忘记了他们自己起源于动物界一样"。②

655. 只讲法不过是被制定为法律的统治阶级的意志,不讲"在蒲鲁东先生看来,君主的专横就是政治经济学中的最高原因!其实,只有毫无历史知识的人才不知道:君主们在任何时候都不得不服从经济条件,并且从来不能向经济条件发号施令。无论是政治的立法或市民的立法,都只是表明和记载经济关系的要求而已"。③

656. 只讲"分权"和"司法独立"是资产阶级的东西,不讲"在那些确实实现了各种权力分立的国家中,司法权与行政权彼此是完全独立的。在法国、英国和美国就是这样的,这两种权力的混合势必导致无法解决的混乱;这种混合的必然结果就是让人一身兼任警察局长、侦查员和审判官。但是司法权是国民的直接所有物,国民通过自己的陪审员来实现这一权力,这一点不仅从原则本身,而且从历史

---

① 《马克思恩格斯全集》第20卷,第110页。
② 《马克思恩格斯全集》第18卷,第309页。
③ 《马克思恩格斯全集》第4卷,第121—122页。

上来看都是早已证明了的"。①

657. 只讲"分权"和"司法独立"是资产阶级的东西，不讲"法官除了法律就没有别的上司。法官的责任是当法律运用到个别场合时，根据他对法律的诚挚的理解来解释法律。……独立的法官既不属于我，也不属于政府"。②

658. 只讲"意识形态"的阶级性，不讲"加入协会的一切团体和个人，承认真理、正义和道德是他们彼此间和对一切人的关系的基础，而不分肤色、信仰或民族"，"努力做到使私人关系间应该遵循的那种简单的道德和正义的准则，成为国际关系中的至高无上的准则"。③

二十六　关于革命——旧社会可能和平地长入新社会

659. 只讲"革命是历史的火车头"，不讲"蒸汽、电力和自动纺机甚至是比巴尔贝斯、拉斯拜尔和布朗基诸位公民更危险万分的革命家"。④

660. 只讲"生产者阶级把生产和分配的领导权从迄今为止掌握这种领导权但现在已经不能领导的那个阶级手中夺过来，而这就是社会主义革命"，不讲生产和分配是受价值规律"调节"，而价值规律是一种"自然规律"。⑤——"自然规律"并不是哪个阶级所能"领导"的。

661. 只讲"除了进行暴力革命以外，不承认有实现共产主义的其他手段"，不讲马克思"把科学首先看成是历史的有力的杠杆，看

---

① 《马克思恩格斯全集》第41卷，第321页。
② 《马克思恩格斯全集》第1卷，第76页。
③ 《马克思恩格斯全集》第17卷，第476页；第16卷，第14页。
④ 《马克思恩格斯全集》第12卷，第3页。
⑤ 《马克思恩格斯全集》第32卷，第541页；第25卷，第995页；第23卷，第92页。

成是最高意义上的革命力量"。①

662. 只讲"无产阶级不通过暴力革命就不可能夺取自己的政治统治，即通往新社会的唯一大门"，不讲"如果旧的东西足够理智，不加抵抗即行死亡，那就和平地代替；如果旧的东西抵抗这种必然性，那就通过暴力来代替"。②

663. 只讲"除了进行暴力革命以外，不承认有实现共产主义的其他手段"，不讲"可以设想，在人民代议机关把一切权力集中在自己手里、只要取得大多数人民的支持就能够按照宪法随意办事的国家里，旧社会可能和平地长入新社会，比如在法国和美国那样的民主共和国，在英国那样的君主国，英国报纸上每天都在谈论即将赎买王朝的问题，这个王朝在人民的意志面前是软弱无力的"。③

664. 只讲"社会主义不通过革命是不可能实现的"，不讲"暴力可以改变产品的消费，但是不能改变生产方式本身"。④

665. 只讲"共产党人不屑于隐瞒自己的观点和意图。他们公开宣布：他们的目的只有用暴力推翻全部现存的社会制度才能达到"，不讲"罗曼语各国的革命工人都惯于把选举权看做陷阱，看做政府的欺骗工具。在德国，就不是这样。'共产党宣言'早已宣布，争取普选权、争取民主，是战斗无产阶级的首要任务之一"。⑤

666. 只讲"共产党人不屑于隐瞒自己的观点和意图。他们公开宣布：他们的目的只有用暴力推翻全部现存的社会制度才能达到"，不讲"暴力起义在许多年内是不可能的了，……因此只剩下一条开展合法运动的道路"。⑥

667. 只讲"共产党人不屑于隐瞒自己的观点和意图。他们公开

---

① 《马克思恩格斯全集》第19卷，第372页。
② 《马克思恩格斯全集》第21卷，第307页。
③ 《马克思恩格斯全集》第22卷，第273页。
④ 《马克思恩格斯全集》第20卷，第679页。
⑤ 《马克思恩格斯全集》第22卷，第602页。
⑥ 《马克思恩格斯全集》第18卷，第547页。

宣布：他们的目的只有用暴力推翻全部现存的社会制度才能达到"，不讲它如何与这个论点自洽："政治经济学的最重要的规律，即：利润率在资本主义生产进程中有下降的趋势。"①——资本主义会自动灭亡。

668. 只讲"共产党人不屑于隐瞒自己的观点和意图。他们公开宣布：他们的目的只有用暴力推翻全部现存的社会制度才能达到"，不讲它如何与这个论点自洽："资本本身在其历史发展中所造成的生产力的发展，在达到一定点以后，就会不是造成而是消除资本的自行增殖"。②

669. 只讲"危机一个接着一个发生，……使革命无法避免"，不讲"不论这次危机可能怎样发展……它总会像以前的各次一样地过去，并且会出现一个具有繁荣等等各个不同阶段的新的'工业周期'"。③

670. 只讲"这个外壳就要炸毁了。资本主义私有制的丧钟就要响了。剥夺者就要被剥夺了"，不讲"私有制只有在个人得到全面发展的条件下才能消灭，因为现存的交往形式和生产力是全面的，所以只有全面发展的个人才可能占有它们，即才可能使它们变成自己的自由的生活活动"。④

671. 只讲"随着雇主和工人之间的社会对立的消灭等等，劳动时间本身……不再用于别人而是用于我自己"，不讲在商品社会，一方面，劳动者"只有为社会生产才是为自己生产"；另一方面，他为自己也是为总体，因为"他也是总体"。⑤

672. 只讲"资本主义生产方式日益把大多数居民变为无产者，

---

① 《马克思恩格斯全集》第48卷，第293页。
② 《马克思恩格斯全集》第46卷（下），第268页。
③ 《马克思恩格斯全集》第34卷，第346页。
④ 《马克思恩格斯全集》第3卷，第516页。
⑤ 《马克思恩格斯全集》第46卷（下），第465页；第42卷，第123页。

同时就造成一种在死亡的威胁下不得不去完成这个变革的力量"，不讲"随着资本主义的发展，会形成资本主义社会的平均水平"。①

673. 只讲"资本主义生产方式日益把大多数居民变为无产者，同时就造成一种在死亡的威胁下不得不去完成这个变革的力量"，不讲"阶级斗争在英国这里也是在大工业的发展时期比较剧烈，而恰好是在英国工业无可争辩地在世界上占统治地位的时候沉寂下去的"。②

674. 只讲要砸碎雇佣工人身上的金锁链，不讲"历史向世界历史的转变"，"每一个单独的个人的解放的程度是与历史完全转变为世界历史的程度一致的"。③

675. 只讲"目的是要消除［必要劳动和剩余劳动的］关系本身，这样剩余产品本身就表现为必要产品了"，不讲在商品社会，"我只有为社会生产才是为自己生产，而社会的每个成员又在另一个领域中为我劳动"，④ 因而劳动已经不能再进行必要和剩余的划分。

676. 只讲要靠暴力消除必要劳动与剩余劳动的关系，不讲"过去多余的东西便转化为必要的东西，转化为历史地产生的必要性，——这就是资本的趋势"。⑤

677. 只讲"推翻一切特权阶级，使这些阶级受无产阶级专政的统治，为此采取的方法是支持不断的革命，直到人类社会制度的最后形式——共产主义得到实现为止"，不讲"无产阶级所接受的社会主义思想和共产主义思想愈多，革命中的流血、报复和残酷性将愈少。……假如能够在斗争展开以前使全体无产阶级共产主义化，那末斗争就会很和平地进行"。⑥

---

① 《马克思恩格斯全集》第26卷（Ⅲ），第495页。
② 《马克思恩格斯全集》第38卷，第558—561页。
③ 《马克思恩格斯全集》第3卷，第52、42页。
④ 《马克思恩格斯全集》第46卷（下），第465—466页。
⑤ 《马克思恩格斯全集》第46卷（下），第20页。
⑥ 《马克思恩格斯全集》第2卷，第586页。

二十七　关于社会主义和共产主义——是一切自发性的消除

678. 只讲《资本论》的出版，使"社会主义在这里第一次得到科学的论述"，不讲"在目前条件下，《资本论》的第二册在德国不可能出版，这一点我很高兴，因为恰恰是在目前某些经济现象进入了新的发展阶段，因而需要重新加以研究"。①

679. 只讲"社会主义现在已经不再被看做某个天才头脑的偶然发现，而被看做两个历史地产生的阶级无产阶级和资产阶级间斗争的必然产物。它的任务不再是想出一个尽可能完善的社会制度，而是研究必然产生这两个阶级及其相互斗争的那种历史的经济的过程；并在由此造成的经济状况中找出解决冲突的手段"，不讲"随着资本主义的发展，会形成资本主义社会的平均水平"。②——在"平均水平"下，何来"阶级间斗争"？

680. 只讲"社会主义理论的基本原理归结为一点：在现代社会中工人并没有得到他的劳动产品的全部价值"，不讲马克思对阿·瓦格纳的批判："这个蠢汉偷偷地塞给我这样一个论断：只是由工人生产的'剩余价值不合理地为资本主义企业主所得'。然而我的论断完全相反：商品生产发展到一定的时候，必然成为'资本主义的'商品生产，按照商品生产中占统治地位的价值规律，'剩余价值'归资本家，而不归工人。"③

681. 只讲"社会主义理论的基本原理归结为一点：在现代社会中工人并没有得到他的劳动产品的全部价值"，不讲"马克思……指出，这种应用在经济学的形式上是错误的，因为这只不过是把道德运用于经济学而已。……所以马克思从来不把他的共产主义要求建立在

---

① 《马克思恩格斯全集》第34卷，第424页。
② 《马克思恩格斯全集》第26卷（Ⅲ），第495页。
③ 《马克思恩格斯全集》第19卷，第428页。

这样的基础上"。①

682. 只讲"工人才创造一切",工人应当得到"他所创造的全部价值或他所创造的全部产品",不讲在商品社会,"他不能把手放在任何一件可以捉摸的使用价值上说:这是我的产品","作为生产者出现的,是社会活动的结合"。②

683. 只讲"工人才创造一切,……工人甚至创造了人",不讲"社会本身生产作为人的人"。③

684. 只讲共产主义要"消灭三大差别(脑体差别、工农差别和城乡差别)",不讲"随着资本主义的发展,会形成资本主义社会的平均水平"。④

685. 只讲共产主义是使"人以一种全面的方式,也就是说,作为一个完整的人,占有自己的全面的本质",不讲"只有资本才创造出资产阶级社会,并创造出社会成员对自然界和社会联系本身的普遍占有",而"人的本质……是一切社会关系的总和"。⑤

686. 只讲在共产主义社会"人人都必须劳动",不讲工人的目标是要"消灭劳动",使"劳动转化为自主活动",使劳动成为"自由的生命表现,因此是生活的乐趣"。⑥

687. 只讲在共产主义社会"人人都必须劳动",不讲"人不再从事那种可以让物来替人从事的劳动,——一旦到了那样的时候,资本的历史使命就完成了"。⑦

688. 只讲"在共产主义社会里,已经积累的劳动只不过是扩大、丰富和促进工人的生活过程的一种手段",不讲"在共产主义社会里,

---

① 《马克思恩格斯全集》第21卷,第209页。
② 《马克思恩格斯全集》第46卷(下),第468、222页。
③ 《马克思恩格斯全集》第42卷,第121页。
④ 《马克思恩格斯全集》第26卷(Ⅲ),第495页。
⑤ 《马克思恩格斯全集》第46卷(上),第393页;第3卷,第5页。
⑥ 《马克思恩格斯全集》第3卷,第78、77页;第42卷,第38页。
⑦ 《马克思恩格斯全集》第46卷(上),第287页。

任何人都没有特定的活动范围，每个人都可以在任何部门内发展，社会调节着整个生产，因而使我有可能随我自己的心愿今天干这事，明天干那事，上午打猎，下午捕鱼，傍晚从事畜牧，晚饭后从事批判，但并不因此就使我成为一个猎人、渔夫、牧人或批判者"。①——在共产主义社会里，已经没有工人和非工人之分。

689. 只讲在共产主义制度之下，"通过有计划地利用和进一步发展现有的巨大生产力，在人人都必须劳动的条件下，生活资料、享受资料、发展和表现一切体力和智力所需的资料，都将同等地、愈益充分地交归社会全体成员支配"，不讲价值规律作为社会自然规律，本来就是受"社会全体成员支配"："历史是这样创造的：最终的结果总是从许多单个的意志的相互冲突中产生出来的，……每个意志都对合力有所贡献，因而是包括在这个合力里面的。"②

690. 只讲社会主义社会"同现存制度的具有决定意义的差别当然在于，在实行全部生产资料公有制（先是单个国家实行）的基础上组织生产"，不讲"生产资料决定劳动组织"。③

691. 只讲社会主义社会"同现存制度的具有决定意义的差别当然在于，在实行全部生产资料公有制（先是单个国家实行）的基础上组织生产"，不讲"资本家必须是具有社会规模的生产资料的所有者或占有者，他们必须拥有的价值的量，是个人或其家庭进行生产所必须拥有的价值量无法相比的。一个营业部门越是按资本主义方式来经营，在这个营业部门中社会劳动生产率发展得越高，那么在这个营业部门中资本的最低限量也就越大。资本必须在这种规模上增长价值量，具备社会的规模，从而抛弃一切个人的性质"。④——"抛弃一切个人的性质"不就是"公有"或"社会所有"吗？!

---

① 《马克思恩格斯全集》第3卷，第37页。
② 《马克思恩格斯全集》第37卷，第461—462页。
③ 《马克思恩格斯全集》第31卷，第236页。
④ 《马克思恩格斯全集》第49卷，第96页。

692. 只讲社会主义社会"同现存制度的具有决定意义的差别当然在于,在实行全部生产资料公有制(先是单个国家实行)的基础上组织生产",不讲"共产主义并不剥夺任何人占有社会产品的机会,它只剥夺利用这种占有去奴役他人劳动的机会"。①

693. 只讲"共产党人可以把自己的理论用一句话表示出来:消灭私有制",不讲"共产主义者所向往的",是"外部世界对个人才能的实际发展所起的推动作用为个人本身所驾驭"。②

694. 只讲"共产党人可以把自己的理论用一句话表示出来:消灭私有制",不讲在共产主义下"一切自发性的消除"。③

695. 只讲"一旦社会占有了生产资料,商品生产就将被消除,而产品对生产者的统治也将随之消除",不讲"由社会占有全部生产资料,……只有在实现它的物质条件已经具备的时候才能成为可能,才能成为历史的必然性"。④

696. 只讲"一旦社会占有了生产资料,商品生产就将被消除,而产品对生产者的统治也将随之消除",不讲"自由是在于根据对自然界的必然性的认识来支配我们自己和外部自然界"。⑤

697. 只讲"共产主义的最重要的不同于一切反动的社会主义的原则之一就是下面这个以研究人的本性为基础的实际信念,即人们的头脑和智力的差别,根本不应引起胃和肉体需要的差别;由此可见,'按能力计报酬'这个以我们目前的制度为基础的不正确的原理应用——因为这个原理是仅就狭义的消费而言——变为'按需分配'这样一个原理,换句话说:活动上,劳动上的差别不会引起在占有和消费方面的任何不平等,任何特权",不讲"事实上价值规律所影响的

---

① 《马克思恩格斯全集》第 4 卷,第 485 页。
② 《马克思恩格斯全集》第 3 卷,第 330 页。
③ 《马克思恩格斯全集》第 3 卷,第 77 页。
④ 《马克思恩格斯全集》第 20 卷,第 306 页。
⑤ 《马克思恩格斯全集》第 20 卷,第 125—126 页。

不是个别商品或物品,而总是各个特殊的因分工而互相独立的社会生产领域的总产品;因此,不仅在每个商品上只使用必要的劳动时间,而且在社会总劳动时间中,也只把必要的比例量使用在不同类的商品上","一种内在联系把各种不同的需要量连结成一个自然的体系"。①——按价值规律分配,就是按社会需要的内在比例分配。

698. 只讲共产主义的目的是"保证社会全体成员的福利和自由的全面发展",不讲价值规律所固有的目的正是"人类全部力量的全面发展"。②

699. 只讲"资产阶级的灭亡和无产阶级的胜利同样是不可避免的",不讲"无论哪一个社会形态,在它们所能容纳的全部生产力发挥出来以前,是决不会灭亡的;而新的更高的生产关系,在它存在的物质条件在旧社会的胎胞里成熟以前,是决不会出现的"。③

700. 只讲共产主义要解决"人和人之间的矛盾",不讲"自由的自觉的活动"是人的本性,共产主义"是通过人并且为了人而对人的本质的真正占有;因此,它是人向自身、向社会的(即人的)人的复归,这种复归是完全的、自觉的而且保存了以往发展的全部财富的。这种共产主义,作为完成了的自然主义,等于人道主义,而作为完成了的人道主义,等于自然主义,它是人和自然界之间、人和人之间的矛盾的真正解决,是存在和本质、对象化和自我确证、自由和必然、个体和类之间的斗争的真正解决"。④

701. 只讲共产主义要解决"人和人之间的矛盾",不讲"我们这个世纪面临的大变革,即人类同自然的和解以及人类本身的和解"。⑤

702. 只讲共产主义要消灭剥削,不讲共产主义"是对人本身的

---

① 《马克思恩格斯全集》第25卷,第716页;第23卷,第394页。
② 《马克思恩格斯全集》第46卷(上),第486页。
③ 《马克思恩格斯全集》第13卷,第9页。
④ 《马克思恩格斯全集》第42卷,第96、120页。
⑤ 《马克思恩格斯全集》第1卷,第603页。

一般生产力的占有,是人对自然界的了解和通过人作为社会体的存在来对自然界的统治"。①

703. 只讲"单独的个人随着他们的活动扩大为世界历史性的活动,愈来愈受到异己力量的支配(他们把这种压迫想象为所谓宇宙精神等等的圈套),受到日益扩大的、归根到底表现为世界市场的力量的支配;……这种对德国理论家们说来是如此神秘的力量,随着现存社会制度被共产主义革命所推翻……,以及随着私有制遭到与这一革命有同等意义的消灭,也将被消灭",不讲"人们每次都不是在他们关于人的理想所决定和所容许的范围之内,而是在现有的生产力所决定和所容许的范围之内取得自由的"。②

704. 只讲共产主义是"是人类从必然王国进入自由王国的飞跃",不讲"关于自然界的所有过程都处于一种系统联系中这一认识,推动科学到处从个别部分和整体去证明这种系统联系。但是,对这种联系作恰如原状的、毫无遗漏的、科学的陈述,对我们所处的世界体系形成确切的思想映象,这无论对我们还是对所有时代来说都是不可能的。如果在人类发展的某一时期,这种包括世界所有联系——无论是物质的或者是精神的和历史的——的最终完成的体系建立起来了,那末,人的认识的领域就从此完结,而且从社会按照这一体系来安排的时候起,未来的历史进展就中断了——这是荒唐的想法,是纯粹的胡说"。③

705. 只讲"共产主义一定要实现",不讲共产主义是"人和自然界之间、人和人之间的矛盾的真正解决",但是这种"人的内部无限的认识能力和这种认识能力仅在外部被局限的而且认识上也被局限的个别人身上的实际存在二者之间的矛盾,是在至少对我们来说实际上是无穷无尽的、连绵不断的世代中解决的,是在无穷无尽的前进运动

---

① 《马克思恩格斯全集》第46卷(下),第218页。
② 《马克思恩格斯全集》第3卷,第507页。
③ 《马克思恩格斯全集》第20卷,第40页。

中解决的"。①

706. 只讲"共产主义一定要实现",不讲"共产主义本身并不是人的发展的目标,并不是人的社会的形式","我们没有最终目标。我们是不断发展论者,我们不打算把什么最终规律强加给人类。关于未来社会组织方面的详细情况的预定看法吗？您在我们这里连它们的影子也找不到"。②

……如此等等。总之,这些教科书和工具书从表面上看,似乎只是在转述马克思的话,但是,在实际上却只讲《资本论》中的一部分思想,不讲另一部分思想；只讲劳动二重性相等社会中的价值决定,不讲劳动二重性不相等社会中的价值决定；只讲《资本论》中的剥削论,不讲或不完整地讲其中的调节论。换言之,只承认利润的剥削性,不承认利润的分配性和调节性。特别是绝口不提马克思《1857—1858年经济学手稿》中关于在资本流通的条件下,"资本并不直接是生产和价值增殖的统一"的大段完整论述。③ 包括最新（2009年）出版的《马克思恩格斯文集》第八卷对该手稿的十三段选摘中,也没有它。从学理上讲,这段论述是《资本论》的总纲,具有直接的现实价值。当然,相同的思想在《资本论》三卷本,甚至在第一卷中也已经表达,但是,手稿中的这段论述更直截了当,更明白无误,因而更无可争议。

其实,教科书和工具书的问题并不仅仅在于现象上的如上述对比所列举的,对马克思的这句或那句话讲不讲的问题,而是在于对马克思主义整个有机体系的割裂和遮蔽的问题。从1935年中国出现的第一部马克思主义政治经济学教科书,即沈志远的《新经济学大纲》,

---

① 《马克思恩格斯全集》第20卷,第133页。
② 《马克思恩格斯全集》,人民出版社第2版,第3卷,第311页；《马克思恩格斯全集》,人民出版社第1版,第22卷,第628—629页。
③ 《马克思恩格斯全集》第46卷（上）,第388—390页。

到 2008 年"马克思主义理论研究和建设工程重点教材"《马克思主义基本原理概论》，中国关于《资本论》的教科书和工具书数不胜数。但是，迄今为止还没有发现哪一部是能够区分马克思的适用于不同时期的价值理论即活劳动价值论和社会必要劳动价值论的，更不要说难度更高的区分作为实耗劳动平均的社会必要劳动和作为比例劳动平均的社会必要劳动了。而做不到这两条，不能不意味着远没有掌握马克思的"从一定的社会经济时期出发的分析方法"。① 判断这种弊病是否存在，甚至不需要任何具体的引说和剖析，只要打开书本，一见目录便知。凡是在论述资本主义的部分，其体系和结构基本上是《资本论》（尤其是第一卷第一篇第一章）的缩写，但是又不像马克思那样点明劳动二重性的相等与不等区别着不同的经济时代的，就必然存在混淆马克思的两种不同时期价值理论的弊病，就必然已经把"龙种"变成了"跳蚤"。对这种书若要引说，则几乎每一页甚至每一段都有错误。正如恩格斯对加·杰维尔的简述本《卡尔·马克思的〈资本论〉》的评论："他逐字逐句地复述马克思的概括性的原理，而对这些原理的前提却只是一笔带过。结果把这些原理的意思往往给歪曲了，所以我在校阅的时候常常产生想反驳马克思的某些原理的念头，其实在原著中由于前面作了阐述，这些原理具有非常明确的界限，在杰维尔的著作中却带有绝对普遍的、因而是不正确的意义。这点我无法改变，除非把全稿重新改写。"② 本章对中国关于《资本论》的教科书和工具书从头到尾、从内到外、从概念到体系、从方法到逻辑全方位的 706 条对比所要证明的正是这一点。当然，存在这种弊病的还远不止是中国的教科书和工具书。例如，由日本学者久留间鲛造、宇野弘藏等主编，日本 68 名马克思主义者集体创作的，世界上第一部注释《资本论》的大型辞书《资本论辞典》，同样存在这种弊病。③ 杨国昌

---

① 《马克思恩格斯全集》第 19 卷，第 415 页。
② 《马克思恩格斯全集》第 36 卷，第 83—84 页。
③ 〔日〕久留间鲛造、宇野弘藏等主编：《资本论辞典》，南开大学出版社 1989 年版。

主编的《马克思经济学体系的继承和创新》,对马克思主义经济学体系在国内外教科书中的演变史进行了考察。其结论是:"反映自由竞争资本主义的内容基本上是《资本论》的缩写,而且在一百多年的时间内几乎没有什么变化。"① 笔者还将在第十一章中揭示,甚至许多对马克思的攻击,也是由于分不清马克思的两种价值理论。

参考书目:

1. 《政治经济学辞典》,许涤新主编,人民出版社,1980年。
2. 《〈资本论〉辞典》,宋涛主编,山东人民出版社,1988年。
3. 《马克思劳动价值论的历史与现实》,顾海良等著,人民出版社,2002年。
4. 《现代政治经济学》(简本),程恩富主编,经济科学出版社,2002年。
5. 《马克思主义政治经济学原理》,卫兴华、林岗主编,中国人民大学出版社,2003年。
6. 《经济价值论再研究》,晏智杰著,北京大学出版社,2005年。
7. 《政治经济学》(第三版),逄锦聚等主编,高等教育出版社,2007年。
8. 《马克思主义基本原理概论》,本书编写组,高等教育出版社,2008年修订版。
9. 《中国大百科全书》(第二版),中国大百科全书出版社,2009年。
10. 《通俗〈资本论〉》,洪远朋著,上海科技文献出版社,2009年。

---

① 杨国昌主编:《马克思经济学体系的继承和创新》,北京师范大学出版社2004年版,第134页。

第二章　马克思的经济分期方法

"从一定的社会经济时期出发的分析方法"是马克思经济理论的重要的"辩证方法"。① 马克思在《资本论》中既阐述了适用于所有社会形态的价值规律一般，又阐述了价值规律在三种不同社会经济时期的实现形式，即在前资本主义社会、资本主义社会和后资本主义社会下，价值规律不同的实现形式。但是，无论是在正式出版的书中，还是在手稿中，马克思又都是跳跃地、交叉地论述它们的。② 从马克思的文本中读出这种"跳跃"和"交叉"，是深化理解马克思文本的关键。如果不把这些不同时期的价值规律实现形式区分开来，就不容易厘清马克思经济理论的头绪。而把它们区分开来的利器就是马克思的划分社会经济时期的方法。只要熟练地掌握马克思的这些方法，就

---

① 《马克思恩格斯全集》第19卷，第415页；第23卷，第23页。
② 恩格斯在整理马克思的《资本论》第3卷时发现：马克思常常"离开本题谈论那些在研究过程中出现的、其最终位置尚待以后安排的枝节问题，句子也是按照当时的思想写下来的，就越长，越复杂。"[《马克思恩格斯全集》第25卷，第4—7页。] 考茨基在整理马克思的手稿时也发现："全是顺笔直书，想到什么就写什么。思想的进行，并无一定的归结点，说明常常为附随的不过与别一些部分有联系的问题所打断；并且，全书是一气撰成，几乎没有分章节。……所以，除了作者自己，任何人看来，它都有混沌一团的性质。"[考茨基编：《剩余价值学说史》第1卷，编者序。北京三联出版社1957年版，第5—6页。] 阿·伊马雷什说：1857—1858年手稿"采取的方法与其说是叙述的方法，不如说是研究的方法。从正文的特点来看，除去章以外，不分任何段落，表面上和实际上都是不平衡的，无数的插论，阐述的风格不统一。"[阿·伊·马雷什：《马克思主义政治经济学的形成》，四川人民出版社1983年版，第266页。]

能够对马克思的每一段文本，甚至每一个论断进行时期性定位，然后，按照历史与逻辑相统一的原则，把马克思的经济理论加以重组。

马克思是"在劳动发展史中找到了理解全部社会史的锁钥"，① 因此，社会经济时期的划分实际上也就是劳动发展阶段的划分。但是，传统观念往往仅仅根据生产关系来划分社会的经济发展时期，如认为"社会主义与资本主义的根本区别，就在于它们的生产关系和上层建筑是不同的"，② 或者认为，社会主义就是"生产资料公有和按劳分配"。③ 这种认识是不深刻的。因为根据历史唯物主义原理，"社会生产关系，是随着物质生产资料、生产力的变化和发展而变化和改变的"。④ 换言之，如果物质生产资料没有发生质的变化，那么，社会生产关系也就不可能发生质的变化。完整、准确和全面地掌握马克思的经济分期方法，对于认识什么是社会主义，怎样建设社会主义，具有重要的意义。在《资本论》中，马克思是从多重角度确定一个社会的经济发展时期的。

一 生产资料的发展程度

<u>生产资料决定劳动组织</u>。[31.236，即《马克思恩格斯全集》第31卷，第236页。下划线引者加。下同]

各种经济时代的区别，不在于生产什么，而在于怎样生产，用什么劳动资料生产。<u>劳动资料不仅是人类劳动力发展的测量器，而且是劳动借以进行的社会关系的指示器</u>。[23.204]

---

① 《马克思恩格斯全集》第21卷，第353页。
② 江泽民：《在庆祝中国共产党成立八十周年大会上的讲话》，《江泽民文选》第3卷，人民出版社2006年版，第273页。
③ 《列宁选集》第3卷，人民出版社1960年版，第62页。
④ 《马克思恩格斯全集》第6卷，第487页。

我们视为社会历史的决定性基础的经济关系，是指一定社会的人们用以生产生活资料和彼此交换产品（在有分工的条件下）的方式说的。因此，这里面也包括生产和运输的全部技术装备。这种技术装备，照我们的观点看来，同时决定着产品的交换方式，以及分配方式，从而在氏族社会解体后也决定着阶级的划分，决定统治和从属的关系，决定着国家、政治、法律等等。[39.198]

社会关系和生产力密切相连。随着新生产力的获得，人们改变自己的生产方式，随着生产方式即保证自己生活的方式的改变，人们也就会改变自己的一切社会关系。手工磨产生的是封建主为首的社会，蒸汽磨产生的是工业资本家为首的社会。[4.144]

"以手工分工为基础的真正工场手工业时期和以使用机器为基础的现代工业时期"是"经济史上两个重大的本质不同的时期"。[23.35]

他把工场手工业和大工业这两个彼此衔接的历史时期在历史上的出现放在过于次要的地位，而这一点在简述中恰恰可以大大帮助理解。[36.83]

二 劳动和生产资料的结合方式

不论生产的社会形式如何，劳动者和生产资料始终是生产的因素。但是，二者在彼此分离的情况下只在可能性上是生产因素。凡要进行生产，就必须使它们结合起来。实行这种结合的特殊方式和方法，使社会结构区分为各个不同的经济时期。[24.44]

甚至整个社会，一个民族，以至一切同时存在的社会加在一起，都不是土地的所有者。他们只是土地的占有者，土地的利用者，并且他们必须像好家长那样，把土地改良后传给后代。[25.875]

三 劳动二重性的相等与否

劳动二重性相等——不等——相等

我们看一下一切文明民族的历史初期自然发生的共同劳动。这里，劳动的社会性显然不是通过个人劳动采取一般性这种抽象形式，或者个人产品采取一个一般等价物的形式。成为生产前提的公社，使个人劳动不能成为私人劳动，使个人产品不能成为私人产品，相反，它使个人劳动直接表现为社会机体的一个肢体的机能。表现在交换价值中的劳动是以分散的个人劳动为前提的。这种劳动要通过它采取与自身直接对立的形式，即抽象一般性的形式，才变成社会劳动。[13.21—22]

现在，让我们离开鲁滨逊的明朗的孤岛，转到欧洲昏暗的中世纪去吧。在这里，我们看到的，不再是一个独立的人了，人都是互相依赖的：农奴和领主，陪臣和诸侯，俗人和牧师。物质生产的社会关系以及建立在这种生产的基础上的生活领域，都是以人身依附为特征的。但是正因为人身依附关系构成该社会的基础，劳动和产品也就用不着采取与它们的实际存在不同的虚幻形式。它们作为劳役和实物贡赋而进入社会机构之中。在这里，劳动的自然形式，劳动的特殊性是劳动的直接社会形式，而不是像在商品生产基础上那样，劳动的共性是劳动的直接社会形式。[23.94]

以交换价值为基础的劳动的前提恰好是：不论是单个人的劳动还是他的产品，都不具有直接的一般性。[46.1.120]

产品始终直接就是货币——这种想法同资本的本性相矛盾，所以也同大工业的实践相矛盾……[46.2.43—44]

价格和价值的一致……是对建立在交换价值之上的生产关系的整个基础的否定。[46.2.319]

格雷把商品中所包含的劳动时间直接当作社会劳动时间，……这样一来，……资产阶级生产的基础也就会消灭。[13.75]

欧文以直接社会化劳动为前提，就是说，以一种与商品生产截然相反的生产形式为前提。[23.112—113]

李嘉图和其他人对生产过剩等提出的一切反对意见的基础是，他们把资产阶级生产或者看作不存在买和卖的区别而实行直接的物物交换的生产方式，或者看作社会的生产，在这种生产中，社会好像按照计划，根据为满足社会的各种需要所必需的程度和规模，来分配它的生产资料和生产力，因此每个生产领域都能分到为满足有关的需要所必需的那一份社会资本。这种虚构，一般说来，是由于不懂得资产阶级生产这一特殊形式而产生的，而所以不懂又是由于一种成见，认为资产阶级生产就是一般生产。[26.2.604]

商品的可交换性是作为货币存在于商品之外，所以它就成为某种和商品不同的、对商品来说是异己的东西；商品还必须和这种东西等同，可见，商品最初是和这种东西不等同的；而等同本身取决于外部条件，也就是说，是偶然的。[46.1.93]

作为主体的劳动时间同决定交换价值的一般劳动时间不相符

合……[46.1.118]

当我说某一商品具有一定的价值的时候，那我就是说：(1) 它是一个对社会有用的产品；(2) 它是由私人为了私人的打算生产出来的；(3) 它虽然是私人劳动的产品，但同时好像不为生产者所知和所愿地又是社会劳动的产品，而且是以社会方法即通过交换来确定数量的一定的社会劳动的产品；(4) 我表现这个数量，不是用劳动本身，也不是用若干工作小时，而是用另外一个商品。因此，如果我说，这只表和这块布价值相等，这两件物品中每一件的价值都等于五十马克，那末我就是说：在这只表、这块布和这些货币中，包含着等量的社会劳动。因此，我确定，它们所代表的社会劳动时间在社会上已被计量出来，而且被发现是相等的。但是这种计量，不像在其他情况下用工作小时或工作日等等来计量劳动时间那样，是直接的、绝对的，而是迂回地、相对地、通过交换来进行的。因此，即使这一确定数量的劳动时间，我也不能用工作小时表现出来，因为我始终不知道工作小时的数目，而同样只能迂回地、相对地通过另外一个代表等量的社会劳动时间的商品把它表现出来。一只表的价值和一块布的价值相等。[20.332]

在直接的交换中，单个的直接劳动实现在某个特殊的产品或产品的一部分中，而它［单个的直接劳动］的共同的、社会的性质——劳动作为一般劳动的物化和作为满足一般需求的［手段］的性质——只有通过交换才被肯定。相反，在大工业的生产过程中，一方面，发展为自动化过程的劳动资料的生产力要以自然力服从于社会智力为前提，另一方面，单个人的劳动在它［劳动］的直接存在中已成为被扬弃的个别劳动，即成为社会劳动。于是，这种生产方式的另一个基础也消失了。[46.2.223]

最后，让我们换一个方面，设想有一个自由人联合体，他们用公共的生产资料进行劳动，并且<u>自觉地把他们许多个人劳动力当作一个社会劳动力来使用</u>。[23.95]

社会一旦占有生产资料并且以直接社会化的形式把它们应用于生产，每一个人的劳动，无论其特殊用途是如何的不同，从一开始就成<u>为直接的社会劳动</u>。那时，一件产品中所包含的社会劳动量，可以不必首先采用迂回的途径加以确定；日常的经验就直接显示出这件产品平均需要多少数量的社会劳动。……因此，<u>在上述前提下，社会也无需给产品规定价值</u>。[20.334]

在一个集体的、以共同占有生产资料为基础的社会里，生产者并不交换自己的产品；耗费在产品生产上的劳动，在这里也不表现为这些产品的价值，不表现为它们所具有的某种物的属性，因为<u>这时和资本主义社会相反，个人的劳动不再经过迂回曲折的道路，而是直接地作为总劳动的构成部分存在着</u>。[19.20]

四　劳动对资本形式上从属，还是实质上从属

生产工艺不变——生产工艺变化
第一种资本主义生产方式——第二种资本主义生产方式

资本找到实际的生产过程，即特定的生产方式，<u>最初只是在形式上使它从属于自己，丝毫也不改变它在工艺上的规定性</u>。资本只有在自己的发展过程中才不仅在形式上使劳动过程从属于自己，而且改变了这个过程，赋予生产方式本身以新的形式，从而第一次创造出它所特有的生产方式。[47.99—100]

— 151 —

无论如何，与剩余价值的两种形式（绝对剩余价值和相对剩余价值）相适应的，——如果把它们分开来单独地加以考察，绝对剩余价值永远是存在于相对剩余价值之前，——与这两种形式相适应的，是劳动对资本的两种不同的从属形式，或者说，是资本主义生产的两种不同的形式，其中第一种形式始终先于第二种形式，尽管比较发展的形式即第二种形式，又可以构成在各新生产部门中实行第一种形式的基础。[49.84—85]

　　正如绝对剩余价值的生产被看作是劳动对资本的形式上的从属的物质表现一样，相对剩余价值的生产也可以被看作是劳动对资本的实际上的从属的物质表现。[49.84]

　　劳动对资本的实际上的从属，即本来意义上的资本主义生产方式。[49.87]

五　生产方式是保守的，还是不断革新的

　　这种生产方式是以土地及其他生产资料的分散为前提的。它既排斥生产资料的积聚，也排斥协作，排斥同一生产过程内部的分工，排斥社会对自然的统治和支配，排斥社会生产力的自由发展。它只同生产和社会的狭隘的自然产生的界限相容。[23.830]

　　小土地所有制的前提是：人口的最大多数生活在农村；占统治地位的，不是社会劳动，而是孤立劳动；在这种情况下，再生产及其物质条件和精神条件的多样化和发展，都是不可能的，因而，也不可能具有合理耕作的条件。[25.916]

　　现代工业的技术基础是革命的，而所有以往的生产方式的技术基

础本质上是保守的。[23.533]

资本主义生产的特征是，资本和劳动的灵活性，生产方式的不断变革，从而，生产关系、交往关系和生活方式等方面的不断变革，与此同时，在国民的风俗习惯和思想方式等等方面也出现了很大的灵活性。[26.3.490]

绝对剩余价值的生产只同工作日的长度有关；相对剩余价值的生产使劳动的技术过程和社会组织发生根本的革命。[23.557]

六 劳动与资本的关系是轴心，还是要素

自地球上有资本家和工人以来，没有一本书像我们面前这本书那样，对于工人具有如此重要的意义。资本和劳动的关系，是我们现代全部社会体系所依以旋转的轴心，这种关系在这里第一次作了科学的说明，而这种说明之透彻和精辟，只有一个德国人才能做得到。[16.263]

在生产过程本身中——在这里资本一直被看作价值——资本的价值增殖表现为完全取决于资本作为物化劳动同活劳动的关系，即资本同雇佣劳动的关系。但现在作为产品，作为商品，资本却表现为取决于生产过程之外的流通。（事实上，正如我们看到的，流通返回到作为它的基础的生产过程，同样又从生产过程出发。）作为商品，资本(1) 必须是使用价值，而作为使用价值，必须是需要的对象，消费的客体；(2) 必须同它的等价物——货币——进行交换。新价值只有在出售中才能实现。[46.1.386]

我们称为资本主义生产的是这样一种社会生产方式，在这种生产

方式下，生产过程从属于资本，或者说，这种生产方式以资本和雇佣劳动的关系为基础，而且这种关系是起决定作用的、占支配地位的生产方式。[47.151]

由于资本的再生产过程也包括流通，即资本在直接生产过程以外的运动，剩余价值就不再表现为由资本同活劳动的简单的直接的关系所确立的东西；相反，这一关系只表现为资本的总运动的一个要素。[46.2.264]

资本从作为能动的主体，作为过程的主体的自身出发，——而在周转中，直接生产过程实际上表现为不以资本同劳动的关系为转移而由资本作为资本的运动所决定的过程，[46.2.264]

资本主义生产的始终不变的目的，是用最小限度的预付资本生产最大限度的剩余价值或剩余产品；在这种结果不是靠工人的过度劳动取得的情况下，这是资本的这样一种趋势：力图用尽可能少的花费——节约人力和费用——来生产一定的产品，也就是说，资本有一种节约的趋势，这种趋势教人类节约地花费自己的力量，用最少的资金来达到生产的目的。[26.2.625]

七 直接劳动是不是生产的基础

生产的主体是个人——生产的主体是"社会活动的结合"。
生产基本不依靠交换——生产必须依靠交换。

随着分工的发展，劳动产品的任何个人性质都消失了（当劳动只是在形式上从属于资本的时候，这种个人性质还完全有可能存在）。[47.332]

正如随着大工业的发展，大工业所依据的基础——占有他人的劳动时间——不再构成或创造财富一样，随着大工业的这种发展，直接劳动本身不再是生产的基础，一方面因为直接劳动主要变成看管和调节的活动，其次也是因为，产品不再是单个直接劳动的产品，相反地，作为生产者出现的，是社会活动的结合。[46.2.222]

八　劳动是不是可以分为为自己的劳动与为别人的劳动

在徭役劳动下，服徭役者为自己的劳动和为地主的强制劳动在空间上和时间上都是明显地分开的。[23.590]

交换的涉及整个运动的另一个前提，就是交换的主体在生产中从属于社会劳动的分工。因为互相交换的商品实际上无非是物化在各种使用价值中的劳动，即以各种方式物化的劳动，实际上只是分工的物质存在，只是不同质的、适合不同体系需要的劳动的物化。当我生产商品时，前提是我的产品虽然具有使用价值，但不是我要用的，它对我来说不是直接的生活资料（从最广义上来说），而是直接的交换价值；只有当它在货币上取得一般社会产品的形式，并且能实现在他人的不同质的劳动的任何形式上，它才能成为我的生活资料。因此，我只有为社会生产才是为自己生产，而社会的每个成员又在另一个领域中为我劳动。[46.2.465—466]

九　生产的目的是使用价值，还是交换价值

产品是直接的使用价值——产品是非直接的使用价值。

在中世纪的社会里，特别是在最初几世纪，生产基本上是为了供

自己消费。它主要只是满足生产者及其家属的需要。在那些有人身依附关系的地方,例如在农村中,生产还满足封建主的需要。因此,在这里没有交换,产品也不具有商品的性质。农民家庭差不多生产了自己所需要的一切:食物、用具和衣服。只有当他们在满足自己的需要并向封建主缴纳实物租税以后还能生产更多的东西时,他们才开始生产商品;这种投入社会交换即拿去出卖的多余产品就成了商品。[19.233]

因此,农业失去了为使用价值(作为直接的生存资料来源)而劳动的性质,而农业的剩余产品的交换对于农业关系的内部结构来说失去了迄今为止是无关紧要的和外表的性质。在某些地方,农业本身开始完全由流通决定,转变为纯粹设定交换价值的生产。这样一来,不仅生产方式改变了,而且一切与之相适应的旧的、传统的人口关系和生产关系,旧的、传统的经济关系都解体了。可见,在这里,流通的前提是一种仅仅以剩余产品即超过使用价值的多余产品的形式提供交换价值的生产;但是现在这种生产却变成了只与流通相联系的生产,变成了以设定交换价值为直接目的的生产。这是历史上简单流通转化为资本,转化为作为生产统治形式的交换价值的例子。[46.2.485]

不管活动采取怎样的个人表现形式,也不管这种活动的产品具有怎样的特性,活动和这种活动的产品都是交换价值,即一切个性、一切特性都已被否定和消灭的一种一般的东西。这种情况实际上同下述情况截然不同:个人或者自然地或历史地扩大为家庭和氏族(以后是公社)的个人,直接地从自然界再生产自己,或者他的生产活动和他对生产的参与依赖于劳动和产品的一定形式,而他和别人的关系也是这样决定的。[46.1.103]

请看麦克库洛赫的著作,为了挽救以资本为基础的生产,而把这

种生产的一切特有属性、它的概念规定全都抛开，相反地把它看成是
提供直接使用价值的简单生产。本质的关系完全被抽掉了。事实上，
为了清除这种生产所具有的矛盾，干脆把这种生产抛弃和否定了。或
者，例如像穆勒那样（庸俗的萨伊就是摹仿他的），做得更机灵了：
说什么供给和需求是同一的，因而必然是一致的；也就是说，供给就
是由供给本身的量来计量的需求。[46.1.395]

任何时候都不应该忘记，在实行资本主义生产的条件下，问题并
不直接在于使用价值，而在于交换价值，特别在于增加剩余价值。这
是资本主义生产的动机。为了通过论证来否定资本主义生产的矛盾，
就撇开资本主义生产的基础，把这种生产说成是以满足生产者的直接
消费为目的的生产，这倒是一种绝妙的见解。[26.2.564—565]

资本主义生产的目的是纯产品，它实际上仅仅表现在剩余价值所
赖以体现的剩余产品的形式上，这种情况表明资本主义生产实质上是
剩余价值的生产。[49.112]

十　是简单流通，还是资本流通

生产过程与增殖过程直接统一——生产过程与增殖过程不直接
统一。

对产品总是存在需要——对产品未必存在需要。

价值的尺度是活劳动——价值的尺度是社会需要。

作为劳动过程和价值形成过程的统一，生产过程是商品生产过
程；作为劳动过程和价值增殖过程的统一，生产过程是资本主义生产
过程，是商品生产的资本主义形式。[23.223]

商品内在的使用价值和价值的对立，私人劳动同时必须表现为直接社会劳动的对立，特殊的具体的劳动同时只是当作抽象的一般的劳动的对立，物的人格化和人格的物化的对立，——这种内在的矛盾在商品形态变化的对立中取得了发展的运动形式。因此，<u>这些形式包含着危机的可能性，但仅仅是可能性。这种可能性要发展为现实，必须有整整一系列的关系，从简单商品流通的观点来看，这些关系还根本不存在</u>。[23.133]

我们在前面考察资本的价值增殖过程时已经看到，<u>这个过程是以在此之前已经阐述的简单生产过程为前提的。需求和供给的情况也是这样</u>，因为在简单交换中<u>是以存在着对产品的需要为前提的</u>。生产者（直接生产者）自己的需要表现为他人需求的需要。在论述这个问题时必须阐明它要以什么为前提，所有这些以后应该纳入最初几章。[46.1.390]

在考察资本的一般概念时，具有重要意义的是：<u>资本并不直接是生产和价值增殖的统一</u>，而只是和各种条件联结在一起的过程，而且正如过程已经表明的那样，<u>是和外部条件联结在一起的过程</u>。[46.1.390]

产品作为使用价值同作为价值的自身相矛盾，换句话说，从产品具有一定的质，作为一种特殊的物而存在，作为具有一定自然属性的产品，作为需要的实体来说，它同它自身作为价值只在物化劳动形式上具有的那种实体相矛盾。但是，这一次，[在资本流通的条件下]这个矛盾不再像在［简单］流通中那样，只是表现为单纯形式上的差别，而是表现为：由使用价值来估量产品，……在这里，总消费表现为……作为交换价值的产品的尺度。[46.1.388—389]

十一　剥削活劳动，还是剥削劳动的社会生产力

依靠耗费更多活劳动的资本——依靠耗费更少活劳动的资本。

单靠滥用妇女劳动力和未成年劳动力，单靠掠夺一切正常的劳动条件和生活条件，单靠残酷的过度劳动和夜间劳动来实现的劳动力的便宜化，终究会遇到某些不可逾越的自然界限，<u>而以此为基础的商品的便宜化和整个资本主义的剥削</u>，随着也会发生这种情形。当这一点终于达到时（这需要很长的时间），采用机器和把分散的家庭劳动（还有工场手工业）迅速转变为工厂生产的时刻就来到了。[23.515]

资本的趋势是，在直接使用活劳动时把活劳动缩减为必要劳动，并且通过<u>剥削劳动的社会生产力</u>来不断缩减制造产品所必需的劳动，即节约活劳动，使用尽可能少的劳动来制造这种或那种商品，同样，资本的趋势也是要把这种节约了的、已缩减为必要劳动的劳动用在最节约的条件下，即把不变资本的交换价值缩减到尽可能小的限度，总之，也就是把生产费用缩减到最小限度。这样一来，我们看到，如果说<u>商品的价值实际上不是由其中所包含的劳动时间决定，而是由其中所包含的必要劳动时间决定</u>，那么，资本起初实现这个规定，但同时它又<u>不断地缩减生产商品的社会必要劳动</u>。这样一来，商品的价格便减少到自己的最低限度，因为<u>生产商品所需要的劳动的一切要素都减少到最低限度</u>。[48.276]

十二　分工是否凝固

劳动为外在目的所规定——劳动成为生活的乐趣。

大工业消灭了工场手工业和手工业的 mysteries〔秘密〕和传统的凝固性，它把生产过程变为对自然力的有意识的应用。因此，和以前的一切形式相比，只有大工业是革命的。但是，它作为资本主义的形式，仍然使工人保持凝固了的分工。而由于它每天变革着分工的基础，所以使工人陷于毁灭的境地。另一方面，正是由于同一个工人有改变活动的必要，就要求工人必须尽可能多方面发展，并且有了社会革命的可能。[16.324]

分工不仅使物质活动和精神活动、享受和劳动、生产和消费由各种不同的人来分担这种情况成为可能，而且成为现实。要使这三个因素彼此不发生矛盾，只有消灭分工。(3.36)

分工起初只是性交方面的分工，后来是由于天赋（例如体力）、需要、偶然性等等而自发地或"自然地产生的"分工。分工只是从物质劳动和精神劳动分离的时候起才开始成为真实的分工。从这时候起意识才能真实地这样想象：它是同对现存实践的意识不同的某种其他的东西；它不想象某种真实的东西而能够真实地想象某种东西。从这时候起，意识才能摆脱世界而去构造"纯粹的"理论、神学、哲学、道德等等。[3.35—36]

在这里我们顺便补充一下，剥削阶级和被剥削阶级、统治阶级和被压迫阶级之间的到现在为止的一切历史对立，都可以从人的劳动的这种相对不发展的生产率中得到说明。当实际劳动的人口要为自己的必要劳动花费很多时间，以致没有多余的时间来从事社会的公共事务，例如劳动管理、国家事务、法律事务、艺术、科学等等的时候，必然有一个脱离实际劳动的特殊阶级来从事这些事务；而且这个阶级为了它自己的利益，永远不会错过机会把愈来愈沉重的劳动负担加到劳动群众的肩上。只有通过大工业所达到的生产力的大大提高，才有可能把劳动无例外地分配于一切社会成员,从而把每个人的劳动时间大大缩短,使一切人都有足够的自由时间来参加社会的理论和实际的公共事务。因此,只是在现在,任何统治阶级和剥削阶级才成为多余的,而且成为社会发展的障碍;也只是在现在,统治阶级和剥削阶级,无论它拥有多少"直接的暴力",都将被无情地消灭。[20.198]

个人力量(关系)由于分工转化为物的力量这一现象,不能靠从头脑里抛开关于这一现象的一般观念的办法来消灭,而只能靠个人重新驾驭这些物的力量并消灭分工的办法来消灭。[3.84]

我的劳动是自由的生命表现,因此是生活的乐趣。在私有制的前提下,它是生命的外化,因为我劳动是为了生存,为了得到生活资料。我的劳动不是我的生命。[42.38]

十三　人自身的发展程度

非社会的人——世界历史性的人。
生活基本不依靠交换——生活必须依靠交换。

劳动,这只是一个抽象,就它本身来说,是根本不存在的;或者,如果我们就……{这里字迹不清}来说,只是指人用来实现人和自然之间的物质变换的一般人类生产活动,它不仅已经摆脱一切社会形式和性质规定,而且甚至在它的单纯的自然存在上,不以社会为转移,超乎一切社会之上,并且作为生命的表现和证实,是还没有社会化的人和已经有某种社会规定的人所共同具有的。[25.921]

任何一个对象对我的意义(它只是对那个与它相适应的感觉说来才有意义)都以我的感觉所及的程度为限。所以社会的人的感觉不同

于非社会的人的感觉。[42.126]

人的依赖关系（起初完全是自然发生的），是最初的社会形态，在这种形态下，人的生产能力只是在狭窄的范围内和孤立的地点上发展着。以物的依赖性为基础的人的独立性，是第二大形态，在这种形态下，才形成普遍的社会物质变换，全面的关系，多方面的需求以及全面的能力的体系。建立在个人全面发展和他们共同的社会生产能力成为他们的社会财富这一基础上的自由个性，是第三个阶段。第二个阶段为第三个阶段创造条件。[46.1.104]

小农人数众多，他们的生活条件相同，但是彼此间并没有发生多式多样的关系。他们的生产方式不是使他们互相交往，而是使他们互相隔离。这种隔离状态由于法国的交通不便和农民的贫困而更为加强了。他们进行生产的地盘，即小块土地，不容许在耕作时进行任何分工，应用任何科学，因而也就没有任何多种多样的发展，没有任何不同的才能，没有任何丰富的社会关系。每一个农户差不多都是自给自足的，都是直接生产自己的大部分消费品，因而他们取得生活资料多半是靠与自然交换，而不是靠与社会交往。[8.217]

交换者生产交换价值的前提是，不仅先要有一般的分工，而且要有特殊发达形式的分工。例如，在秘鲁也有分工；在自给自足的小小的印度公社中也有分工。但这是这样一种分工，它的前提不仅不是以交换价值为基础的生产，相反是在或大或小程度上直接的共同生产。基本的前提是流通的主体生产交换价值，即直接从属于交换价值的社会规定性的产品，也就是在一定历史形态的分工下生产这些产品，而这一基本前提又包含着大量其他的前提，它们既不是从个人的意志，也不是从个人的直接本性中产生的，而是从那些使个人已成为社会的个人，成为由社会规定的个人的历史条件和关系中产生的；这个前提同样包含着这样一些关系，这些关系表现为同个人在流通中相互对立时具有的那种简单联系不同的个人生产联系。[46.2.466]

奴隶以实物形式（它无论在形式上或在数量上都是固定的），以使用价值的形式来获得维持自己生存所必需的生活资料。自由工人则是以货币的形式，以交换价值的形式，以财富的抽象社会形式取得维持自己生存所必需的生活资料。[48.11—12]

一切产品和活动转化为交换价值，既要以生产中人的（历史的）一切固定的依赖关系的解体为前提，又要以生产者互相间的全面的依赖为前提。每个人的生产，依赖于其他一切人的生产；同样，他的产品转化为他本人的生活资料，也要依赖于其他一切人的消费。[46.1.102]

生产力的这种发展（随着这种发展，人们的世界历史性的而不是狭隘地域性的存在已经是经验的存在了）之所以是绝对必需的实际前提，还因为如果没有这种发展，那就只会有贫穷的普遍化；而在极端贫困的情况下，就必须重新开始争取必需品的斗争，也就是说，全部陈腐的东西又要死灰复燃。其次，这种发展之所以是必需的前提，还因为：只有随着生产力的这种普遍发展，人们之间的普遍交往才能建立起来；由于普遍的交往，一方面，可以发现在一切民族中同时都存在着"没有财产的"群众这一事实（普遍竞争），而其中每一民族同其他民族的变革都有依存关系；最后，狭隘地域性的个人为世界历史性的、真正普遍的个人所代替。不这样，（1）共产主义就只能作为某种地域性的东西而存在；（2）交往的力量本身就不可能发展成为一种普遍的因而是不堪忍受的力量：它们会依然处于家庭的、笼罩着迷信气氛的"境地"；（3）交往的任何扩大都会消灭地域性的共产主义。共产主义只有作为占统治地位的各民族"立即"同时发生的行动才可

能是经验的,而这是以生产力的普遍发展和与此有关的世界交往的普遍发展为前提的。[3.39—40]

如果从整体上来考察资产阶级社会,那么社会本身,即处于社会关系中的人本身……[46.2.226]

十四 人对生产的控制程度

人在极狭小的范围内支配生产——社会自发控制生产——人在社会范围内自觉控制生产。

在先前的一切社会发展阶段上,生产在本质上是共同的生产,同样,消费也归结为产品在较大或较小的共产制公社内部的直接分配。生产的这种共同性是在极狭小的范围内实现的,但是它的伴侣是生产者对自己的生产过程和产品的支配。他们知道,产品的结局将是怎样:他们把产品消费掉,产品不离开他们的手;只要生产在这个基础上进行,它就不可能越出生产者的支配范围,也不会产生鬼怪般的、对他们来说是异己的力量,像在文明时代经常地和不可避免地发生的那样。[21.198]

人本身——在未开化的野蛮状态下——以他自己直接需要的量为他生产的尺度,这种需要的内容直接是他所生产的物品本身。

因此,人在这种状态下生产的东西不多于他直接的需要。他需要的界限也就是他生产的界限。因此需求和供给就正好相抵。他的生产是以他的需要来衡量的。在这种情况下就没有交换,或者说,交换归结为他的劳动同他劳动的产品相交换,这种交换是真正的交换的潜在形式(萌芽)。[42.33]

因此，这里假定：(1) 是资本主义生产，其中每一个别行业的生产以及这种生产的增加，都不是直接由社会需要调节，由社会需要控制，而是由各个资本家离开社会需要而支配的生产力调节的；(2) 尽管如此，生产却是这样按比例地进行，好像资本直接由社会根据其需要使用于各个不同的行业。

按照这个自相矛盾的假定，即假定资本主义生产完全是社会主义的生产，那末，实际上就不会发生生产过剩。[26.3.126]

现代社会要进行劳动分配，除了自由竞争之外没有别的规则、别的权力可言。[4.165]

只有在生产受到社会实际的预定的控制的地方，社会才会在用来生产某种物品的社会劳动时间的数量，和要由这种物品来满足的社会需要的规模之间，建立起联系。[25.209]

在合理地组织起来的社会中，就不会有这样繁杂的运输方法。现在我们继续谈这个例子。正如我们可以很容易地知道某个移民区消费多少棉花或多少棉纺织品一样，中央管理机构也可以同样容易地知道全国各地和各公社的消费量。只要这种统计工作组织就绪，这种工作在一两年内就可以很容易地完成，每年的平均消费量就只会同人口的增长成比例地变化；因此就容易适时地预先确定，每一种商品要有多少才能满足人民的需求。所需的这些商品也可以按批购的方式直接在产地订购，并且可以直接取得，不必经过中间人，不需要任何停顿和装卸，除了运输条件确实要求这样做而外，这样就大大节省了劳动力，而且不必付给投机商、大小商人以利润。还不仅如此，这样一来，所有这些中间人非但不再为害社会，而且甚至会对社会有利。他们现在干的是对其余的人有害的事情，在最好的情况下也只是些多余的事情，但是他们还是取得了足够的生活资料，而在很多场合下，他们甚至还大发其财；因此，他们现在是在直接损害公共福利，而将来他们的双手就会解放出来参加有益的活动；他们一定可以找到一种职业，这种职业能使他们不是作为<u>表面上的、假的社会成员</u>而出现，而是作为人类社会的真正的成员、人类社会的共同活动的参加者而出现。[2.607—608]

答：第一，虽然大工业在它的发展初期自己创造了自由竞争，但是现在它的发展已经超越了自由竞争的范围。竞争和个人经营工业生产已经变成大工业的枷锁，大工业要粉碎它，而且一定会粉碎它。大工业只要还是按照现今的原则经营，就只有依靠每七年出现一次的普遍混乱才能维持生存，每次混乱对全部文明都将是一种威胁，它不但将无产者抛入贫困的深渊，而且也使许多资产者破产。因此，或者必须消灭大工业，——这是绝对不可能的，或者是承认，大工业造成一种绝对必需的局面，那就是建立一个全新的社会组织，在这个新的社会组织里，工业生产将不是由相互竞争的厂主来领导，而是<u>由整个社会按照确定的计划和社会全体成员的需要来领导</u>。[4.364]

只有在这个阶段上，<u>自主活动才同物质生活一致起来</u>，而这点又是同<u>个人向完整的个人的发展以及一切自发性的消除</u>相适应的。同样，<u>劳动转化为自主活动</u>，同过去的被迫交往转化为所有个人作为真正个人参加的交往，也是相互适应的。<u>联合起来的个人对全部生产力总和的占有，消灭着私有制</u>。但是过去，在历史上，这种或那种特殊的条件总是偶然的，而在现在，各个个人的孤独活动，即某一个个人所从事的特殊的私人活动，才是偶然的。[3.77]

共产主义和所有过去的运动不同的地方在于：它推翻了一切旧的生产和交往的关系的基础，并且破天荒第一次自觉地把一切自发产生的前提看作是先前世世代代的创造，<u>消除这些前提的自发性，使它们</u>

受联合起来的个人的支配。[3.79]

个人力量（关系）由于分工转化为物的力量这一现象，不能靠从头脑里抛开关于这一现象的一般观念的办法来消灭，而只能靠个人重新驾驭这些物的力量并消灭分工的办法来消灭。没有集体，这是不可能实现的。只有在集体中，个人才能获得全面发展其才能的手段，也就是说，只有在集体中才可能有个人自由。在过去的种种冒充的集体中，如在国家等等中，个人自由只是对那些在统治阶级范围内发展的个人来说是存在的，他们之所以有个人自由，只是因为他们是这一阶级的个人。从前各个个人所结成的那种虚构的集体，总是作为某种独立的东西而使自己与各个个人对立起来；由于这种集体是一个阶级反对另一个阶级的联合，因此对于被支配的阶级说来，它不仅是完全虚幻的集体，而且是新的桎梏。在真实的集体的条件下，各个个人在自己的联合中并通过这种联合获得自由。[3.84]

从上述一切中可以看出，某一阶级的个人所结成的、受他们反对另一阶级的那种共同利益所制约的社会关系，总是构成这样一种集体，而个人只是作为普通的个人隶属于这个集体，只是由于他们还处在本阶级的生存条件下才隶属于这个集体；他们不是作为个人而是作为阶级的成员处于这种社会关系中的。在控制了自己的生存条件和社会全体成员的生存条件的革命无产者的集体中，情况就完全不同了。在这个集体中个人是作为个人参加的。它是个人的这样一种联合（自然是以当时已经发达的生产力为基础的），这种联合把个人的自由发展和运动的条件置于他们的控制之下。[3.84—85]

只有一种能够有计划地生产和分配的自觉的社会生产组织，才能在社会关系方面把人从其余的动物中提升出来，正像一般生产曾经在物种关系方面把人从其余的动物中提升出来一样。[20.375]

十五　财富的尺度

真正的财富就是所有个人的发达的生产力。那时，财富的尺度决不再是劳动时间，而是可以自由支配的时间。以劳动时间作为财富的尺度，这表明财富本身是建立在贫困的基础上的，……[46.2.222]

根据以上马克思的经济分期方法，我们可以快捷地从多重角度对马克思的每一段文本进行时期性定位。然后，我们不妨在头脑中按照历史与逻辑相统一的原则，重新排列这些文本。这样，马克思经济理论的脉络就可以一清二楚了。以《资本论》第一卷为例，如果把其中马克思星星点点穿插进去的，以活劳动不等于社会必要劳动为前提的，从而显现社会必要劳动调节功能的 22 处约万余的文字（约占整卷的 1.76%）抽出，① 那么整个第一卷所论述的就都是以活劳动等于社会必要劳动为前提的，因而是适用于简单商品社会（含"第一种"资本主义生产方式）的作为剥削论的活劳动价值论及其推论（当然还包括中性的"价值形式"、"交换过程"和"货币"等章节）。这种谋篇布局显然与马克思对当时革命形势的估计有关，因为《资本论》在当时被赋予了"直接的革命任务"。② 在第二卷，"资本的流通过程将根据第一册中所阐述的前提来论述"。③ 在第三卷，作为调节论的社会必要劳动价值论有 21 处 5800 余字，约占整卷的 0.8%。

总之，《资本论》实际上只讲了一个矛盾，两种表现，或者说一个一般，两种特殊。一个矛盾就是劳动的特殊性与劳动的社会性的矛

---

① 它们分别是：《马克思恩格斯全集》第 23 卷，第 52—53、54、57—58、90、91—92、93—98、100、103—104、112—113、114、124—127、133、188、215、221—222、236、353—355、383、394—395、552、578、605 页。这里不包括关于实耗劳动平均的论述。详见本书《附录二》。
② 《马克思恩格斯全集》第 30 卷，第 563 页。
③ 《马克思恩格斯全集》第 32 卷，第 70 页。

盾。它也可以表述为商品的自然属性与社会属性、使用价值与价值、个别价值与社会价值、具体劳动与抽象劳动、私人劳动与社会劳动、实耗劳动与应耗劳动的矛盾。这个矛盾的"抽象的一般的形式"就是"商品与货币的对立"。① 两种表现即劳动的特殊性等于劳动的社会性和劳动的特殊性不等于劳动的社会性这两个在社会经济发展不同阶段的表现。通俗而言，马克思的经济理论包含两块内容，一块是价值由个人决定，活劳动直接等于货币；另一块是价值由社会决定，活劳动不直接等于货币。前者是后者的特例。前者涵盖前资本主义生产方式（含"第一种"资本主义生产方式）和后资本主义生产方式，后者涵盖"本来意义上的资本主义生产方式"。这个总体思路马克思早在1857—1858年就已经形成，② 一直到逝世都始终没有改变。可以断言，即使今后有马克思新的零星文本被发现，也不可能动摇这个总体格局。

在整个《资本论》的阐述中，马克思始终贯彻了辩证唯物主义和历史唯物主义的基本方法。首先，在分期的依据上，坚持按照生产资料的发展程度这一基本标准。因为在历史唯物主义看来，是生产资料的发展程度决定了人与人的生产关系，即劳动者与生产资料的结合方式，个别劳动与社会劳动的协调方式等等。特别是生产资料的发展程度决定了人本身的发展程度，决定了再生产人本身的需要的广度和深度，从而决定了人本身的价值量的变化。其次，坚持了真理是具体的要求。在马克思那里，所有的结论都是有既定的前提的。"马克思提出这些论点时，只是把它们看作相对的，只有在一定的条件下和一定的范围内才是正确的。"③ 最后，坚持一切都是发展的和变化的观点，即不认为哪种生产方式是永恒的，也不认为他的论点是应当一成不变的。"贯串于全书的历史的见解，使作者不把经济规律看做永恒的真

---

① 《马克思恩格斯全集》第13卷，第86—87页。
② 《马克思恩格斯全集》第46卷（上），第388—390页。
③ 《马克思恩格斯全集》第39卷，第80页。

理，而仅仅看做某种暂时的社会状态的存在条件的表述"。"不言而喻，在事物及其互相关系不是被看作固定的东西，而是被看作可变的东西的时候，它们在思想上的反映，概念，会同样发生变化和变形；我们不能把它们限定在僵硬的定义中，而是要在它们的历史的或逻辑的形成过程中来加以阐明。"① 我们在下面解读《资本论》的时候，将遵循马克思的方法，按照历史与逻辑相统一的原则，区分前提和经济时期，动态地，先一般，再特殊，逐步展开马克思的价值理论。

---

① 《马克思恩格斯全集》第16卷，第234页；第25卷，第17页。

第三章　价值一般

价值概念是理论经济学的基石。熊彼特说："在任何一种具有理性图式的纯理论中，价值作为主要的分析工具，必定总是居于关键性的地位。或多或少地，这是这个时期的所有经济学家都承认的，无论是马克思还是萨伊都同样承认这一点"。① 穆勒也说："价值问题是根本问题。……价值理论的极小谬误都会以相应的谬误传染给所有其他的结论，在概念中任何模糊的或蒙胧的事物，都会在一切其他的概念上引起混乱和暧昧。"② 对于马克思主义政治经济学同样如此。如果不首先把价值概念讲清楚，那么其他经济理论问题是不可能展开的。③ 因此，"要阐明资本的概念，必须从价值出发"。④

价值概念怎么才能讲清楚？当然，首先必须是把价值本身研究清楚。其次，叙述的方法也很有讲究。"在形式上，叙述方法必须与研究方法不同。研究必须充分地占有材料，分析它的各种发展形式，探寻这些形式的内在联系。只有这项工作完成以后，现实的运动才能适当地叙述出来。这点一旦做到，材料的生命一旦观念地反映出来，呈

---

① 熊彼特：《经济分析史》第2卷，商务印书馆1992年版，第324页。
② John StuartMill, *Principles of Political Economy with Some of Their Application to Social Philosophy*, London, 1923, p436.
③ 《马克思恩格斯全集》第26卷（Ⅲ），第118页。
④ 《马克思恩格斯全集》第46卷（上），第213页。

现在我们面前的就好像是一个先验的结构了。""政治经济学本质上是一门历史的科学。它所涉及的是历史性的即经常变化的材料；它首先研究生产和交换的每一个发展阶段的特殊规律，而且只有在完成这种研究以后，它才能确立为数不多的、适合于一切生产和交换的、最普遍的规律。"① 这种"最普遍的规律"是一种最稀薄、最简单、最明白的抽象。叙述就应当从这种抽象一般开始，然后再一步步上升到思维中的具体。换言之，应当先讲"适合于一切生产和交换的、最普遍的规律"，然后再讲适合于"每一个发展阶段的特殊规律"。

但是，马克思在叙述他的价值理论的时候却采用了两个不尽妥当的方法：

一是从一种价值的特殊形式开始，即从社会发展的一个特殊历史阶段——简单商品社会开始。正如恩格斯所说："马克思在第一卷的开头从他作为历史前提的简单商品生产出发"。② 马克思关于商品的共性是劳动的论述，关于价值按活劳动时间计量的论述，特别是关于"两个一切劳动"的论述，即"一切劳动，从一方面看，是人类劳动力在生理学意义上的耗费；作为相同的或抽象的人类劳动，它形成商品价值。一切劳动，从另一方面看，是人类劳动力在特殊的有一定目的的形式上的耗费；作为具体的有用劳动，它生产使用价值"，③ 都是针对简单商品生产而言的，即都"是以存在着对产品的需要为前提的"，④ 因而讲的都还只是一种价值特殊，而不是一种价值一般。

其实，价值并不是在商品社会才有的。经济学所知道的唯一的价值也并不就是商品的价值。马克思也承认，早在鲁滨逊的时代就存在价值，而且，即使到共产主义时代，价值也还将起作用。因此，价值

---

① 《马克思恩格斯全集》第23卷，第23—24页；第20卷，第160—161页。
② 《马克思恩格斯全集》第25卷，第17页。
③ 《马克思恩格斯全集》第23卷，第60页。
④ 《马克思恩格斯全集》第46卷（上），第390页。

概念并不"完全属于现代经济学"。它既属于前现代经济学,也属于后现代经济学。简言之,它属于一切时代的经济学。既然如此,价值的存在就并不仅仅是为了"泄露""资本的秘密"。

马克思以为,"人人都同样知道,要想得到和各种不同的需要量相适应的产品量,就要付出各种不同的和一定数量的社会总劳动量。这种按一定比例分配社会劳动的必要性,决不可能被社会生产的一定形式所取消,而可能改变的只是它的表现形式,这是不言而喻的。自然规律是根本不能取消的。在不同的历史条件下能够发生变化的,只是这些规律借以实现的形式。而在社会劳动的联系体现为个人劳动产品的私人交换的社会制度下,这种劳动按比例分配所借以实现的形式,正是这些产品的交换价值。科学的任务正是在于阐明价值规律是如何实现的",因而根本不需要对价值一般概念"加以证明",只要"对现实关系所作的分析……包含有对实在的价值关系的论证和说明"就可以了。① 于是,马克思修改了出发点。在《1857—1859年经济学手稿》完成后不久,他便将"价值"章改名为"商品"章。在与瓦格纳的论战中,他说:"我不是从'概念'出发,因而也不是从'价值概念'出发,……我的出发点是劳动产品在现代社会所表现的最简单的社会形式,这就是'商品'。"② 但是,一百多年来有关《资本论》的教科书和工具书的编纂情况,以及社会主义国家的实践表明,至少就教科书和工具书的主编们和社会主义国家的领导人而言,并不是"人人都同样知道"马克思"所谈的东西"和他的"科学方法",尽管列宁早就提醒:"从更全面和更深刻地弄懂马克思主义的观点来看,特别值得注意的是他在1868年7月11日写的一封信。马克思在这封信里通过反驳庸俗经济学家的方式,非常清晰地说明了自己对所谓'劳动'价值论的见解。……这里马克思指出了他怎样说明和应当

---

① 《马克思恩格斯全集》第32卷,第540—541页。
② 《马克思恩格斯全集》第19卷,第412页。

怎样说明价值规律。……我希望,凡是开始研究马克思和阅读《资本论》的人,在钻研《资本论》最难懂的头几章的时候,能把我们上面提到的那封信反复地读一读。"①

二是把不同时代的价值规律跳跃、交叉论述。如在关于"两个一切劳动"的论述之前和之后,分别插入了关于价值是社会必要劳动的论述。②"两个一切劳动"的论点和"社会必要劳动"的论点是各有其特定的时代前提的,因而它们并不是能够直接兼容的。但是,马克思事先并没有加以交代,而要到后面论述商品拜物教的时候才进行说明:在不同的经济时代,劳动的特殊性与劳动的社会性的关系不一样。——即在简单商品社会,劳动的特殊性与劳动的社会性在狭隘的范围内相等;在商品社会,劳动的特殊性与劳动的社会性不相等;在共产主义社会,劳动的特殊性与劳动的社会性在社会范围内相等。③会思考的读者这时才能回过头来领悟:前面马克思关于"两个一切劳动"的论点,只能适用于劳动的特殊性与劳动的社会性在狭隘的范围内相等的简单商品经济时代,它是一种活劳动价值论;而他的关于"社会必要劳动"的论点则适用于劳动的特殊性与劳动的社会性不相等的商品经济时代,它是一种社会必要劳动价值论。

再如,在论述相对剩余价值的时候,本来是讲在产品的个别价值等于社会价值的前提下,总价值(总售价)不变,其内部必要劳动和剩余劳动两个部分之间比例的变化,但是突然间又转到了产品的个别价值不等于社会价值的情况。④ 在三卷本的《资本论》中,像这样把

---

① 《列宁全集》,人民出版社 1995 年版(下同),第 14 卷,第 374 页。
② 《马克思恩格斯全集》第 23 卷,第 52、125—126 页。
③ 《马克思恩格斯全集》第 23 卷,第 93—98 页。
④ 《马克思恩格斯全集》第 23 卷,第 352—353 页。

不同时代的价值论交叉、跳跃论述的地方还很多。① 马克思承认："我的著作的各个部分是交替着写的。"② 而且，手稿常常"除去章以外，不分任何段落"。③ 这种交叉、跳跃的论述方式在正式出版的时候并没有从根本上加以改变。如果不对马克思的这种论述方式用马克思的经济分期方法加以破解，那么一般读者，甚至是"有学问的经济学家们"难免会像罗宾逊夫人那样认为，马克思的"有关价值理论的全部分析像一团乱麻一样"。④

其实，马克思本人对《资本论》第一卷的论述方式也始终不尽满意。⑤ 从1867年出版，直到生命最后一息，马克思一直都在"想把第一卷的原文大部分改写一下"。⑥ 特别是花了相当多的时间，来重新组织和修缮《资本论》第一卷第一部分的文本，"因为即使很有头脑的人对这个题目也了解得不完全正确。显然，最早的叙述，特别是关于商品的分析，是不够清楚的"。⑦ 虽然后来马克思在法文版第一卷中对德文原版作了大量修订，并且认为法文版第一卷有其"独立的

---

① "一方面，马克思与古典政治经济学相比，更强调货币的意义，通过对价值形式的分析阐述了'货币主义'的价值理论。这种理论完全不同于斯密和李嘉图的'前货币主义'观点，并且在考察简单流通的过程中坚持认为，物物交换和（货币中介）商品交换之间存在根本差别。但是另一方面，在很多地方，例如在叙述积累理论或价值向生产价格转换时，货币形式似乎不再起主要作用。在这些地方马克思甚至又重新回到一切以'实际的'量为中心的前货币主义价值理论。如果看到了这样的矛盾，就可以得出这样的结论：《资本论》无论从量的方面看，还是从质的方面看，都是一部未完成的著作，因为它不仅是缺少这一章或那一章，更重要的是，以价值形式的分析为开始的货币主义价值理论在所有叙述阶段都没有继续叙述。"〔德〕米夏埃尔·亨利希：《存在马克思的危机理论吗？——进一步理解马克思《政治经济学批判》手稿中的"危机"概念》，载《马克思主义与现实》2009年第4期。]
② 《马克思恩格斯全集》第34卷，第285页。
③ 阿·伊·马雷什：《马克思主义政治经济学的形成》，四川人民出版社1983年版，第266页。
④ 〔英〕琼·罗宾逊（Joan Robinson）：《马克思与凯恩斯》，意大利《经济评论》1948年11月号。
⑤ 《马克思恩格斯全集》第35卷，第238页。
⑥ 《马克思恩格斯全集》第23卷，第30页。
⑦ 《马克思恩格斯全集》第31卷，第536页。

科学价值",① 但是，实际上，马克思对法文版也不是很满意的。他在给丹尼尔逊的信里曾谈到他对法文版修订的看法，说"这种用打补丁的方式作的修改，总是使一部著作显得很糟"。②

尽管至今我们还没有看到马克思关于《资本论》第一卷的完整的修改方案，但是，在表述的方式上，从抽象上升到具体的方法却既是马克思本人，也是学界所始终认同的。马克思本来就认为："应当这样来分篇：（1）一般的抽象的规定，因此它们或多或少属于一切社会形式，……"③ 因此，本书在阐明马克思的价值理论的时候，就从价值一般开始。

本章从马克思（包括恩格斯）的价值理论中提炼出以下六个被教科书和工具书所长期忽视或曲解的，属于价值一般的基本观点：

一 价值既是交换的尺度，又是调节劳动的尺度

既然价值存在于社会发展的各个阶段，那么关于价值一般的第一个问题就是：价值如何产生，为何而存在？即它的功能究竟是什么？只有首先解答了价值的功能问题，才能进一步阐明价值的要素问题。要素是为功能服务的。如果在价值的功能问题上不能达成统一，那么在价值的要素问题上就更难达成统一。

交换和商品的交换价值是怎样产生的？马克思说："偶然用自己产品的剩余来交换外人产品的剩余，这种物物交换只是产品作为一般交换价值的最初表现，是由偶然的需要、欲望等等决定的。但是，如果这种物物交换继续下去，成为一种连续的行为，而在这种行为自身中包含着自己不断更新的手段，那么在这里就渐渐地，同样是外在地和偶然地出现由调节相互的生产来调节相互的交换的现象，而最终全

---

① 《马克思恩格斯全集》第 23 卷，第 29 页。
② 《马克思恩格斯全集》第 33 卷，第 561 页。
③ 《马克思恩格斯全集》第 12 卷，第 759 页。

部归结为劳动时间的那些生产费用,就会成为交换尺度。"① 由此可见,价值既是交换的尺度,又是调节劳动的尺度。马克思说:"全部生产由价值来进行调节。""按一定比例分配社会劳动的必要性,决不可能被社会生产的一定形式所取消,而可能改变的只是它的表现形式,这是不言而喻的。自然规律是根本不能取消的。在不同的历史条件下能够发生变化的,只是这些规律借以实现的形式。而在社会劳动的联系体现为个人劳动产品的私人交换的社会制度下,这种劳动按比例分配所借以实现的形式,正是这些产品的交换价值。""生产这些产品的社会必要劳动时间作为起调节作用的自然规律强制地为自己开辟道路,就像房屋倒在人的头上时重力定律强制地为自己开辟道路一样。"② 总之,"价值问题"就是"某物品是否应当生产的问题"。这是价值"真正的活动范围"。③

判断"某物品是否应当生产"主要看两点:一是看产品的社会需要;二是看生产的工艺水平。价值调节劳动,无非就是调节劳动与需求的关系,以及劳动本身效率的高低。"商品成为商品的那些存在条件或特殊情况"是:"商品必须对社会即对买者具有使用价值,就是说,它必须满足一定的现实的或想象的需要。这是单个商品生产者的基础,但是,他是满足现有的需要,或者用他生产的使用价值引起新的需要,或者还是由于失策而生产出某种无用的东西,这是他自己的事情。他的事情就是要找到一个买者,他的商品对这个买者来说具有使用价值。他必须实现的第二个条件是,在他的商品上耗费的劳动不应该多于生产这种商品所需的社会必要劳动时间,这一点表现为他生产他的商品所需的劳动时间不应超过生产同种商品的生产者平均所需的劳动时间。""说一个人在任何物品里所投入的……力量的多少,是

---

① 《马克思恩格斯全集》第 46 卷(上),第 154 页。
② 《马克思恩格斯全集》第 25 卷,第 995 页;第 32 卷,第 541 页;第 23 卷,第 92 页。
③ 《马克思恩格斯全集》第 2 卷,第 62 页;第 1 卷,第 605 页。

价值和价值量的直接的决定性原因,这完全是错误的。第一,问题在于把力量投入什么物品;第二,是怎样投入的。我们的某个人要是制造对于别人没有使用价值的物品,那末他的全部力量就不能造成丝毫价值;如果他坚持用手工的方法去制造一种物品,而机器生产这种物品却比他制造的便宜二十倍,那末他所投入的力量的二十分之十九既没有造成任何价值,也没有造成一种特殊的价值量。""只有供求的变动告诉生产者,某种商品应当生产多少才可以在交换中至少收回生产费用。"① 显而易见,价值的功能决定了价值必然要反映产品与社会需要量及其生产效率之间的关系。简言之,一个产品的价值与其社会需要量成正比,与其生产效率成反比。

在马克思那里,价值的计量单位首先是社会需要总量对货币总量的平均,因为"〔在资本流通的条件下〕……总消费表现为……作为交换价值的产品的尺度。……产品作为价值,它的尺度是流通中存在的物化劳动量"。② 在马克思亲自修订的法文版《资本论》第一卷中,马克思特地强调,各种劳动向简单劳动的转化,就是向货币的转化,就是向"普通劳动即生产金银的劳动"的转化。③ 它意味着全社会统一用"流通中存在的物化劳动量"即生产金银的简单劳动作计量单位。——假如当时社会所通行的货币是贝壳,那么就向捡拾贝壳的劳动转化。这种捡拾贝壳的劳动所起的作用与贝壳本身是一样的,即只是一种尺度,而且是一种"外在的尺度",一种表现和计量价值的工具。它与实耗劳动本身并没有必然的联系。——在《资本论》第一卷中,马克思为了省去"简化的麻烦","把各种劳动力直接当作简单劳动力"。④ 而所谓的"简单劳动力",就是"普通劳动力";所谓的

---

① 《马克思恩格斯全集》第47卷,第355—356页;第20卷,第204—205页;第4卷,第105—106页。
② 《马克思恩格斯全集》第46卷(上),第389页。
③ 《资本论》第1卷,法文版中译本,中国社会科学出版社1983年版,第187页。
④ 《马克思恩格斯全集》第23卷,第58页。

"简单劳动",就是"社会平均劳动"。① "普通的平均劳动,是具有构成交换价值实体的那种质(或者不如说不具有一定质)的劳动",它"同生产贵金属的劳动完全一样"。② 其次是社会需要的比例量对产品量的平均,因为"总产品的价值……不等于它本身所包含的劳动时间,而等于这个领域的总产品同其他领域的产品保持应有的比例时按比例应当花费的劳动时间","单位商品的价值(价格)等于产品的总价值除以产品总量"。③ 这样得出的社会必要劳动量才是"不论从个别产品对同类其他产品的关系上来说,还是从它对社会总的需求方面来说都是必要的劳动"。④

传统观念认为,社会需要量对社会必要劳动的决定作用是马克思在《资本论》第三卷中作为"另一种意义"的必要劳动时间提出来的,因为马克思在那里说:社会必要的劳动时间"由当时社会平均生产条件下生产市场上这种商品的社会必需总量所必要的劳动时间决定"。⑤ 其实,正如马克思所说:社会需要的"决定意义",只"不过是已经在单个商品上表现出来的同一规律,也就是:商品的使用价值,是它的交换价值的前提,从而也是它的价值的前提"。⑥ 这个"已经在单个商品上表现出来的同一规律"马克思在《资本论》第一卷中难道没有阐明?马克思不是早已经明确地说:"没有一个物可以是价值而不是使用物品。如果物没有用,那末其中包含的劳动也就没有用,不能算作劳动,因此不形成价值。"⑦ 而且,就在第一卷的关于社会必要劳动的定义中,马克思不是已经点明,社会必要劳动必须是"制造某种使用价值所需要的劳动时间",而"单个商品是当作该

---

① 《马克思恩格斯全集》第 23 卷,第 223、214 页。
② 《马克思恩格斯全集》第 47 卷,第 86、87 页。
③ 《马克思恩格斯全集》第 26 卷(Ⅰ),第 235 页;第 26 卷(Ⅱ),第 294 页。
④ 《马克思恩格斯全集》第 21 卷,第 216 页。
⑤ 《马克思恩格斯全集》第 25 卷,第 722 页。
⑥ 《马克思恩格斯全集》第 25 卷,第 716 页。
⑦ 《马克思恩格斯全集》第 23 卷,第 54 页。

种商品的平均样品"。① 这里的"制造某种使用价值"当然是指"生产社会的使用价值",② 而不是指生产物质性的使用价值。"社会的使用价值"是一种社会历史形式。马克思说:"如果说商品的'价值'只是一切社会形式内都存在的东西的一定的历史形式,那末,以商品的'使用价值'为特征的'社会使用价值'也是这样。"③ 这种社会使用价值受社会需要比例量的制约。假如物质的使用价值生产得过多,那么,"单位商品虽然具有使用价值,这些单位商品的总量在既定前提下却会丧失它的一部分使用价值",④ 即部分商品将只有"自然效用",没有"社会效用"。因此,在第一卷的关于社会必要劳动的定义中,不仅社会必要劳动时间的"界限"已经"通过使用价值表现出来"了,而且,单个商品的价值是该种商品价值的平均即边际的思想也已经表达出来了。正因为这样,所以,"如果市场的胃口不能以每码2先令的正常价格吞下麻布的总量,这就证明,在全部社会劳动时间中,以织麻布的形式耗费的时间太多了。其结果就像每一个织布者花在他个人的产品上的时间都超过了社会必要劳动时间一样"。⑤ 马克思把超过社会需要的比例量看作同"超过了社会必要劳动时间一样",这就充分说明,社会必要劳动时间是包含有社会需要比例量的。马克思在阐述价值概念的时候层层递进,逐步展开。先讲价值是一种抽象劳动,再讲价值是一种平均劳动,最后讲价值是一种受社会需求比例量制约的"社会必要劳动",即它是一种比例量的平均。至此,一个完整意义上的价值概念就完全表达出来了。如果说"政治经济学原理"的"精髓"在《资本论》的第一卷,那么,第一卷的"精髓"就是在这里。马克思在《资本论》第三卷中只是再次重

---

① 《马克思恩格斯全集》第23卷,第52页。
② 《马克思恩格斯全集》第23卷,第54页。
③ 《马克思恩格斯全集》第19卷,第421页。
④ 《马克思恩格斯全集》第26卷(Ⅱ),第595页。
⑤ 《马克思恩格斯全集》第23卷,第126页。

申了这个原理而已。

需要注意的是，作为价值计量单位的平均劳动实际上既与构成价值统一体的劳动不是一回事（虽然可以像马克思那样"假定"它们是一回事，① 但是，在实际生活中却难以验证。况且，马克思认为，"相反的假定也不会对问题有丝毫影响"。② 甚至，马克思认为，"构成交换价值实体的"是"不具有一定质的劳动"，③ 即"是不可捉摸的""观念上的"劳动④），也与生产商品所实际耗费的劳动的平均不是一回事。用马克思的话来说，"构成价值统一体的劳动不只是相同的简单的平均劳动"。⑤ 而且，马克思在第一卷中就明确地指出，不受社会需求比例约束的，单纯平均实耗劳动即只平均"生产条件"、"劳动熟练程度和劳动强度"的，因而是不完整意义上的"社会必要劳动时间"不能作为最后的基准。他说："假定市场上的每一块麻布都只包含社会必要劳动时间。即使这样，这些麻布的总数仍然可能包含耗费过多的劳动时间。"⑥ 很显然，第三卷中所谓社会必要劳动时间的"另一种意义"，只能是针对这种单纯作为实耗劳动平均的，不完整意义上的"社会必要劳动时间"而言的。这从《1861—1863年经济学手稿》中能够看得更清楚："虽然产品每一部分包含的只是生产这一部分所必要的劳动时间，或者说，虽然所花费的劳动时间的每一部分都是创造总产品的相应部分所必要的，但是，一定生产部门所花费的劳动时间总量对社会所拥有的全部劳动时间的百分比，仍然可能低于或高于应有的比例。从这个观点来看，必要劳动时间就有了另外的意义。现在要问：必要劳动时间究竟按怎样的量在不同的生产领域中分配？竞争不断地调节这种分配，正像它不断地打乱这种分配——

---

① 《马克思恩格斯全集》第47卷，第87页。
② 《马克思恩格斯全集》第23卷，第214页。
③ 《马克思恩格斯全集》第47卷，第86页。
④ 《马克思恩格斯全集》第23卷，第61页；第49卷，第10页。
⑤ 《马克思恩格斯全集》第26卷（Ⅲ），第145页。
⑥ 《马克思恩格斯全集》第23卷，第126页。

样。如果某个部门花费的社会劳动时间量过大，那末，就只能按照应该花费的社会劳动时间量来支付等价。因此，在这种情况下，总产品——即总产品的价值——就不等于它本身所包含的劳动时间，而等于这个领域的总产品同其他领域的产品保持应有的比例时按比例应当花费的劳动时间。"① 马克思的价值论本来就既不是一种主张单个个人越懒越好的理论，也不是一种主张整个人类越懒越好的理论，而是一种主张按社会需要的比例和效率调节劳动，从而节约劳动的理论。

诚然，在《资本论》三卷本和手稿中，关于这种不能作为最后基准的平均劳动的论述占了相当的篇幅。如第一卷中关于"比较复杂的劳动只是自乘的或不如说多倍的简单劳动"的论述，关于"同时使用许多工人，从而一开始就推动社会平均劳动的时候，价值增殖规律才会完全实现"的论述，关于"一个具有平均劳动强度和技能，因而在生产一种物品时实际上只耗费社会必要劳动时间的工人"的论述，关于"在以各个国家作为组成部分的世界市场上"，价值的"计量单位是世界劳动的平均单位"的论述；② 第三卷中关于"市场价值，一方面，应看作是一个部门所生产的商品的平均价值，另一方面，又应看作是在这个部门的平均条件下生产的、构成该部门的产品很大数量的那种商品的个别价值"的论述，③ 关于转型论的论述，等等。尽管马克思最后都把它们排除在了他的价值理论之外，④ 但是确实给读者正确理解马克思的价值理论带来不少的迷雾。其实，马克思早就明确指出，作为实耗劳动的平均劳动是算不出来的。马克思说："花费在单个商品上的劳动，——由于要对单纯作为损耗而进入总产品价值中的不变资本部分进行平均计算，即观念上的估价，由于要对共同消费的

---

① 《马克思恩格斯全集》第 26 卷（Ⅰ），第 234—235 页。
② 《马克思恩格斯全集》第 23 卷，第 58、360、604、614 页。在《资本论》第一卷中，与"平均劳动"相关的论述有 160 多处。
③ 《马克思恩格斯全集》第 25 卷，第 199 页。
④ 参见本书第六章第五节"关于转型论"。

生产条件一般地进行平均计算,即观念上的估价,最后,由于直接社会的、平均化为并估价为许多合作的个人的平均劳动的劳动,——已经完全不能再计算出来。花费在单个商品上的劳动,只能作为属于它的和在观念上进行估价的总劳动的可除部分,才有意义。"① 这个"在观念上进行估价的总劳动"就是以生产黄金的简单劳动量统一计量的社会必要总劳动。它紧紧地受社会需要总量及其比例的制约,因为任何超过社会需要总量及其比例的劳动,不管它是不是平均脑体耗费,都"不能算作劳动"。② 换言之,假如社会需要量不确定,劳动量也就不能确定。而且,即使社会需要量确定了,"花费在单个商品上的劳动"也还是无法确定。由此可见,所谓的社会必要劳动量或应耗劳动量,只是一种"观念上"的劳动量,即一种已经不再或无法以实耗劳动量为基准的"虚拟的"劳动量。马克思在法文版的《资本论》中说得更明白无误:"一吨铁所包含的价值,即人类劳动量,是在想象中由耗费等量劳动的货币商品量表现出来的。"③ 这个"想象中"的"人类劳动量"即"价值",在本质上是一个社会需要量。而单个商品的社会必要劳动量就是社会需要比例量或应耗比例劳动量对产品量的平均,④ 从而表现为一种所谓的供求关系。

  用这种唯一的,本来意义上的,具有调节功能的"社会必要劳动时间"确定价值的观点,是马克思的一以贯之的观点。这从马克思1868年与巴师夏一伙的论战中可以明确地看到。马克思说:"巴师夏的一位信徒有一个发现,说什么我用生产商品所需要的'社会必要劳动时间'来确定商品的价值量,这是从弗·巴师夏那儿偷来的,而且我还作了歪曲。……在我的著作'资本论'(1867年版)中关于价值的定义,早在二十年前我写的反对蒲鲁东的著作'哲学的贫困'

---

① 《马克思恩格斯全集》第49卷,第10页。
② 《马克思恩格斯全集》第23卷,第54页。
③ 《资本论》第1卷,法文版中译本,中国社会科学出版社1983年版,第76页。
④ 《马克思恩格斯全集》第26卷(Ⅰ),第235页;第26卷(Ⅱ),第294页。

（1847年巴黎版）中就已经有了。而巴师夏的关于价值的宏论，是在几年之后才出世的。因此，我不可能抄袭巴师夏，而巴师夏看来倒是可能抄袭我的。"① 而且，正是在《哲学的贫困》中，马克思指出："生产物品所必要的劳动时间既不表现它的效用程度，那末早就由包含在物品中的劳动时间所确定的这种物品的交换价值就决不能调节供求的正确关系，即蒲鲁东先生现在所说的比例性关系。"事实上，只是在阶级社会中，"用途大小"才由社会必要劳动时间"来确定"，而"在没有阶级对抗和没有阶级的未来社会中，……相反地，花费在某种物品生产上的时间将由这种物品的社会效用大小来确定"，② 即社会效用将直接决定具体劳动时间。马克思在1859年重申："我们见解中有决定意义的论点，在我的1847年出版的为反对蒲鲁东而写的著作'哲学的贫困'中第一次作了科学的、虽然只是论战性的表述。"③

同样是在1868年，马克思在对杜林的评论中说道："他在第二卷④中将会惊奇地看到：'直接的'价值规定在资产阶级社会中的作用是多么小。实际上，没有一种社会形态能够阻止社会所支配的劳动时间以这种或那种方式调整生产。但是，只要这种调整不是通过社会对自己的劳动时间所进行的直接的自觉的控制——这只有在公有制之下才有可能——来实现，而是通过商品价格的变动来实现，那末事情就始终像你在《德法年鉴》中已经十分正确地说过的那样。"⑤ 即马克思充分肯定了恩格斯在《政治经济学批判大纲》中所阐述的价值理论。

"价值"公认的最一般的涵义是：关于"好坏"、"意义"的评价。因此，在本质上价值论属于规范论的体系。经济学上的价值所要规范

---

① 《马克思恩格斯全集》第16卷，第353—354页。
② 《马克思恩格斯全集》第4卷，第105页。
③ 《马克思恩格斯全集》第13卷，第10页。
④ 这里所讲的"第二卷"是指后来出版的《资本论》第二、三卷。
⑤ 《马克思恩格斯全集》第32卷，第12页。

或调节的是劳动，因此它所关心是劳动的好坏，即劳动是否节约，而不是劳动与否。由于劳动的调节在任何社会都需要，因此经济学上的价值在任何社会都存在。马克思说：价值"只是一切社会形式内都存在的东西的一定的历史形式。""自然规律是根本不能取消的。在不同的历史条件下能够发生变化的，只是这些规律借以实现的形式。"经济学原本就是"节约"学。经济"科学的任务正是在于阐明价值规律是如何实现的"，① 这是经济科学的基本任务，而说明资本如何剥削劳动只能是它的副产品。

价值与劳动的基本关系是调节与被调节的关系，而不是创造与被创造的关系。理由如下：

（1）假如劳动能够创造价值，那么价值就必然不再能够调节劳动。马克思指出："一种产品在生产总和中所占的比例，根本不决定于这种产品按照相等于生产费用的价格的出售。""蒲鲁东先生把实际情况弄颠倒了。他说：只要先开始用产品中所包含的劳动量来衡量产品的相对价值，那末供求就必然会达到平衡。生产就会和消费相适应，产品就可以永远顺利地进行交换，而产品的市场价格也就会恰好表现产品的真正价值。一般人都这样说：天气好的时候，可以碰到许多散步的人；可是蒲鲁东先生却为了保证大家有好天气，要大家出去散步。"②

（2）价值规律是社会自然规律。如果单个劳动力仅仅凭自己多付出脑体耗费就能够创造价值，那么价值规律也就不成其为自然规律。

（3）德文中的"创造"[schaffen 和它的变形 schafft]一词，就词义本身而言，既有绝对的从整个社会来说的从无到有的"首创"的意思，又有相对的从单个个体来说的从无到有的"取得"、"得到"、"获得"的意思。而且，就文意而言，《资本论》中"一切"有关价值

---

① 《马克思恩格斯全集》第19卷，第420—421页；第46卷（下），第533页；第32卷，第541页。

② 《马克思恩格斯全集》第4卷，105、102—103页。

的"创造"一词都有其特定的含义，因为马克思说，"物化工作日支配更多的活工作日，这是一切价值创造和资本创造的精髓。""［剩余价值的］这种创造同不经交换而占有他人劳动是一回事"。资本"这种价值增殖归结为一定量物化劳动同较大量活劳动的交换"。① 由此可见，原著文本中的"一切价值创造"都只是指一种价值相对占有量的变化。马克思本人还曾在多处直接表明，那里他的"创造"＝"取得"、"得到"、"获得"。如马克思说："资本没有付出任何等价物就得到一个价值。因此，价值所以能够增加，只是由于获得了也就是创造了一个超过等价物的价值。"②

（4）马克思认为，"'价值'不是绝对的东西，不能把它看成某种独立存在的东西"。③ 价值从来是相对的。价值是一种商品交换其他商品的比例的"指数"。谈论"绝对价值是胡扯"，④ 所以，谈论绝对意义上的价值创造同样也是胡扯。

（5）无论是重农学派的"经济表"，还是马克思的简单再生产公式，都包含有所谓的"纯产品"或"剩余价值"。所谓简单再生产，就是原有规模的再生产。因此这里的"纯产品"或"剩余价值"都不涉及价值的绝对增量问题。

（6）马克思认为，资本家的生活资料的价值是一种既有的"等价物"，它在工人的劳动开始之前就已经存在于流通之中，⑤ 因此，它并不为工人所创造。

（7）马克思认为，对于资本家生活资料价值外的新价值，"没有现成的等价物"。它的存在只是一种"可能性"。这种可能性存在于"新的劳动中"。⑥

---

① 《马克思恩格斯全集》第46卷（下），第99、49页；第48卷，第39页。
② 《马克思恩格斯全集》第46卷（上），第286页。
③ 《马克思恩格斯全集》第26卷（Ⅲ），第140页。
④ 《马克思恩格斯全集》第46卷（上），第84页；第46卷（下），第53页。
⑤ 《马克思恩格斯全集》第46卷（上），第338页。
⑥ 《马克思恩格斯全集》第46卷（上），第338—339页。

（8）马克思指出，一切所谓新价值的创造都要以需要的扩展为前提。由于《资本论》假定流通是不变的，① 而且，事实上，一定时期的社会需求也是一定的，因此不能存在绝对意义上的价值创造。

（9）正是马克思发现，"并非任何仿佛是或者甚至真正是生产某一商品所必需的劳动，都会在任何条件下使该商品具有与所消耗的劳动量相当的数量的价值"。②

（10）如果说可创造的只能是个别价值（成本），那么只有可实现的才是社会价值，即"商品的现实价值不是它的个别价值，而是它的社会价值"。③ 马克思认为，社会价值的实现取决于产品的"使用价值"。④ "[在资本流通的条件下]"，是"总消费……表现为作为交换价值的产品的尺度"。⑤ "需求的产生，也像它们的满足一样，本身是一个历史过程"。⑥ 它与单个劳动者所投入的活劳动量并没有直接的联系。

（11）马克思明确指出，"资本通过价值增殖过程（1）通过交换本身（即同活劳动交换）而保存了自己的价值；（2）增加了价值，创造了剩余价值。……这个价值作为价值是货币。但是它仅仅自在地是货币，它还没有表现为货币；首先表现出来的、现有的东西，是具有一定的（观念上的）价格的商品，也就是说，这个商品只是在观念上作为一定的货币额而存在，它要在交换中才能实现为一定的货币额"，"观念地转化为货币和实在地转化为货币决不是由同一些规律决定的"。⑦

（12）马克思批判了李嘉图、麦克库洛赫、格雷、欧文等人把生

---

① 《马克思恩格斯全集》第46卷（上），第390—393、338页。
② 《马克思恩格斯全集》第22卷，第236页。
③ 《马克思恩格斯全集》第23卷，第353页。
④ 《马克思恩格斯全集》第46卷（下），第26页。
⑤ 《马克思恩格斯全集》第46卷（上），第389页。
⑥ 《马克思恩格斯全集》第3卷，第80页。
⑦ 《马克思恩格斯全集》第46卷（上），第383—384、135页。

产和资本的增殖直接等同的错误思想,他认为:"资本并不直接是生产和价值增殖的统一,而只是和各种条件联结在一起的过程,而且……是和外部条件联结在一起的过程。"①

(13) 社会总劳动、社会总价值、社会总需求三者本身在总量上是同一的,并且,都受社会总需求的制约。因此,更多劳动创造更多价值的命题不能成立。

(14) 在劳动价值论的创始者配第、斯密和李嘉图那里,劳动本来就只是价值的尺度,而不是价值的源泉。马克思以为斯密有"劳动是唯一的价值源泉"的思想。② 其实,斯密的原文是:"有一些人,为了从劳动生产物的售卖或劳动对原材料增加的价值上得到一种利润,……"两个分句是用"或"字相连的,因此这里的"价值"应当是指"售卖"后"得到"的"购得劳动"即社会劳动,而不是指工人的"耗费劳动"即个别劳动。劳动加到材料上形成产品以后,从市场上既可能得到正价值,也可能得到负价值,甚至使原有价值丧失殆尽。斯密在同一段中明确讲到:"假若劳动生产物的售卖所得,不能多于他所垫付的资本,他便不会有雇佣工人的兴趣"。这就表明了,并不是只要工人耗费了劳动就必然能够"增加"他原来的价值。③ 斯密和马克思一样,已经认识到了在商品社会,价值是由社会劳动决定的,而不是由个别劳动决定的。斯密不如马克思的地方只是在于,他没有像马克思那样更进一步认识到这个价值实质上就是由"总消费"来决定的,④ 反而在回答"它们所支配的劳动量又由什么决定呢?"这一问题时说:"由这一劳动所支配的谷物量决定。这里,斯密必然陷入循环论证。"⑤ 对于李嘉图,马克思则早有评论:"李嘉图实际上

---

① 《马克思恩格斯全集》第 46 卷(上),第 390 页。
② 《马克思恩格斯全集》第 26 卷(Ⅰ),第 75 页。
③ 斯密:《国民财富的性质和原因的研究》(上),商务印书馆 1972 年版,第 42、43 页。
④ 《马克思恩格斯全集》第 46 卷(上),第 389 页。
⑤ 《马克思恩格斯全集》第 26 卷(Ⅱ),第 458 页。

把劳动只是当做价值量的尺度来考察"。①

因此，劳动与价值的主从关系是：劳动表现价值，而不是价值表现劳动。而且，这种表现价值的劳动是"流通中存在的物化劳动量"即货币。② 只是在劳动的特殊性等于劳动的社会性的特定前提下，人们才可以用活劳动量来表现价值。

在把"创造"确切地表述为"得到"以后，劳动价值论就可以普遍性地适用于各种情况，而不再是仅仅适用于某种特定的情况。"得到"意味着劳动是个体所占有的价值增殖的因素之一，但不是唯一的因素。"得到"还表明，这种价值是一种社会价值，因而它的量是由社会所决定的。

二　价值的要素是需求和满足这种需求的难度

马克思说："既然政治经济学喜欢鲁滨逊的故事，那末就先来看看孤岛上的鲁滨逊吧。不管他生来怎样简朴，他终究要满足各种需要，因而要从事各种有用劳动，……需要本身迫使他精确地分配自己执行各种职能的时间。在他的全部活动中，这种或那种职能所占比重的大小，取决于他为取得预期效果所要克服的困难的大小。……鲁滨逊和构成他自己创造的财富的物之间的全部关系在这里是如此简单明了，……价值的一切本质上的规定都包含在这里了。"③ 因此很清楚，价值的要素是需求和满足这种需求的难度。

如果说把价值归结为劳动，是"古典政治经济学的伟大功绩"，④那么，马克思则进一步揭示："劳动尺度本身……是由必须达到的目

---

① 《马克思恩格斯全集》第19卷，第400页。
② 《马克思恩格斯全集》第46卷（上），第389页。
③ 《马克思恩格斯全集》第23卷，第93—94页。
④ 《马克思恩格斯全集》第25卷，第938—939页。

的和为达到这个目的而必须由劳动来克服的那些障碍所提供的。"①这样，马克思就解决了价值的最终要素问题，同时也显示了劳动价值论与供求价值论的非矛盾性。如果说，"劳动产品作为价值，只是生产它们时所耗费的人类劳动的物的表现，这一发现在人类发展史上划了一个时代"，②那么，发现"劳动尺度本身"是由什么因素决定的，更是在人类发展史上划了一个时代。但是，这一点在过去却并没有被人们所认识。直到今天它才逐渐显示出了深远的历史意义和现实意义。

既然价值的要素有两个，那么价值的实体当然就应当是二者的关系，简言之就是"生产费用对效用的关系"。③ 价值的计量是社会需要的比例量除以产品量，④ 因此，价值本质上是一个效率系数。这样的计量也表明，价值"是由需求和供给决定的"。⑤ 如果说，个别价值是从个人的角度考察需求和满足这种需求的难度这两个因素，那么，社会价值就要从社会的角度考察这两个因素，因而生产循环和流通循环"二者都包括在价值规定本身之中"，并且，"交换是价值规定的一个本质的条件"。⑥ 毫无疑问，在流通中就有社会需要即社会效用因素的介入。事实上，价值如果不含有效用，那么它也就不可能调节劳动。⑦ 因此，价值并不是单纯的物理性或生理性的"力"或"能"的凝结，而是"某种纯粹社会的东西"，"是量上一定的可交换性"，"是商品的社会关系"，是"劳动的社会性"。⑧

如果说，"供求原理"是政治经济学中"首要的，最伟大的和最

---

① 《马克思恩格斯全集》第46卷（下），第112页。
② 《马克思恩格斯全集》第23卷，第91页。
③ 《马克思恩格斯全集》第1卷，第605页。
④ 《马克思恩格斯全集》第26卷（Ⅰ），第235页；第26卷（Ⅱ），第294页。
⑤ 《马克思恩格斯全集》第46卷（上），第266页。
⑥ 《马克思恩格斯全集》第46卷（下），第260页；第44卷，第143页。
⑦ 《马克思恩格斯全集》第4卷，第105页。
⑧ 《马克思恩格斯全集》第23卷，第72页；第46卷（上），第84页；第19卷，第420页。

普遍的原理",① 它是人类知识中一条源远流长的长河,那么,显而易见,马克思对价值关系的理解并没有脱离这条人类知识的长河。正如马克思自己所说:"理论的历史确实证明,对价值关系的理解始终是一样的,……思维过程本身是在一定的条件中生长起来的,它本身是一个自然过程,所以真正能理解的思维只能是一样的"。②

关于价值的要素问题人们进行了跨世纪的争论。一派认为,在马克思的价值概念中是不含使用价值的。另一派则认为,马克思在价值分析中抽去使用价值是错误的,并且以为他们反对抽去使用价值就是在反对或发展马克思主义。其实,这两派都没有认真研究马克思的文本,因而都错误地解读了马克思。因为马克思关于抽去使用价值的论述是在始终"存在着对产品的需要"的前提下讲的。③ 而对于一般的情况,马克思的观点是:只"扬弃"使用价值的特殊性,即"直接为一定的个人而存在的有用性","但不是扬弃这种使用价值本身",即不是扬弃使用价值一般性或"社会使用价值"。而且,"使用价值作为一般的使用价值,只是观念的使用价值"。④ "[在资本流通的条件下]",正是"总消费表现为……作为交换价值的产品的尺度"。⑤ 但是,迄今为止,国内的马克思主义政治经济学教科书和工具书都停留在前一种解读上。价值概念"差之毫厘",结论当然就会"谬以千里"。

三 价值规律是社会自然规律

价值规律是一种社会自然规律,即是一种关于人的社会行为的规

---

① 马尔萨斯:《政治经济学原理》第1版,转自熊彼特:《经济分析史》第2卷,商务印书馆1992年版,第344页。
② 《马克思恩格斯全集》第32卷,第541页。
③ 《马克思恩格斯全集》第46卷(上),第390页。
④ 《马克思恩格斯全集》第46卷(上),第224页;第19卷,第420—421页;第46卷(下),第481页。
⑤ 《马克思恩格斯全集》第46卷(上),第389页。

律。它起着一种斯密所谓"看不见的手",马克思所谓"房屋倒在人的头上时重力定律"那样的作用。① 正是"价值规律……作为内在规律,……维持着生产的社会平衡"。② 它既是主观的,又是客观的。说它主观,是因为它的存在方式是观念的和社会的;说它客观,是因为它不以某个人或集团的意志或行为为转移。

根据历史唯物主义的基本原理,社会规律是由每一个人意志参与下的合力所形成。"历史是这样创造的:最终的结果总是从许多单个的意志的相互冲突中产生出来的,而其中每一个意志,又是由于许多特殊的生活条件,才成为它所成为的那样。这样就有无数互相交错的力量,有无数个力的平行四边形,而由此就产生出一个总的结果,即历史事变,这个结果又可以看作一个作为整体的、不自觉地和不自主地起着作用的力量的产物。因为任何一个人的愿望都会受到任何另一个人的妨碍,而最后出现的结果就是谁都没有希望过的事物。所以以往的历史总是像一种自然过程一样地进行,而且实质上也是服从于同一运动规律的。但是,各个人的意志——其中的每一个都希望得到他的体质和外部的、终归是经济的情况(或是他个人的,或是一般社会性的)使他向往的东西——虽然都达不到自己的愿望,而是融合为一个总的平均数,一个总的合力,然而从这一事实中决不应作出结论说,这些意志等于零。相反地,每个意志都对合力有所贡献,因而是包括在这个合力里面的。"③ 因此,价值规律作为社会自然规律是由全社会所创造的。价值量不是由生产者决定,而"是在生产者背后由社会过程决定的"。④ 价值量是在不断的交换和再生产过程中经过无数人头脑的估量而逐渐稳定下来的"社会的"和"观念"的量。⑤ 它

---

① 《马克思恩格斯全集》第23卷,第92页。
② 《马克思恩格斯全集》第25卷,第995页。
③ 《马克思恩格斯全集》第37卷,第461—462页。
④ 《马克思恩格斯全集》第23卷,第58页。
⑤ 《马克思恩格斯全集》第48卷,第360页;第26卷(Ⅲ),第139页;第49卷,第10页。

不像物理学那样可以精确到毫厘。对价值量,"像一切经济规律一样,要当作一种趋势来看"。①

四 人的全面发展是价值规律的目的

社会规律与自然规律不同,它是被注入了人的目的性的。"在社会历史领域内进行活动的,全是具有意识的、经过思虑或凭激情行动的、追求某种目的的人;任何事情的发生都不是没有自觉的意图,没有预期的目的的。"② 作为社会规律的目的是历史自然形成的,而不是哪个人或哪个阶级提出来的。"先前的历史发展使……人类全部力量的全面发展成为目的本身。"③ 这种目的性分自发阶段与自觉阶段。在自发阶段即资本主义社会,它表现为社会的一种"本能",同时它也是每一个人的本能,即为了"实现真正人类的发展"而按比例分配劳动和节约资源。④ 而所谓的共产主义阶段,就是"一切自发性的消除"。⑤ 杜威认为:"政府、实业、艺术、宗教和一切社会制度都有一个意义,一个目的。那个目的就是解放和发展个人的能力(不问其种族、性别、阶级或经济状况如何)。"⑥ 共产党人或者说社会主义者的目标也无非是"每个人的全面而自由的发展"。⑦ 因而他们的目标与全人类的目标在根本上是一致的。他们的全部特点只是在于把全人类自发的目的变为自觉的目的。马克思说:"时间是人类发展的空间。""时间的节约,以及劳动时间在不同的生产部门之间有计划的分配,在共同生产的基础上仍然是首要的经济规律。这甚至在更加高得多的

---

① 《马克思恩格斯全集》第 25 卷,第 195 页。
② 《马克思恩格斯全集》第 21 卷,第 341 页。
③ 《马克思恩格斯全集》第 46 卷(上),第 486 页。
④ 《马克思恩格斯全集》第 46 卷(下),第 20 页;第 2 卷,第 62 页。
⑤ 《马克思恩格斯全集》第 3 卷,第 77 页。
⑥ 杜威:《哲学的改造》,商务印书馆 1989 年版,第 100 页。
⑦ 《马克思恩格斯全集》第 23 卷,第 649 页。

程度上成为规律。"① 节约劳动时间的规律实际上也就是具有历史必然性的发展生产力的规律。"生产力的最高发展",其结果就是"个人的最丰富的发展"。②

五 价值要靠第三物来表征和计量

价值的实质是需要和障碍之间的关系。关系是一种抽象的和观念的东西,为了便于调节劳动,需要公认的第三物来表征和计量。历史上,贝壳、牲畜、兽皮、盐和铁等等都曾经充当过这种第三物,最后,由于均质性、高比重、耐储藏、可分割和总量的有限性而选中了黄金。这种第三物是广义上的货币。货币本身只是一种公认的标识和凭证。它在商品社会之前和之后都存在。像鲁滨逊的"账本"和共产主义时代的"簿记",都属于这种广义上的货币。在劳动的特殊性与劳动的社会性相等的时代,活劳动量也可以充当这种第三物。它用具体劳动的自然时间计量。传统观念认为,价值是用来表现活劳动的。其实恰恰相反,是活劳动被用来表现价值。但是,在劳动的特殊性与劳动的社会性不相等的时代,价值却只能用黄金来表征和计量。它是一种狭义的,商品社会所特有的货币。"在商品世界面前,价值只是以它的最适当的唯一的形式即作为货币而存在。"当然,也可以把它理解为是用生产黄金的简单劳动时间来表现价值。③ 但是它已经不是一种活劳动,而是一种特定的"死劳动"。用马克思的话来说是"流通中存在的物化劳动量"。它是一般社会劳动的化身。④ 用货币计量价值,既实现了活劳动向社会必要劳动的转化,又实现了所谓复杂劳动向简单劳动的转化。马克思说:"极其不同的商品价值到处都无差

---

① 《马克思恩格斯全集》第16卷,第161页;第46卷(上),第120页。
② 《马克思恩格斯全集》第46卷(下),第35页。
③ 《马克思恩格斯全集》第46卷(下),第432、376页。
④ 《马克思恩格斯全集》第46卷(上),第389页;第26卷(Ⅲ),第140页。

别地表现为货币,即表现为一定量的金或银。因此,这些价值所代表的不同种的劳动,已经按不同的比例化为唯一的、同种的普通劳动即生产金银的劳动的一定量。""一吨铁所包含的价值,即人类劳动量,是在想象中由耗费等量劳动的货币商品量表现出来的。"① 由此可见,只有价格才代表无差别的社会劳动和社会价值,而"极其不同的商品价值"只是指"极其不同的"个别劳动和个别价值。而且,复杂劳动未必一定就是"多倍的"生产金银的简单劳动,因为复杂劳动向货币的转化,有市场供求因素的参与,正如马克思所说:"构成价值统一体的劳动不只是相同的简单的平均劳动。"②

货币具有双重的尺度性。一方面,货币总量与作为代价的社会劳动总量相对应。一份货币就代表一份平均社会劳动量,虽然这份社会劳动量究竟等于多少"工作小时"是"始终不知道"的。③ 另一方面,货币总量又与社会需求总量相对应。④ "货币按其概念来说,是全部使用价值的总汇"。⑤ 一份货币就代表一份平均社会需求量,至于这份社会需求量究竟等于多少物质品也是始终不知道的。这样,同一份货币就既是"一般劳动时间的化身",又是"一般使用价值"的化身。⑥ 于是,需求者拿它代表需求量,成为买方价格;供给者拿它代表劳动量,成为卖方价格。每一笔成交价就是这两个量的平衡和一致。经过无数次的交换和平衡,最后形成的价格就是该商品的社会价值的货币表现,即该商品的"生产费用对效用的关系"的表征。正因为货币具有双重的尺度性,所以人们关于"效用是否能抵偿生产费用"的计算能够用它来进行。

---

① 《资本论》第1卷,法文版中译本,中国社会科学出版社1983年版,第187、76页。
② 《马克思恩格斯全集》第26卷(Ⅲ),第145页。
③ 《马克思恩格斯全集》第20卷,第332页。
④ 《马克思恩格斯全集》第46卷(上),第389页。
⑤ 《马克思恩格斯全集》第46卷(下),第501页。
⑥ 《马克思恩格斯全集》第13卷,第36—37页。

价格分为可实现的由社会所决定的社会价格和未必可实现的由个人所决定的个别价格。后者又分为买方价格和卖方价格。所有这些价格都是用货币来表示的。可实现的社会价格就是用货币来表现的社会价值。社会价值是"作为社会劳动力的消耗而存在的劳动的社会性",它本身已经是一种"一切社会形式内都存在的东西的一定的历史形式",① 因此,完全没有必要在这种"历史形式"之上再加上一种作为"交换价值"的形式。所谓的价值与交换价值的区别是不存在的。社会价值也就是交换价值。它是一种随时都可以实现的价值。不存在能够离开交换价值或不等于交换价值的社会价值。正因为如此,所以马克思说:"如果我们在应用'价值'这个词时没有直接的定语,那么,总是指'交换价值'。"② 其实,能够和交换价值或价值相区别的只能是个别价值。它也是用货币来表示的,但是它是一种未必可实现的由个人所决定的个别价格。通常所谓的价值的"内在尺度"和"外在尺度"的差别,其实也就是"个别价值"与"社会价值"的差别。

　　马克思认为,市场、价值和货币,所有这些都不是自然的,而是具有社会性质的东西。而且,需要让人们经过一个特别的社会化过程,需要对人们进行一种思想的培训(其后的马克斯·韦伯也谈到这种培训的问题),为的是使他们能够把种种产品转化为有价的商品,能够通过观察市场(也就是市场上的其他人)来实现这些商品的价格,并接受由种种货币手段对这些产品作出的抽象表达。换言之,没有这种集体的心理培训,没有这些思想上的形式,也就不会有什么货币、市场、现代社会,也就不会有什么资本。在马克思看来最有新意的,也就是这个问题了。某些集体的抽象并非某种哲学的或政治的神话,而正是活生生的社会现实。没有这些抽象,市场社会就根本无法运作。但这些抽象都是以准自动的方式不假思索地作出来的,被牵扯

---

① 《马克思恩格斯全集》第19卷,第420—421页。
② 《马克思恩格斯全集》第47卷,第6页。

进去的人们不仅在制作这种抽象，同时他们自己的生存也离不开这些抽象。市场就是这样以思想和心理的方式建构起来的。与此同时，市场也决定着参与其活动的人们的命运。①

六　价值与财富不是一回事

（一）定义不同

经济学上的财富是指短缺的使用价值。个体占有更多的价值固然意味着占有更多的财富，但是，财富（产品）的单纯增加却并不意味着价值的增加。② 价值并非为了计量财富而存在，而是为了调节劳动而存在。价值是为了比例和节约的目的而关联效用和费用关系的对财富的一个参数测定和抽象表达。

（二）性质不同

"作为与使用价值等同的东西的财富，它是人们所利用的并表现了对人的需要的关系的物的属性。"③ 价值却是一种"量的生产关系"，是一种商品交换其他商品的比例的"指数"。④ "价值不是由单独生产某种产品所必要的时间构成，而是与同一时间内所能生产的一切其他产品的数量成比例。"⑤

---

① 参见：Fred E. Schrader（史傅德）教授在清华讲稿《马克思思想的另一半》，陈争平整理，载《经济学家茶座》第20辑。Fred E. Schrader（史傅德），德裔，巴黎第八大学教授，柏林一勃兰登堡科学院《马克思恩格斯全集》编撰委员会成员，清华大学2003年度特聘教授。
② 《马克思恩格斯全集》第46卷（下），第277页。
③ 《马克思恩格斯全集》第26卷（Ⅲ），第139页。
④ 《马克思恩格斯全集》第46卷（上），第88、84页。
⑤ 《马克思恩格斯全集》第4卷，第121页。

(三）产地不同

财富可以在生产领域创造，价值却只能从市场得到。"价值对象性纯粹是社会的，……只能在商品同商品的社会关系中表现出来。"①

(四）内涵不同

财富只反映使用价值的多寡，而价值却包含着商品的"需求"和"障碍"的信息。当然，在实际统计中，如果把价值换算为"不变价格"，它也可以被借用来比较财富。

(五）计量不同

人们不能像李斯特先生那样，"把'物质财富'和'交换价值'完全等同起来。……交换价值完全不以'物质财富'的特殊性质为转移。它既不以物质财富的质量为转移，也不以物质财富的数量为转移。当物质财富的数量增加的时候，交换价值就降低，尽管物质财富在增加以前和增加以后对人类的需要处于同样的关系"。② 财富是产品，因而具有绝对增量；但是价值"是表示消耗在物上的劳动的一定社会方式，它就像汇率一样并不包含自然物质"，③ 因而，如果说价值有绝对增量，那么就跟说"汇率"有绝对增量一样不可思议。人们只能探讨价值相对占有量的变化（如资本、利润），而不能探讨价值绝对量的变化。价值的绝对量永远是1。从这里也可以看到，自然界储量有限的金是很适宜作为价值的尺度的。

(六）功能不同

财富以单纯的数量统计，它没有分配和调节的功能；价值却既有

---

① 《马克思恩格斯全集》第23卷，第61页。
② 《马克思恩格斯全集》第42卷，第253—254页。
③ 《马克思恩格斯全集》第23卷，第99页。

分配的功能，又有调节的功能。价值含有由社会需要所决定的内在比例。① 单件产品的价值量是这个比例量的平均。② 如果某种产品的量增加了，那么单件产品的价值量就会下降；反之则上升。价值就是通过这种机制，既告诉人们某件产品的社会需要量，又告诉人们获取它的难易程度。如果生产力提高了，那么财富量会增加，但是价值量却不会增加。假如生产力的提高使总劳动时间减少，那么总价值量的劳动时间表示也会减少。但是，这种减少属于币值性的减少，因而并不影响价值之间的内在比例，从而并不影响其分配和调节的功能。"我们看到，某些使用价值在前后悬隔的不同文化时代里彼此间总是构成一个特殊变换价值的系列，这些特殊交换价值彼此间虽然不是保持着丝毫不变的数字比例，但是保持着高低级次的一般关系，如金、银、铜、铁或小麦、黑麦、大麦、燕麦，由此只能得出这样的结论：社会生产力的向前发展，以均等的或大体均等的程度影响着生产这种种商品所需要的劳动时间。"③

（七）所有权适用性不同

财富即财物能被个人或部分人所有即任意处置，但是，价值却做不到这一点。某个人或某部分人虽然占有了某物，但是该物的价值量却会随外界条件的变化而变化，换言之，价值量并不是某个人或某部分人所能任意处置的。如果物主能顺应外界的要求处置该物，那么将会给物主带来价值增量；而在相反的情况下，将会使物主丧失价值。从这个意义上说，不是物主支配价值，而是价值支配物主。所以，财富能够私有，价值不能私有。

---

① 《马克思恩格斯全集》第26卷（Ⅰ），第235页。
② 《马克思恩格斯全集》第26卷（Ⅰ），第235页；第26卷（Ⅱ），第294页。
③ 《马克思恩格斯全集》第13卷，第26—27页。

第四章　简单商品社会（含"第一种"资本主义生产形式）中的价值

所谓简单商品社会，是指交换价值不占主导地位的社会。它的存在长达几千年。资本主义商品生产是在它的基础上发展起来的。所谓"第一种"资本主义生产形式，是指劳动在形式上从属于资本，但是生产工艺还没有发生变化的早期资本主义社会。① 它与简单商品社会在价值表现上是相同的。

一　简单商品社会生产方式的特点

（1）劳动者与生产资料直接结合。（2）生产资料的发展程度是手推磨。生产资料分散。（3）生产方式守旧不变。"所有以往的生产方式的技术基础本质上是保守的"。② 排斥分工、协作和科学的运用。直接劳动时间的量是财富生产的决定因素。③（4）生产的目的是直接的使用价值。（5）生产和消费基本不依靠交换。劳动者依靠自己的产品存活。人还是"没有社会化的人"。④（6）人们在狭窄和孤立的范

---

① 《马克思恩格斯全集》第 49 卷，第 85—86 页。
② 《马克思恩格斯全集》第 23 卷，第 533 页。
③ 《马克思恩格斯全集》第 23 卷，第 830 页；第 46 卷（下），第 217 页。
④ 《马克思恩格斯全集》第 25 卷，第 921 页。

围内自觉控制生产。①

二 简单商品社会中价值规律实现的形式

(一) 简单商品社会价值的前提和假定

《资本论》在考察简单商品社会的价值时,第一个假定是:无论哪种商品都求大于供,即不管生产什么,生产多少,都始终"存在着对产品的需要"。② 其次,假定各种劳动力都是"简单劳动力"。③ 再次,"一方面假定耗费的是必要劳动时间,另一方面假定在劳动过程中完成的一定劳动(不管这种劳动具有什么特殊形式,如纺织、挖掘等)是普通的平均劳动(同生产贵金属的劳动完全一样)"。④ 在马克思那里,"简单劳动"与"社会平均劳动"是等同的,虽然在事实上,"简单劳动"和"社会平均劳动"并不是一回事。如马克思说:"我们假定纺纱劳动是简单劳动,是社会平均劳动。"⑤ 总之,通过一系列的假定,马克思规定了一个既无生产力差异,又生产合比例的环境。在这样的环境下,劳动的特殊性就直接等于劳动的社会性,具体活劳动=社会必要劳动=货币,个别价值=社会价值,劳动过程与价值增殖过程相统一。⑥ 换言之,在这个环境中,不需要对劳动的品种和效率进行社会调节,活劳动"创造"(得到)价值的结论已经包含在前提之中。马克思说:"商品内在的使用价值和价值的对立,私人劳动同时必须表现为直接社会劳动的对立,特殊的具体的劳动同时只是当作抽象的一般的劳动的对立,物的人格化和人格的物化的对立,——

---

① 《马克思恩格斯全集》第21卷,第198页。
② 《马克思恩格斯全集》第46卷(上),第390页。
③ 《马克思恩格斯全集》第23卷,第58页。
④ 《马克思恩格斯全集》第47卷,第87页。
⑤ 《马克思恩格斯全集》第23卷,第214页。
⑥ 《马克思恩格斯全集》第23卷,第94、213、223页;第25卷,第203页。

这种内在的矛盾在商品形态变化的对立中取得了发展的运动形式。因此，这些形式包含着危机的可能性，但仅仅是可能性。这种可能性要发展为现实，必须有整整一系列的关系，从简单商品流通的观点来看，这些关系还根本不存在。"①

（二）简单商品社会价值的计量

如果说"商品和货币的对立是资产阶级劳动所包含的一切对立的抽象的一般的形式"，②那么，在简单商品社会，商品和货币的矛盾，私人劳动和社会劳动的矛盾还"只是表现为单纯形式上的差别"。③人们可以不通过市场，不通过竞争，直接根据生产过程中的具体活劳动的自然时间计量社会价值。但是，即使在这种情况下，仍然不应当忘记两点：(1)"劳动尺度本身……是由必须达到的目的和为达到这个目的而必须由劳动来克服的那些障碍所提供的"，④因此，价值用活劳动时间计量并不改变"价值是生产费用对效用的关系"的本质。⑤(2)用活劳动计量价值并不意味着价值就应当全部归直接劳动者占有。因为这时已经有了社会分工，直接劳动者以外的社会分工者也要生存，否则社会就不能再生，从而任何个人就都不能再生。

在求大于供的情况下，如在经济学家们"还不知道生产过剩以及从生产过剩产生危机的现象"的资本主义生产方式产生并向海外扩张的14世纪末到19世纪中，⑥或者在某个新的生产部门，更多的个人活劳动或更高的生产力能够创造出更多的产品，从而通过市场得到更多的社会价值。但是，这也只是就某个经济个体而言才是如此，并且，他所得到的边际社会价值将随产品量的增加而递减。如果就社会

---

① 《马克思恩格斯全集》第23卷，第133页。
② 《马克思恩格斯全集》第13卷，第86—87页。
③ 《马克思恩格斯全集》第46卷（上），第388—389页。
④ 《马克思恩格斯全集》第46卷（下），第112页。
⑤ 《马克思恩格斯全集》第1卷，第605页。
⑥ 《马克思恩格斯全集》第26卷（Ⅱ），第599页。

总体而言，价值总量并不会增长。这是因为社会的总需求在一定时期是一定的，每种商品也有一个由社会需要的内在比例所决定的价值比例量。①

一旦离开了求大于供的前提，实耗劳动就与"得到"（创造）价值失去了必然的联系。如在供≥求的情况下，虽然更多的活劳动或更高的生产力能够创造出更多的产品，但是却并不能够得到更多的价值，甚至反而会亏损。马克思曾以刀为例，说人们并不会因为你生产了更多的刀，或者更便宜地生产刀，就一定购买更多的刀。② 任何一种产品的生产都不能超过社会对该种产品的需要，否则就无用，因而无价值。尽管如此，那种在特定前提下的更多产品能够得到更多价值的现象，还是容易使人误以为个人的活劳动能够在绝对意义上"创造"社会价值。

以活劳动＝社会必要劳动为前提的价值论可简称为"活劳动价值论"或"实耗劳动价值论"。《资本论》三卷本的绝大部分篇幅论述的就是这个活劳动价值论，以及根据它所推出的劳动力价值论、剩余价值论、不变资本和可变资本论、生产劳动和非生产劳动论、自乘论、有机构成论、平均利润下降论、转型论、资本积累论和两极分化论等等。不言而喻，这些推论无一例外都要以活劳动价值论的前提为前提。其中有许多理论是马克思试图用活劳动价值论去解决本来不该由它去解决的问题而形成的。如"自乘论"所要回答的是在生产力有差异的情况下，超额利润的来源问题。论题本身已经超出了活劳动价值论的生产力无差异的前提，因此它应当用社会必要劳动价值论去解答，但是，马克思却仍旧用活劳动价值论去解答，这样就出现了捉襟见肘的结果。其他如有机构成论、平均利润下降论和转型论等等，也是同样的情况。它们是马克思经济理论中除社会必要劳动价值论和活

---

① 《马克思恩格斯全集》第23卷，第125、394页；第26卷（Ⅰ），第235页。
② 《马克思恩格斯全集》第26卷（Ⅲ），第125—127页。

劳动价值论本身以外，独特的一类衍生品。

对于活劳动价值论的前提，马克思是一再强调的。如关于第一卷"所用的劳动时间只是一定社会生产条件下的必要劳动时间"的假定，在《1861—1863年的经济学手稿》中说得更肯定："只要商品的价值归结为商品所包含的劳动时间，这就是我们始终作为出发点的前提"。① 在论述剩余价值率时，马克思又说："我们始终假定产品的价格＝它的价值"。关于第二卷，马克思说："资本的流通过程将根据第一册中所阐述的前提来论述。"② 在第三卷，马克思再次重申："在政治经济学上必须假定供求是一致的。"但是，这里的"供求一致"应理解为求大于供，因为马克思说："在这里也像在全部研究中一样，我们始终假定，商品能够卖出去，而且是按它的价值卖出去的。"③ 如果不作这样的理解，"供求一致"这个假定就将变为萨伊的供给自动创造需求论。因此，活劳动价值论本身并不能离开供求的因素，它只是价值在一种特定的供求状态下的表现。

以上前提表明：活劳动价值论及其所有推论只能适用于简单商品社会和"第一种"资本主义生产形式。正如恩格斯所说：这"是在一个特定的社会形态中通行的价值。这种价值在这个特定的历史范围内是由体现在单个商品中的人的劳动来创造和计量的，而人的劳动则是简单劳动力的消耗"。"马克思的价值规律对于……直到简单商品生产由于资本主义生产形式的出现而发生变化之前是普遍适用的。"④ 事实上，马克思也正是从这个时期取得活劳动价值论的实证材料的。这不仅可以从原著中直接看到，还可以从他在1869年7月24日给恩格斯的信中看到。他说："我感到遗憾，在我的第一卷出版以前我不知道1858年出版的古斯达夫·克列姆博士的《工具和武器的起源和发

---

① 《马克思恩格斯全集》第23卷，第213页；第47卷，第275页。
② 《马克思恩格斯全集》第23卷，第246页；第32卷，第70页。
③ 《马克思恩格斯全集》第25卷，第212页；第26卷（Ⅰ），第122页。
④ 《马克思恩格斯全集》第20卷，第215页；第25卷，第1018页。

展》这本书。我在《劳动过程》和后面的《分工》两节①中所指出的东西，在这里得到了丰富材料的证实。"②

由此可见，把活劳动价值论及其推论运用到发达资本主义社会，甚至现实社会主义社会是不适当的。实践也完全证明了这一点。如前苏联是不折不扣地贯彻"价值只在直接生产过程中决定"这个公式的，因为他们的几乎所有的产品，在出厂时就已经铸着、刻着、印着该产品的价格。例如，一把调羹，上面刻着"价格15戈比"，一只铁桶，上面铸着"价格1卢布"等等。但是，苏联的土崩瓦解至少在经济上完全应验了马克思的这个预言："关于商品直接就是货币或商品中的私人特殊劳动直接就是社会劳动的这种教条，当然不会因为有一个银行相信它并按照它经营就会变成现实。相反，在这种情形下，破产会来扮演实际批评家的角色。"③ 因此，在社会主义社会坚持活劳动价值论，无异于自掘坟墓。

三 简单商品社会中的剥削

在简单商品社会中通行实耗劳动所有权。在商品交换中，各主体都表现为商品的所有者。在简单流通的情况下，这种所有权从商品所有者的劳动中产生。因此交换实际上是体现在商品中的实耗劳动的交换。

本来，"工人出卖的只是对自己劳动能力的定时的支配权"，资本家的"支配权本身只限于一定的劳动和一定的时间（若干劳动时间）"。④ 但是，由于市场不发达，法规不完善，因此资本家可以不按

---

① 马克思指《资本论》第1卷德文第1版《劳动过程和价值增殖过程》和《分工和工场手工业》两节。
② 《马克思恩格斯全集》第32卷，第327页。
③ 《马克思恩格斯全集》第13卷，第76页。
④ 《马克思恩格斯全集》第46卷（上），第250、240页。

事先的约定，随意延长劳动时间和强化劳动。"整个资本主义的剥削"就是指这种不等价交换。当然这也只有在求大于供的情况下才有效，并且它有着"某些不可逾越的自然界限"。[1] 换言之，仅仅在这种前提之下，"利润的最高限度受生理上所能容许的工资的最低限度和生理上所能容许的工作日的最高限度的限制"。[2] 马克思关于劳资对立，以及资本主义即将崩溃的论断，所依据的就是这种生理界限。这些预言未能实现，说明资本主义已经成功地越过了它们，进入了不受生理界限限制的"第二种"资本主义生产方式。

---

[1] 《马克思恩格斯全集》第23卷，第515页。
[2] 《马克思恩格斯全集》第16卷，第166页。

第五章 商品社会（含"第二种"资本主义生产形式）中的价值

所谓"第二种"资本主义生产形式，是指"发达的特殊资本主义生产方式"，即"本来意义上的资本主义生产方式"。① 马克思认为，"以手工分工为基础的真正工场手工业时期"即早期资本主义，与"以使用机器为基础的现代工业时期"即发达资本主义，是"经济史上两个重大的本质不同的时期"。② 这两个时期在生产方式、价值的前提和假定，以及价值的计量规则上都是完全不同的。"第二种"资本主义生产形式可简称为商品社会。但是，商品社会本身既包括资本主义商品社会，也包括社会主义商品社会。这两种社会在马克思的经济分期方法下，属于同一个经济发展阶段，因此，它们的价值规律实现形式是相同的。

一 商品社会生产方式的特点

（1）劳动者与生产资料通过市场简捷和自发地结合，并且可以灵活变换。各种具体劳务的价格由市场确定，因为"工资的基础即供求规律"。③（2）生产资料的发展程度至少是机器。生产资料集中。（3）

---

① 《马克思恩格斯全集》第49卷，第85、79、87页。
② 《马克思恩格斯全集》第23卷，第35页。
③ 《马克思恩格斯全集》第46卷（上），第16页。

生产方式不断变革,"现代工业的技术基础是革命的",① 从而,生产关系、交往关系和生活方式等方面也不断变革。有大规模的分工、协作和科学的运用。"直接劳动本身不再是生产的基础"。② (4) 生产的目的是交换价值。(5) 交换是生产和消费的基本条件。"劳动产品的任何个人性质都消失了"。"作为生产者出现的,是社会活动的结合"。③ 产品由社会自发地按价值规律分配。劳动者依靠社会的产品存活。劳动者一方面"只有为社会生产才是为自己生产";另一方面,他为自己也是为总体,因为"他也是总体"。④ 这时"个人已成为社会的个人,成为由社会规定的个人"。⑤ 因此,他的劳动和产品都已经不能再进行必要和剩余的划分。(6) 生产由社会自发控制。⑥

二 商品社会价值规律实现的形式

(一) 商品社会价值的前提和假定

商品社会供求以及生产力都不平衡。⑦ 因而劳动的特殊性不直接是劳动的社会性,活劳动≠社会必要劳动≠货币,个别价值≠社会价值,生产和价值增殖不直接统一。⑧

商品社会的价值前提与简单商品社会的价值前提明显不同。在《1857—1858年经济学手稿》中,马克思严厉地批评了把活劳动价值论的前提照搬于发达资本主义社会的做法:"请看麦克库洛赫的著作,

---

① 《马克思恩格斯全集》第23卷,第533页。
② 《马克思恩格斯全集》第46卷(下),第222页。
③ 《马克思恩格斯全集》第47卷,第332页;第46卷(下),第222页。
④ 《马克思恩格斯全集》第46卷(下),第465页;第42卷,第123页。
⑤ 《马克思恩格斯全集》第46卷(下),第466页。
⑥ 《马克思恩格斯全集》第21卷,第199页。
⑦ 《马克思恩格斯全集》第4卷,第109页;第26卷(Ⅱ),第607页。
⑧ 《马克思恩格斯全集》第46卷(下),第43—44页;第46卷(上),第390页。

为了挽救以资本为基础的生产,而把这种生产的一切特有属性、它的概念规定全都抛开,相反地把它看成是提供直接使用价值的简单生产。本质的关系完全被抽掉了。事实上,为了清除这种生产所具有的矛盾,干脆把这种生产抛弃和否定了。或者,例如像穆勒那样(庸俗的萨伊就是摹仿他的),做得更机灵了:说什么供给和需求是同一的,因而必然是一致的;也就是说,供给就是由供给本身的量来计量的需求。"马克思指出:"以交换价值为基础的劳动的前提恰好是:不论是单个人的劳动还是他的产品,都不具有直接的一般性"。"产品始终直接就是货币——这种想法同资本的本性相矛盾,所以也同大工业的实践相矛盾"。"价格和价值的一致……是对建立在交换价值之上的生产关系的整个基础的否定。"① 在1859年问世的《政治经济学批判》中,他批评"格雷把商品中所包含的劳动时间直接当作社会劳动时间,……这样一来,……资产阶级生产的基础也就会消灭"。在《资本论》第一卷中又指出:"欧文以直接社会化劳动为前提,就是说,以一种与商品生产截然相反的生产形式为前提。"②

况且,马克思还在世的时候,就已经意识到经济形势发生了变化,因而《资本论》本身也要作修改。如第二卷是根据第一卷的前提来展开论述的,当马克思得知"在目前条件下,《资本论》的第二册在德国不可能出版,这一点我很高兴,因为恰恰是在目前某些经济现象进入了新的发展阶段,因而需要重新加以研究"。③ 在这种情况下,更不能无条件地简单照搬活劳动价值论。

(二) 商品社会价值的计量

在商品社会中,商品和货币的差别,私人劳动和社会劳动的差

---

① 《马克思恩格斯全集》第46卷(上),第395、120页;第46卷(下),第43—44、319页。
② 《马克思恩格斯全集》第13卷,第75页;第23卷,第112—113页。
③ 《马克思恩格斯全集》第34卷,第424页。

别,个别价值和社会价值的差别,"[在资本流通的条件下]……不再像在[简单]流通中那样,只是表现为单纯形式上的差别"。① 它们"决不是单纯名义上的差别,因为实际流通过程中威胁着商品的一切风暴正是集中在这个差别上"。② 这时,人们再也不能够不通过市场,不通过竞争,直接根据具体劳动的自然时间计量价值。而且,只是在商品社会,"价值由商品所包含的社会必要劳动时间决定,才第一次得到实现"。③ 这时的价值计量有如下7个规则:

(1) 个人要用他劳动的为社会所需要的特殊使用价值来证实他的私人劳动是一般劳动。④ 换言之,劳动的社会性即交换价值不是劳动所"固有"的,而是社会根据产品的使用价值形式来"赋予"的。在交换价值中,"使用价值本身"并没有被扬弃,扬弃的只是使用价值的特殊性。⑤

(2) 价值只能用"流通中存在的物化劳动量"即货币计量。⑥ "因为只有社会必要劳动时间才算是形成价值的劳动时间。""极其不同的商品价值到处都无差别地表现为货币,即表现为一定量的金或银。因此,这些价值所代表的不同种的劳动,已经按不同的比例化为唯一的、同种的普通劳动即生产金银的劳动的一定量。"⑦

(3) 价值在平等的自由竞争中决定。⑧ "斗争……发生在出卖者所要求的交换价值和购买者所提出的交换价值之间。产品的交换价值每次都是这些互相矛盾的估价的合力。""供给者之间的竞争和需求者之间的竞争构成购买者和出卖者之间斗争的必然要素,而交换价值就

---

① 《马克思恩格斯全集》第46卷(上),第389页。
② 《马克思恩格斯全集》第13卷,第59页。
③ 《马克思恩格斯全集》第47卷,第353页。
④ 《马克思恩格斯全集》第46卷(下),第469页。
⑤ 《马克思恩格斯全集》第46卷(上),第182、224页。
⑥ 《马克思恩格斯全集》第46卷(上),第389页。
⑦ 《马克思恩格斯全集》第23卷,第215页;《资本论》第1卷,法文版中译本,中国社会科学出版社1983年版,第187页。
⑧ 《马克思恩格斯全集》第23卷,第103页;第46卷(下),第160页。

是这个斗争的产物。""竞争实现了产品的相对价值由生产它的必要劳动时间来确定这一规律。"① 竞争既是社会效用量的确定者,又是社会劳动量的确定者,② 还是"消费力对生产力的关系"的确定者。③

(4) 总价值由社会总需求来估量。④

(5) 部门商品的价值等于社会需求的比例量或部门应耗比例劳动量。"总产品的价值……不等于它本身所包含的劳动时间,而等于这个领域的总产品同其他领域的产品保持应有的比例时按比例应当花费的劳动时间。"⑤

(6) 单个商品的价值等于社会需求的比例量或部门应耗比例劳动量除以产品量。"单位商品的价值(价格)等于产品的总价值除以产品总量"。⑥

(7) 商品的价值量由"再生产所需要的社会必要劳动时间决定"。"再生产时间由商品的使用价值决定。"⑦

适用于这个时期的价值论可简称为"社会必要劳动价值论"或"应耗劳动价值论"。在古典学派的代表人物那里,如英国的配第、斯密和李嘉图,法国的布阿吉尔贝尔等,都已经有了"必要劳动"的思想。"布阿吉尔贝尔就他这方面来说,虽然不是有意识地,但是事实上把商品的交换价值归结于劳动时间,因为他用个人劳动时间在各个特殊产业部门间分配时所依据的正确比例来决定'真正价值'(lajuste valeur),并且把自由竞争说成是造成这种正确比例的社会过程。"⑧ 当然,他们谁都没有比马克思阐述得更周全,虽然马克思也

---

① 《马克思恩格斯全集》第4卷,第85、87、106页。
② 《马克思恩格斯全集》第1卷,第605页;第4卷,第96页。
③ 《马克思恩格斯全集》第1卷,第615页。
④ 《马克思恩格斯全集》第46卷(上),第389页。
⑤ 《马克思恩格斯全集》第26卷(Ⅰ),第235页。
⑥ 《马克思恩格斯全集》第26卷(Ⅱ),第294页。
⑦ 《马克思恩格斯全集》第25卷,第158页;第46卷(下),第547页。
⑧ 《马克思恩格斯全集》第13卷,第43—44页。

不是集中阐述的。换言之，社会必要劳动价值论即调节论起源于古典学派，马克思把它进一步完善和发展了。而且，正如马克思自己所说，社会必要劳动价值论早在1847年出版的《哲学的贫困》中就已经有了"定义"、"萌芽"和"科学的"表述，① "经过二十年的研究之后，变成了理论，在'资本论'中得到了发挥"。②

理解劳动二重性即劳动的特殊性与劳动的社会性关系的历史性变化，是理解社会必要劳动价值论与活劳动价值论的区别与联系的枢纽。马克思的价值理论原本是社会必要劳动价值论，③ 只是由于"假定"活劳动等于社会必要劳动，才产生了活劳动价值论及其推论。但是，这个假定又明确地标示了活劳动价值论及其推论的时期性。社会必要劳动价值论涵盖着活劳动价值论，后者只是前者的一个特例。由于社会必要劳动并不是活劳动唯一所能决定的，因此用社会必要劳动价值论并不能证明剥削论。它只是一种劳动调节论。④ 而活劳动价值论则不具备调节劳动的功能。它只是一种剥削论。

长期以来，中国对社会必要劳动价值论与活劳动价值论的区别与联系是漠视的。这可以从一些专家学者们所编的教科书和工具书中看出。以代表当代中国最高学术水平和影响最广泛的，作为"马克思主义理论研究和建设工程重点教材"的，由高等教育出版社2008年修订出版的《马克思主义基本原理概论》为例：编者在第129页上讲了"生产商品的具体劳动形成商品的使用价值，抽象劳动形成商品的价值实体。具体劳动和抽象劳动是同一劳动的两种规定"之后，就在同一页，接着讲："决定商品价值量的，不是生产商品的个别劳动时间，而只能是社会必要劳动时间。"编者显然完全没有意识到，其所讲的那两个论断分别属于马克思的两个时期的价值理论。另一个证据是，

---

① 《马克思恩格斯全集》第16卷，第353—354页；第13卷，第10页。
② 《马克思恩格斯全集》第19卷，第248页。
③ 《马克思恩格斯全集》第23卷，第52页；第16卷，第139页。
④ 《马克思恩格斯全集》第23卷，第92页。

· 第五章 商品社会（含"第二种"资本主义生产形式）中的价值 ·

编者在讲"私人劳动和社会劳动的矛盾构成私有制商品经济的基本矛盾"时（第133页），完全不知道必须阐明马克思的这个重要思想：在简单商品经济下，这个矛盾仅仅"表现为单纯形式上的差别"，而在发达商品经济下，这个矛盾不仅有形式上的差别，而且有数量上的差别。① 该书书名为"基本原理概论"，因此编者本来应该讲马克思的价值一般理论，但是，由于编者未分清什么是马克思的价值一般理论，什么是马克思的价值特殊理论，因而既没有正确地概括出马克思的价值一般理论，又在马克思的两种价值特殊理论之间一会儿讲劳动创造价值（第129、135—136页），一会儿又讲价值调节劳动（第130—132页），没有顾及它们之间有什么样的逻辑联系，从而不可避免地使"有关价值理论的全部分析像一团乱麻一样"。

在该书的第140页，编者讲了"劳动过程和价值增殖过程的统一"，又不讲它的前提条件，从而有意无意地使人以为这是马克思主义的一个无条件的基本原理。这种学术误导不仅普遍地存在于教科书和工具书中，而且还存在于由中共中央编译局所编的，人民出版社1995年出版的第2版《马克思恩格斯选集》中。在该选集第二卷对《资本论》第一卷的节选中，选了马克思关于劳动过程和价值增殖过程相统一的论点，却不选这个论点"必须具备两个条件"："第一，棉花和纱锭必须实际上用来生产使用价值。……第二，要假定所用的劳动时间只是一定社会生产条件下的必要劳动时间。"② 对于这两个条件，马克思从手稿开始，到1859年问世的"第一次有系统地阐述了马克思的价值论"的《政治经济学批判》，再到正式出版的《资本论》，都是始终不忘记强调的。即使是在再简约不过的《卡·马克思"资本论"第一卷提纲》中，恩格斯也专门列了一段指出："生产过程和价值增殖过程的统一"，"这以下列情况为条件：一，产品已成为实

---

① 《马克思恩格斯全集》第46卷（上），第388—390页。
② 《马克思恩格斯全集》第23卷，第213页。

际的使用价值,在我们所举的例中已成为棉纱;二,这些劳动资料中只是体现社会必要劳动时间"。① 马克思逝世以后,恩格斯建议当时还是年轻的马克思主义者的卡·考茨基编写一部《资本论》的简述本。考茨基成功地完成了这个任务,并于 1887 年在斯图加特出版。在这部恩格斯看过其手稿的《资本论》简述本中,考茨基也用自己的语言明确地指出:"劳动过程和价值增殖过程的统一",要"假定说,资本家认为棉纱有使用价值,需要量很大,因此容易卖出去。……这里始终假定生产条件是正常的、平均的、社会必要的"。②

但是,从 20 世纪 50 年代由斯大林主持编写的苏联《政治经济学教科书》开始,活劳动价值论所必须具备的这两个条件不讲了,从而使活劳动价值论变成了绝对真理。该书在引用了马克思的"两个一切劳动"的论点之后,紧接着说:"在生产资料私有制占统治地位的社会中,体现在商品中的劳动的二重性反映出商品生产者的私人劳动和社会劳动的矛盾。……个别商品生产者的劳动实质上是社会的劳动,是整个社会劳动的一部分。""资本家购买的劳动力用于劳动过程,这同时也是创造价值的过程。"③ 这本教科书完全没有意识到劳动二重性的相等与不等区别着不同的经济时代,完全没有意识到发达资本主义和现实社会主义都是劳动二重性不相等的社会。长期以来,在这个重大的理论问题上,中国有关《资本论》的教科书和工具书一直照搬苏联的《政治经济学教科书》,直到今天都还没有纠正。如一位著名学者在其最新的一本教材中说:"社会主义商品生产过程……也是劳动过程和价值增殖过程的统一。"并声称:"坚持马克思的劳动价值论,就是不能离开活劳动创造价值这一核心观点。"其实,如果说,

---

① 《马克思恩格斯全集》第 16 卷,第 295—296 页。
② 卡·考茨基:《马克思的经济学说》,三联书店 1958 年版,第 58、60 页。
③ 苏联社会科学院编:《政治经济学教科书》(修订第 3 版),人民出版社 1959 年版。第 47、69 页。

"断言资本的生产过程和价值增殖过程直接等同"是一种"愚蠢看法",① 那么,断言"社会主义商品生产过程……也是劳动过程和价值增殖过程的统一",便是一种更"愚蠢看法"。这个命题有两个确定的含义:一是只有增加活劳动才能增长经济,二是利润是剥削的反映。因此,客观上它是直接反对经济增长方式由粗放型向集约型转变,反对市场在资源配置中的基础性作用的。对于实施这种把劳动的特殊性直接等同于劳动的社会性的命题的后果,恩格斯早有预见。他在1853年4月12日致约·魏德迈的信中说:"我们的党有一天不得不出来执政,……在无产阶级大众的压力下,由于被我们自己所发表的、或多或少地已被曲解的、而且在党派斗争中多少带着激昂情绪提出来的声明和计划所约束,我们将不得不进行共产主义的实验,并实行跳跃,但这样做还不是时候,这一点我们自己知道得非常清楚。这样做,我们会丢掉脑袋,——但愿只在肉体方面,——就会出现反动,并且在全世界能够对这种事情作出历史的判断以前,我们不仅会被人视为怪物(这倒无所谓),而且会被人看成笨蛋,(那就糟糕多了)。"②

(三) 价值规律在商品社会实现其调节作用的条件

价值规律在商品社会实现其调节作用的条件是私有产权,是对等价交换和自发的比例性分配的认可和保护。马克思指出:"私有财产是生产力发展一定阶段上必然的交往形式,这种交往形式在私有财产成为新出现的生产力的桎梏以前是不会消灭的,并且是直接的物质生活的生产所必不可少的条件。"③ 而且,在原始共产主义的幼枝马尔克公社时期,就有对作为比例性分配的平均利润的社会认可和维护。在国家产生以后,又有对作为社会价值与个别价值之差的反映先进生

---

① 《马克思恩格斯全集》第46卷(上),第411页。
② 《马克思恩格斯全集》第28卷,第587—588页。
③ 《马克思恩格斯全集》第3卷,第410—411页。

产力的超额利润的法律认可和保护。在发达社会,还推出"工厂法",禁止"过度劳动"即货币和劳动之间的不等价交换。

其实,所谓的私有产权只是某种代理权或占有权。所谓的"国有产权",实际上也只是以国家为边界的私有产权而已。因此,国有制的建立并不意味着私有制的消灭,而只是意味着私有制的扩大。人们长期争论的"国有为主,还是私有为主",实质上只是一场大私有和小私有之争。在价值规律下,所有生产要素归属的最终决定权都在社会和历史,因而从来都是公有的。正如马克思所说:"甚至整个社会,一个民族,以至一切同时存在的社会加在一起,都不是土地的所有者。他们只是土地的占有者,土地的利用者,并且他们必须像好家长那样,把土地改良后传给后代。"① 土地是如此,其他生产资料也是如此。因此,公有制并不需要人们另外去"建立"。通常所谓的"公有制为主体",实际上是指"国有制为主体",即以大私有为主体。当然,能不能成为主体,要看是否按价值规律办事。如果不按价值规律办事,那么这个主体地位是绝对建立不起来的,即使是使用暴力,因为"刺刀尖碰上了尖锐的'经济'问题会变得像软绵绵的灯蕊一样。"②

私有产权是随商品的产生而产生。马克思指出:"商品不能自己到市场去,不能自己去交换。因此,我们必须找寻它的监护人,商品占有者。商品是物,所以不能反抗人。如果它不乐意,人可以使用强力,换句话说,把它拿走。为了使这些物作为商品彼此发生关系,商品监护人必须作为有自己的意志体现在这些物中的人彼此发生关系,因此,一方只有符合另一方的意志,就是说每一方只有通过双方共同一致的意志行为,才能让渡自己的商品,占有别人的商品。可见,他们必须彼此承认对方是私有者。这种具有契约形式的(不管这种契约

---

① 《马克思恩格斯全集》第25卷,第875页。
② 《马克思恩格斯全集》第5卷,第543页。

第五章 商品社会（含"第二种"资本主义生产形式）中的价值

是不是用法律固定下来的）法的关系，是一种反映着经济关系的意志关系。"① 而商品的产生既以生产力的一定发展为前提，又是生产力进一步发展的要求。私有产权存在的基础是资源的短缺和人只能自发地控制社会生产。私有产权是商品社会自发地控制社会生产的一种必要手段，资本主义可以利用，社会主义也可以利用。人在交换中总是想尽可能地取多予少。"我们的交换无论从你那方面或从我这方面来说都是自私自利的，因为每一个人的私利都力图超过另一个人的私利"。② 私有产权的立法理念是：每个个人是自己利益的最佳守望者，赋予每个人以平等的守望权，至少是对自己的劳动的守望权。有了私有产权就可以使每一次交易的当事人互相监督，不能损人利己，从而使"取予相等，节约归己"的市场规则（即双方所交换的商品在社会价值上相等，但是社会价值与个别价值之差归己）尽最大可能得到贯彻。私有产权的存在既是为了计量和核算，又是为了激励节约。私有产权实际上相当于一种具有买卖权的承包责任制。私有产权本身并不意味着剥削，因而消灭剥削未必一定要消灭私有产权。况且，作为人们奋斗目标的"共产主义并不剥夺任何人占有社会产品的机会，它只剥夺利用这种占有去奴役他人劳动的机会"。③ 当然，只是到了发达的资本主义社会，私有产权才比较完善。同时，这里的"私人利益本身已经是社会所决定的利益，而且只有在社会所创造的条件下并使用社会所提供的手段，才能达到"。④ 一旦产品极大丰富和人能够自觉地控制生产，私有产权自然也就失去了存在的基础和理由。因此，它的消除是在人能够自觉地控制社会生产以后，即在人全面发展以后。"私有制只有在个人得到全面发展的条件下才能消灭，因为现存的交往形式和生产力是全面的，所以只有全面发展的个人才可能占有它

---

① 《马克思恩格斯全集》，人民出版社第2版，第44卷，第103页。
② 《马克思恩格斯全集》第42卷，第35页。
③ 《马克思恩格斯全集》第4卷，第485页。
④ 《马克思恩格斯全集》第46卷（上），第102—103页。

们,即才可能使它们变成自己的自由的生活活动。"① 消灭私有制是人全面发展的结果,而不是它的原因。私有产权是和奴隶般的凝固分工以及国家一起消失的。

(四) 价值规律在商品社会实现其调节作用的机制和向导

价值规律在商品社会实现其调节作用的机制是竞争。马克思说:"任何一个资产阶级经济范畴,即使是最初步的范畴——例如价值规定——要成为实际的东西,都不能不通过自由竞争,也就是说,不能不通过资本的实际过程,这种过程表现为各资本以及其他一切由资本决定的生产关系和交往关系的相互作用。"② 价值规律本身既是一种社会劳动调节规律,又是一种社会分配规律。或者说,价值规律的调节功能正是其通过分配功能来实现的。正如马克思所说:"事实上价值规律所影响的不是个别商品或物品,而总是各个特殊的因分工而互相独立的社会生产领域的总产品;因此,不仅在每个商品上只使用必要的劳动时间,而且在社会总劳动时间中,也只把必要的比例量使用在不同类的商品上。"③ 价值规律的分配是一种首次分配。它既不是按活劳动分配,也不是按资本分配,而是按社会需要的内在比例和效率的原则分配。它的目的是要保证社会物质生活的正常循环和发展,从而促进人的不断发展。如果要素投得不是地方,不管是劳动,还是资本,价值规律都将使它甚至血本无归。这时谈何按劳分配或按资分配?! 正如马克思所说:"分配是以这种实体已经存在为前提的"。④ 相反,如果要素投对地方,赚得丰厚的利润,这时有何内部分配的矛盾不可消除?! 现代事实表明,这时企业在保证循环和发展的前提下,往往采取"剩余分享"的政策。其实,所谓"按劳分配"的"劳"如

---

① 《马克思恩格斯全集》第3卷,第516页。
② 《马克思恩格斯全集》第46卷(下),第160页。
③ 《马克思恩格斯全集》第25卷,第716页。
④ 《马克思恩格斯全集》第25卷,第929页。

果是指"社会必要劳动",那么,这种按劳分配与按价值规律的分配是重合的,因而是一种"自然规律";① 如果是指"实耗劳动"或"活劳动",那么,正是马克思发现,"并非任何仿佛是或者甚至真正是生产某一商品所必需的劳动,都会在任何条件下使该商品具有与所消耗的劳动量相当的数量的价值"。②

作为价值规律的社会分配统治着所有的社会形态。社会需要的内在比例决定社会价值的内在比例。它既表现为社会正常再生产所要求的各种物质产品品种之间的比例,同时也表现为由生产方式所决定的各个阶级之间的收入分配比例。正如马克思所说:"在分配是产品的分配之前,它是(1)生产工具的分配,(2)社会成员在各类生产之间的分配(个人从属于一定的生产关系)……产品的分配显然只是这种分配的结果。"③ 简言之,就是人与物的分配。只有这两个方面都合比例,社会物质生活才能正常循环。单个的人的收入或单个物的价值都只是比例量的平均。对于价值规律的这种双重调节作用在劳动二重性相等的共产主义社会里的表现,马克思曾经作过描述。他说:那时"劳动时间就会起双重作用。劳动时间的社会的有计划的分配,调节着各种劳动职能同各种需要的适当的比例。另一方面,劳动时间又是计量生产者个人在共同劳动中所占份额的尺度,因而也是计量生产者个人在共同产品的个人消费部分中所占份额的尺度"。④

社会需要及其内在比例不是哪个个人或哪个阶级所能创造或改变的。它是社会和历史的产物。马克思说:"物质生活的这样或那样的组织,每次都依赖于已经发达的需求,而这些需求的产生,也像它们的满足一样,本身是一个历史过程"。"一种内在联系把各种不同的需要量连结成一个自然的体系;另一方面因为,商品的价值规律决定社

---

① 《马克思恩格斯全集》第23卷,第92页。
② 《马克思恩格斯全集》第22卷,第236页。
③ 《马克思恩格斯全集》第46卷(上),第33—34页。
④ 《马克思恩格斯全集》第23卷,第96页。

会在它所支配的全部劳动时间中能够用多少时间去生产每一种特殊商品。"① 由于社会需要的形成有每个人意志的参与，因此，从这个意义上说，价值规律按社会需要的内在比例分配本身就是一种"按需分配"。如果说"按需分配"是一种共产主义原则，那么，价值规律早已体现了这种原则，只是它是自发的而已。在商品社会，无论是生产资料的要素，还是各种劳动的要素，都可以自由流动。它体现了一种"机会均等、盈亏自负"的机制公平。由于按社会需要的内在比例分配是社会正常再生产的首要条件，从而也是每个人正常生活的首要条件，因此，按社会需要的内在比例分配体现的是一种宏观的社会公平。在每一种比例的内部，商品社会的原则是"同质同价、同工同酬"，它体现的是一种微观的社会公平。商品社会保护作为社会价值与个别价值之差的所得，它体现的是鼓励先进，促进效率的原则。至于政府所进行的税收调节、工资调节和汇率调节等等，它们体现的是一种试图按照社会需要的客观比例分配的自觉努力。

价值规律利用本来意义上的利润——"总资本在生产过程和流通过程结束时所得到的价值超过它……进入这个生产过程之前就具有的价值所形成的增长额"，②——即社会价值与个别价值之差，调动人们把资源配置优化。换言之，价值规律是通过人与人的利益关系这个中介调节人与自然的关系。本来意义上的利润是一个与作为资本家正常报酬，因而不需要通过竞争就直接被列入生产费用（生产价格、市场价格）的平均利润有区别的超额利润。③ 超额利润是一种"与工人的剩余劳动完全不同的东西"。④ 它来自竞争，来自产品的供求状况和生产工艺的差别。恩格斯说："价值是私人产品中所包含的社会劳动的表现，在这里已经存在着社会劳动和同一产品中所包含的私人劳

---

① 《马克思恩格斯全集》第3卷，第80页；第23卷，第394页。
② 《马克思恩格斯全集》第48卷，第277页。
③ 《马克思恩格斯全集》第25卷，第218、288页。
④ 《马克思恩格斯全集》第49卷，第115页。

动二者之间的差别的可能性。这样,如果一个私人生产者在社会的生产方式不断进步的时候,仍用旧的方式进行生产,那末他会深切地感到这一差别。当某类商品的全体私人生产者生产的商品超过社会所需要的数量的时候,也会发生同样的现象。"①

在马克思的著作中,关于作为社会价值与个别价值之差的利润的来源有三种说法:(1)工人劳动的"自乘";②(2)落后企业剩余价值的转移;③(3)社会需要所决定的社会价值。④ 其实,前两种说法是试图用劳动二重性相等的社会中的价值理论,即活劳动价值论来说明只有在劳动二重性不相等的社会中才会产生的问题。只有最后一种说法才是用劳动二重性不相等的社会中的价值理论,即社会必要劳动价值论来进行说明。

传统观念认为,有两种先后发生并且作用不同的竞争:"同一生产领域内的市场价值形成过程同不同生产领域的费用价格形成过程"。"竞争在同一生产领域所起的作用是:使这一领域生产的商品的价值决定于这个领域中平均需要的劳动时间;从而确立市场价值。竞争在不同生产领域之间所起的作用是:把不同的市场价值平均化为代表不同于实际市场价值的费用价格的市场价格,从而在不同领域确立同一的一般利润率。"⑤ 其实,商品在不同生产领域之间的竞争形成的是价值在不同生产领域之间的分配比例,而在同一生产领域的竞争形成的是最低成本。换言之,商品在不同生产领域之间竞争的是比例,在同一生产领域竞争的是效率(当然,讲比例本身的意思就是不浪费,因此,从宏观上看,比例本身也是一种效率)。两种竞争就全社会而言并不存在先后关系,而是同时进行的。因为"斗争……发生在出卖

---

① 《马克思恩格斯全集》第20卷,第335页。
② 《马克思恩格斯全集》第23卷,第354页。
③ 《马克思恩格斯全集》第26卷(Ⅱ),第21—22页;第25卷,第199、193页。
④ 《马克思恩格斯全集》第46卷(上),第389页;第23卷,第353页。
⑤ 《马克思恩格斯全集》第26卷(Ⅱ),第229、230页。

者所要求的交换价值和购买者所提出的交换价值之间。产品的交换价值每次都是这些互相矛盾的估价的合力。""供给者之间的竞争和需求者之间的竞争构成购买者和出卖者之间斗争的必然要素,而交换价值就是这个斗争的产物。""竞争用加压力于价格的办法,即一般说来是唯一可行的办法来确立这种对价值的决定。""全部社会资本在不同投资领域之间的分配"是"由竞争决定的"。① 但是,如果是就某一种商品而言,一般总是先竞争需要的满足,再竞争效率。正因为如此,所以,在求大于供和供求平衡两种情况下,即使"最坏条件下生产的商品",也能按其实际成本加平均利润出售。**竞争的最后结果只能产生作为比例劳动平均的社会必要劳动。**在现实生活中并没有发现哪种机制能够使价值定位于实耗劳动的平均。作为比例劳动平均的社会必要劳动与实耗劳动并没有必然的联系。既然实耗劳动的平均是一个无法产生的量,那么谈论基于它的调节作用当然也是徒劳的。

平均利润本身用不着竞争,因为"相等的利润率,……是资本的历史出发点之一",它是"有意识地和自觉地""互相商定的"。"在资本主义生产的基础上,如果商品不提供等于预付资本价值加平均利润的费用价格,它就——最终地、照例地——不会拿到市场上去。""平均利润率是在互相竞争的资本家势均力敌的时候出现的。竞争可以造成这种均势,但不能造成在这种均势形成时出现的利润率。当这种均势形成的时候,一般利润率为什么会是10%、20%或100%呢?是由于竞争吗?正好相反,竞争消除了那些造成与10%或20%或100%相偏离的原因。它带来一个商品价格,按照这个价格,每个资本都按照它的量提供相同的利润。但这个利润本身的量与竞争无关。竞争只是把一切偏离不断地化为这个数量。""如果供求平衡,商品的市场价格就和它的生产价格相一致,也就是说,这时它的价格就表现为由资

---

① 《马克思恩格斯全集》第4卷,第85、87页;第21卷,第215页;第26卷(Ⅱ),第231页。

本主义生产的内部规律来调节,而不是以竞争为转移"。① 所以,平均利润本身已经包含在商品的最低售价中。价格上下浮动从而导致盈亏的只能是与平均利润不同的超额利润部分。当产品求大于供或者用更先进的方法生产的情况下,生产者就能盈;反之则亏。盈亏对生产起着导向作用。马克思说,"只要一个人用较便宜的费用进行生产,用低于现有市场价格或市场价值出售商品的办法,能售出更多的商品,在市场上夺取一个更大的地盘,他就会这样去做,并且开始起这样的作用,即逐渐迫使别人也采用更便宜的生产方法,把社会必要劳动减少到新的更低的标准。"② 由于生产的"比例失调而引起的市场价值的提高或降低,造成资本从一个生产领域抽出并转入另一个生产领域,造成资本从一个领域向另一个领域的转移"。"劳动投向这个方向还是投向另一个方向,要看在这个或那个生产领域里能获得什么样的利润"。"利润……表现为……资本和劳动本身在不同生产部门之间分配的因素。"③

同样,地租(包括绝对地租和级差地租)也是价值规律中一个既有分配功能,又有调节功能的形式。社会"按产品内所包含的实际劳动时间的二倍半来购买这种土地产品"的情况,④ 是由于土地资源的短缺和"需求超过供给"造成的。⑤ 它促使人们一方面努力提高土地产品的生产效率,另一方面积极开发替代资源,如"无土栽培"、"合成食品"等等。一旦土地产品或能够替代土地产品的产品极大丰富,地租就将消失。正如马克思所说:"如果有一种新的不用水力的生产方法,使那些用蒸汽机生产的商品的成本价格由 100 镑减低到 90 镑,

---

① 《马克思恩格斯全集》第 25 卷,第 1020—1022 页;第 26 卷(Ⅲ),第 85 页;第 25 卷,第 978、399 页。
② 《马克思恩格斯全集》第 25 卷,第 217 页。
③ 《马克思恩格斯全集》第 26 卷(Ⅱ),第 595 页;第 26 卷(Ⅲ),第 490 页;第 25 卷,第 998 页。
④ 《马克思恩格斯全集》第 25 卷,第 745 页。
⑤ 《马克思恩格斯全集》第 26 卷(Ⅱ),第 179 页。

那末,超额利润,从而地租,从而瀑布的价格就会消失。"① 恩格斯也认为,只要有"足够数量的草原"被开垦,就"可以使欧洲所有大地主以及小地主遭到破产"。② 实践证明,地租不是仅仅靠土地国有化就能消灭得了的,虽然这时得到地租的是国家。

至于利息,它是一个历时性的增量,因而它的性质与利润和地租有区别,即它不属于共时性的分配项目。它的实现只能存在于社会需要的自然增量中。社会需要的自然增量惠及每一个人。但是,有的人即时不消费,以货币或其他形式让渡消费,那么他就能从受惠者那里得到历时性的补偿。"中等利息率在每个国家在较长期间内都会表现为不变的量"。③ 这是因为,统计表明,社会需要的自然增量基本上是一个常量。至于不断变动的市场利息率,那末,它和商品的市场价格一样,"是由供求关系直接地、不通过任何媒介决定的"。④

如果说在资本主义的早期,资本家力图物化更多的活劳动,力图把单位商品的价值提高,那么,在资本主义的发达时期,资本家不但节约死劳动,而且节约活劳动,"力图把单位商品的价值降低到它的最低限度"。⑤ 竞争迫使资本不断追求创新和先进,使资本不仅在不同部门之间流动,而且也在同一部门中的先进与落后之间流动,从而推动社会生产力的不断发展。由于"生产力的这种提高并不是靠在另一地方增加劳动消耗换来的",所以超额利润与不等价交换的剥削无关。而且,它与产品是否进入劳动力消费也无关。⑥ 如果说这时还有剥削,那么其对象已经是"劳动的社会生产力"。⑦ 资本的总再生产过程是生产阶段和流通阶段的统一。资本不是只盈不亏,而是要经历

---

① 《马克思恩格斯全集》第25卷,第730页。
② 《马克思恩格斯全集》第25卷,第818页。
③ 《马克思恩格斯全集》第25卷,第410页。
④ 《马克思恩格斯全集》第25卷,第412页。
⑤ 《马克思恩格斯全集》第48卷,第22页。
⑥ 《马克思恩格斯全集》第23卷,第424、353页。
⑦ 《马克思恩格斯全集》第48卷,第276页。

"惊险的跳跃"。① 其成败的关键就在于产品的品种和工艺。通过竞争，盈亏最后趋于平衡，即盈亏消失，恢复到平均利润的水平。因此，"随着资本主义的发展，会形成资本主义社会的平均水平"，"相等的利润率，在其充分发展的情况下……是资本主义生产的最后结果之一"。② 当然，当达到这一点时，不仅意味着全社会供求的平衡，而且意味着全社会生产力，以至每个人的生产力（即每个人的发展程度）的平衡。如果就总量而言，工资总和加平均利润总和就等于社会价值总和。在社会价值总和中没有单独的超额利润总和的项目，因为它与亏损总和相抵消了。迄今为止，似乎还没有统计数字能够证明不包含超额利润的平均利润率是趋向下降的。约瑟夫·吉尔曼在他的《下降的利润率》一书中，研究了美国 1849 年至 1952 年一百多年的统计资料，并没有发现利润率的下降趋势。

由于超额利润产生于效率，因此追求这种利益的人与其说是"经济人"，不如说是"效率人"。用最小的耗费取得最大的效用，是人的天然本性。西尼尔说："'每个人都希望以尽可能少的牺牲取得更多的财富'是经济学的第一公理。"③ 魁奈说："以最少的支出达到最大的享受是经济活动的理想。"④ 斯密说："在任何国家，人民大众的利益总在于而且必然在于，向售价最廉的人购买他们所需要的各种物品。这个命题是非常明白的；费心思去证明它，倒是一种滑稽的事情。"⑤《大英百科全书》第 11 版这样定义"人"："人是消耗最少的必要能量来换取最大限度舒适的探索者。"而共产主义所追求的也无非是"合理地调节他们和自然之间的物质变换，把它置于他们的共同控制之下，而不让它作为盲目的力量来统治自己；靠消耗最小的力量，在最

---

① 《马克思恩格斯全集》第 23 卷，第 124 页。
② 《马克思恩格斯全集》第 26 卷（Ⅲ），第 495 页；第 25 卷，第 1021 页。
③ 西尼尔：《政治经济学大纲》，商务印书馆 1986 年版，第 47 页。
④ 魁奈：《中华帝国的专制制度》，商务印书馆 1992 年版，第 376 页。
⑤ 斯密：《国民财富的性质和原因的研究》（下），商务印书馆 1974 年版，第 66 页。

无愧于和最适合于他们的人类本性的条件下来进行这种物质变换"。①求效率就是求发展。恩格斯说："每一个人都无可争辩地有权全面发展自己的才能"。② 到共产主义社会，"每个人的自由发展是一切人的自由发展的条件"。③ 因此，"效率人"的称谓既符合实践，又符合理想，从而可以免除争议。而且，价值规律本身的机制也决定了只有在增进社会利益中，才能增进个人利益。这个道理是每个交换的主体都能够意识到的："每个人在交易中只有对自己来说才是自我目的；每个人对他人来说只是手段；最后，每个人是手段同时又是目的，而且只有成为他人的手段才能达到自己的目的，并且只有达到自己的目的才能成为他人的手段，——这种相互关联是一个必然的事实，它作为交换的自然条件是预先存在的"。④ 当然，社会的自发配置不会尽如人意。它有滞后性、短见性和外部性等等问题。这就需要由政府根据对客观经济规律的认识程度而进行相应的宏观调控。

商品社会通行应耗劳动所有权。在发达的资本主义社会，价格是应耗劳动的化身。商品占有者以自己劳动的产品或自己组织生产的产品所能换回的就是这个应耗劳动。这样，通过商品交换，实耗劳动所有权就转化为应耗劳动所有权。应耗劳动所有权以私有产权为前提。应耗劳动所有权与所谓的资本主义占有权是完全不同的两回事。前者是为社会和历史所认可的比例性和奖优罚劣性的占有，后者是欺诈性和掠夺性，而且是具有生理界限的不等价交换性的占有。马克思和恩格斯从来只是认为"资本主义占有"和社会化生产"不相容"，⑤ 因而要消灭的是"现有的占有方式"，⑥ 而并没有认为应耗劳动所有权与社会化生产不相容。传统观念认为，只要存在某种形式的私有权和

---

① 《马克思恩格斯全集》第25卷，第926—927页。
② 《马克思恩格斯全集》第2卷，第614页。
③ 《马克思恩格斯全集》第39卷，第189页。
④ 《马克思恩格斯全集》第46卷（下），第472—473页。
⑤ 《马克思恩格斯全集》第20卷，第295—296页。
⑥ 《马克思恩格斯全集》第4卷，第477页。

· 第五章 商品社会（含"第二种"资本主义生产形式）中的价值 ·

商品交换，私有权就必然会转化为资本主义占有权。其实，理论和实践都可以证明，只要法制健全，这种转化是可以被阻断的。而且，"工厂主靠着对工人进行琐细偷窃的办法来互相竞争已经不合算了。事业的发展已经不允许再使用这些低劣的谋取金钱的手段；这些手段对拥资百万的工厂主说来已毫无意义"。① 这就充分表明，社会化生产本身正在消灭欺诈性和掠夺性的"资本主义占有"。

在商品社会，工人只管出卖具有一定质和一定量的职业性劳务。流动形式的劳务是可以和货币实现"等价物换等价物"。② 这时"一切可以由法律控制的、妨害工人阶级发展的障碍"都已经除去，③ 所以对劳务一般不能进行不等价交换即"过度劳动"。至于生产什么和怎样生产都是由资本家安排。劳动的特点在于：同一种劳动可以生产不同种的使用价值。而凭不同种的使用价值就可以从市场上"取得"不同的社会价值。因而工人劳动的结果既可能增加生产要素的价值，也可能持平或"丧失"生产要素的价值。一切都要等到产品拿到市场上去以后才见分晓。从这个意义上同样可以说：价值是从劳动力商品的"使用上取得"。④ 只是取得的价值既可能是正的，也可能是负的。

经济学是研究调节劳动的规律的学问，或者说是选择生产要素投向的学问。人们在进行选择的时候，会考虑需要和可能。需要包括社会的和个人的，物质的和精神的，近期的和长远的，等等。它们会被综合到一个人的价值观中。虽然每个人的价值观不尽相同，并且价值观本身也是不断变化和发展的，但是这里只考察一种平均的、稳定的和正确的价值观，并且把它作为一种前提，而不考察它究竟是如何形成的。这个价值观在经济学中被一种公认的"物"即货币模糊地、综合地、习惯地和象征地量化，并且表现为成本或效益。人们在进行投

---

① 《马克思恩格斯全集》第 22 卷，第 312—313 页。
② 《马克思恩格斯全集》第 26 卷（Ⅰ），第 161 页。
③ 《马克思恩格斯全集》第 23 卷，第 11 页。
④ 《马克思恩格斯全集》第 23 卷，第 190 页。

资选择的时候，就要进行成本和效益是否相抵的分析，而且，在宏观上它必然是一种"边际"的成本和效益的分析。因为"人们不能自由选择自己的生产力——这是他们的全部历史的基础，……任何生产力都是一种既得的力量，以往的活动的产物"，① 人们只能在过去既有的生产体系中添加自己新的一块砖和一片瓦。

---

① 《马克思恩格斯全集》第27卷，第477页。

第六章 论剩余价值

马克思的剩余价值的定义、源泉和性质究竟如何？本章将对它们作系统的考察。

一 剩余价值是什么

马克思对剩余价值并没有下过完整的定义。但是，顾名思义，叫做"剩余价值"的对象必须既要有"剩余"，又要有"价值"。马克思究竟是如何同时满足这两个基本条件的呢？下面从概念和用途这两个方面来看马克思本人的表述。

（一）剩余价值的概念

1. 剩余价值是一种工人创造的产品和价值余额

更确切的表述是：剩余劳动时间是劳动群众超出再生产他们自己的劳动能力、他们本身的存在所需要的量即超出必要劳动而劳动的时间，这一表现为剩余价值的剩余劳动时间，同时物化为剩余产品，并且这种剩余产品是除劳动阶级外的一切阶级存在的物质基础，是社会整个上层建筑存在的物质基础。[47.216]

不固定在商品上的种种劳动，按其性质来说，大多数不能从属于资本主义生产方式；……这些生产工人创造着养活非生产劳动者，因而使他们得以生存的物质基础。[26.1.181]

资本主义生产的目的是纯产品，它实际上仅仅表现在剩余价值所赖以体现的剩余产品的形式上，这种情况表明资本主义生产实质上是剩余价值的生产。[49.112]

剩余价值即纯产品 [49.113]

剩余劳动和剩余价值的可能性要以一定的劳动生产率为条件，这个生产率使劳动能力能够创造出超过本身价值的新价值，能够生产比维持生活过程所必需的更多的东西。[26.1.22]

……他就根据情况强迫工人劳动8小时、10小时、12小时、14小时或者更多的时间，所以第七、第八和以后各小时的产品就是无偿劳动的产品，直接落到资本家的腰包里。这样，给这个资本家做事的工人，不仅再生产着他那由资本家付酬的劳动力的价值，而且还额外地生产剩余价值，这种剩余价值起先被这个资本家所占有，然后按一定的经济规律在整个资本家阶级中进行分配，组成为地租、利润、资本积累的源泉，即非劳动阶级所消费或积累的一切财富的源泉。[19.125]

在生产力发展的一定阶段上——使用的劳动量增加，剩余价值和剩余产品的量也会增加。[26.2.653]

这样，劳动力发挥作用的结果，不仅再生产出劳动力自身的价值，而且生产出一个超额价值。这个剩余价值就是产品价值超过消耗

掉的产品形成要素即生产资料和劳动力的价值而形成的余额。[23.235]

商品的资本主义费用是用资本的耗费来计量的,而商品的实际费用则是用劳动的耗费来计量的。所以,商品的资本主义的成本价格,在数量上是与商品的价值或商品的实际成本价格不同的;它小于商品价值,[25.33]

这个过程的完整形式是 G—W—G′。其中的 G′=G+△G,即等于原预付货币额加上一个增殖额。我把这个增殖额或超过原价值的余额叫做剩余价值。[23.172]

关于剩余价值是物质品的定义其实还是重农学派的,因为"他们把剩余价值看成雇佣劳动者的劳动产品"。① 要注意,那时的生产和生活是自给自足的。价值本来是一种观念的东西,但是,许多时候,马克思像重农学派一样,把产品、劳动和价值三者等同起来。这样,马克思的剩余价值论实际上也就变成了一种产品流向论。三者的等同,正如马克思自己所说,只有"在生产力发展的一定阶段上",即求大于供的简单商品社会才有可能成立。而在其他情况下,"产品的单纯增加并不使价值增加"。②

此外,产品剩余不剩余全凭人的感觉。人的发展程度不同,感觉也就不同。"社会的人的感觉不同于非社会的人的感觉"。③ 非社会的人感觉剩余的东西,社会的人未必也感觉剩余。社会的人与社会是同

---

① 《马克思恩格斯全集》第26卷(Ⅰ),第32页。
② 《马克思恩格斯全集》第46卷(下),第277页。
③ 《马克思恩格斯全集》第42卷,第126页。

一的，① 因而对社会不剩余的东西，对个人也不剩余。但是，对非社会的人而言，可以存在对社会不剩余的东西，对个人是剩余的。换言之，既要"剩余"，又要有"价值"的剩余价值概念只能适用于非社会的人。

2. 剩余价值是一种不等价交换的余额

资本和劳动之间的交换（其结果是劳动价格）尽管从工人方面来说是简单交换，但从资本家方面来说，必须是非交换。资本家得到的价值必须大于他付出的价值。从资本方面来看，交换必须只能是一种表面的交换，这就是说，必须属于与交换的形式规定不同的另一种经济形式规定，否则，资本就不可能作为资本，劳动就不可能作为与资本相对立的劳动。[46.1.283]

如果剩余价值是指一种不等价交换的产物，那么它就不是一个经济分析的问题。

3. 剩余价值是一种等价交换的余额

在相同的社会条件下，两个相同的私人产品可能包含不等量的私人劳动，但总是只包含着等量的一般人的劳动。[20.331]

只要他的产品的个别价值低于其社会价值，从而可以在他的产品的个别价值以上出卖，对他来说剩余价值就创造出来了。[49.83]

剩余价值首先是商品价值超过商品成本价格的余额。[25.41]

---

① 《马克思恩格斯全集》第1卷，第452页；第3卷，第5页；第46卷（下），第226页。

这个剩余价值就是<u>产品价值超过消耗掉的产品形成要素即生产资料和劳动力的价值而形成的余额</u>。[23.235]

资本的趋势是，只容许这样的超额利润，这种超额利润，在一切情况下都不是由商品的价值和生产价格之间的差额产生的，而是由调节市场的<u>一般生产价格</u>和与它相区别的<u>个别生产价格</u>之间的差额产生的。[25.858]

这些定义的前提是：个别价值≠社会价值。商品按社会价值等价交换，社会价值与个别价值之差归自己。在这个阶段，人已经发展成为社会的人。因此，已经不能再沿用那种适用于非社会人的剩余价值概念。事实上，马克思在论述这个阶段的余额问题时，已经撇开了劳动力的价值问题，从而也撇开了资本与劳动的不等价交换的问题。① 这时剥削的对象已经不是"劳动力"，而是"劳动的社会生产力"。② 因此，马克思已经不是用等价交换假象下的不等价交换来说明剥削，而是用真正等价交换下的社会价值与个别价值之差来说明剥削。由于"劳动的社会生产力"属于资本，③ 因此这种剥削是资本之间的事，而不是资本和劳动之间的事。

4. 剩余价值是存量，而不是增量

在这 140 塔勒中，现在有 40 塔勒余额。资本家在生产期间以及在他开始生产之前必须生活；例如为此需要 20 塔勒。除了他的 100 塔勒资本外，资本家必须有这 20 塔勒；因而<u>在流通中必须有这 20 塔勒的等价物</u>。（这些等价物如何产生，这个问题在这里与我们无关。）

---

① 《马克思恩格斯全集》第 23 卷，第 353 页。
② 《马克思恩格斯全集》第 48 卷，第 276 页。
③ 《马克思恩格斯全集》第 26 卷（Ⅰ），第 420 页。

资本假定流通是个不变量。这些等价物总是不断重新存在。
[46.1.338]

<u>对新创造的价值来说，没有现成的等价物；后者的可能性只在新的劳动中。</u>[46.1.339]

在马克思的简单再生产图式中也有剩余价值的位置。① 因此，剩余价值是一种存量。作为增量的剩余价值在马克思看来只存在于未来的"可能性"中。诚然，在马克思的扩大再生产图式中也有剩余价值的位置，但是，正如罗·卢森堡在1912年的《资本积累论》中所提出的，《资本论》第二卷对再生产图式的分析忽略了一个重要问题，即在扩大再生产条件下，实现有支付能力的需求源于何处？

5. 剩余价值仅仅是一种"自在"的和"观念"的货币

资本通过价值增殖过程（1）通过交换本身（即同活劳动交换）而保存了自己的价值；（2）增加了价值，创造了剩余价值。现在，作为生产过程和价值增殖过程的这种统一的结果表现出来的，是这个过程的产品，即资本本身，它是作为产品从以它为前提的过程中产生出来的，——作为产品，它是价值，换句话说，价值本身表现为这个过程的产品，而且是更高的价值，因为这个价值比最初作为出发点的价值包含更多的物化劳动。这个价值作为价值是货币。但是<u>它仅仅自在地是货币，它还没有表现为货币</u>；首先表现出来的、现有的东西，是具有一定的（观念上的）价格的商品，也就是说，<u>这个商品只是在观念上作为一定的货币额而存在</u>，它要在交换中才能实现为一定的货币额，也就是说，它首先必须重新进入简单流通过程才能表现为货币。

---

① 《马克思恩格斯全集》第24卷，第441页。

[46.1.383—384]

马克思所讲的由活劳动所创造的剩余价值，只是指一种"自在"的和"观念"的货币。"观念地转化为货币和实在地转化为货币决不是由同一些规律决定的"。①

6. 剩余价值是一种比例

剩余价值同商品没有关系，<u>它只表示总工作日的两个部分之间的比例</u>，即工人为补偿他的工资（他的劳动能力的价值）而劳动的那部分同他超过这种补偿为资本家而劳动的部分之间的比例。[47.277]

<u>剩余价值只不过是活劳动同物化在工人身上的劳动之间的比例</u>，因而比例中的一项必然始终存在。虽然比例的因数可以变化，但是比例仍旧是比例，这就决定了生产力的提高和剩余价值的增加之间存在着一定的比例。[46.1.302]

剩余价值是一种比例的定义，与马克思关于价值是一种"量的生产关系"，是一种商品交换其他商品的比例的"指数"的定义相一致。②

7. 剩余价值是一个一般范畴

过去的一切经济学一开始就把表现为地租、利润、利息等固定形式的剩余价值特殊部分当作已知的东西来加以研究，与此相反，我首

---

① 《马克思恩格斯全集》第46卷（上），第135页。
② 《马克思恩格斯全集》第46卷（上），第88、84页。

先研究剩余价值的一般形式，在这种形式中所有这一切都还没有区分开来，可以说还处于融合状态中。[32.11]

而马克思的剩余价值，却是生产资料所有者不付等价物就占有的价值额的一般形式。这个价值额，按照马克思首先发现的一些十分独特的规律，分割为利润和地租这样一些特殊的转化形式。[24.15]

在这里，我们说剩余产品时，总是指产品中那个代表超额利润的相应部分。在其他地方，我们说剩余产品或超额产品时，却是指那个代表全部剩余价值的产品部分，在个别场合，也指那个代表平均利润的产品部分。[25.780]

利润分为平均利润和超额利润。平均利润并不是超额利润的平均。平均利润和超额利润的来源和功能是有区别的。把它们合在一起作为一个范畴来论述，既混淆了问题，又缺乏实际意义。

（二）剩余价值的用途

马克思的剩余价值的用途是通过几种特有的两分法表现出来的：

1. 人的两分法——劳动者和不劳动者

资本并没有发明剩余劳动。凡是社会上一部分人享有生产资料垄断权的地方，劳动者，无论是自由的或不自由的，都必须在维持自身生活所必需的劳动时间以外，追加超额的劳动时间来为生产资料的所有者生产生活资料。[23.263]

社会上一切不劳动的分子，都是依靠这种无偿劳动维持生活的。资本家阶级负担的国税和地方税，土地所有者的地租等等，都是由无

偿劳动支付的。全部现存的社会制度，都是建立在这种无偿劳动之上的。[16.266—267]

在资本主义生产方式消灭之后，……一切为养活不劳动的人而从事的劳动都会消失。[25.958]

只要存在着一些人不劳动（不直接参加使用价值的生产）而生活的社会，那么，很清楚，这个社会的整个上层建筑就把工人的剩余劳动作为生存条件。这些不劳动的人从这种剩余劳动中取得两种东西：首先是生活的物质条件，他们分得赖以和借以维持生活的产品，这些产品是工人超过再生产他们本身的劳动能力所需要的产品而提供的。其次是他们支配的自由时间，不管这一时间是用于闲暇，是用于从事非直接的生产活动（如战争、国家的管理），还是用于发展不追求任何直接实践目的的人的能力和社会的潜力（艺术等等，科学），——这一自由时间都是以劳动群众方面的剩余劳动为前提，也就是说，工人在物质生产中使用的时间必须多于生产他们本身的物质生活所需要的时间。[47.215]

价值存在于使用价值中。因此，剩余价值存在于剩余产品中。剩余劳动存在于剩余生产中，后者构成一切不直接参加物质生产的阶级存在的基础。社会是由于构成社会物质基础的劳动群众得不到发展而发展的。[47.216]

这种剩余产品是除劳动阶级外的一切阶级存在的物质基础，是社会整个上层建筑存在的物质基础。同时，剩余产品把时间游离出来，给不劳动阶级提供了发展其他能力的自由支配的时间。[47.216]

既然我们这里只是谈论工人和资本家的对立，那么，一切不劳动的阶级就必定要和资本家一起分配剩余劳动的产品；所以这些剩余劳动时间不仅创造他们物质存在的基础，而且同时创造他们的自由时间，创造他们的发展的范围。[47.217]

另一方面，占有他人剩余劳动的条件本来就包含着这样的内容：除了必要人口，也就是说，除了代表必要劳动即代表生产上所必需的劳动的人口以外，还要有不劳动的过剩人口。资本的进一步发展表明，这些过剩人口，除了工业的部分——工业资本家——以外，又分化出纯粹消费的部分，即专以消费他人的产品为业的游手好闲的人，由于粗陋的消费是有限度的，所以有一部分产品必须以较为精致的形式，作为奢侈品供他们取用。[46.2.109]

由于纯产品的增加，为非生产劳动者开辟了更多的活动领域，这些非生产劳动者要消费生产工人的产品，他们在剥削生产工人的利害关系上也多少和那些直接从事剥削的阶级一致起来了。[26.2.651]

因此，社会收入增加了（撇开工资不说），即社会收入中不再转化为资本的部分增加了，从而也就是不直接参加物质生产的社会阶层借以维持生活的那个主体增加了。于是社会中从事科学的部分也增加了；同样，从事流通（贸易、金融业务）的人数以及只从事消费的游手好闲的人也增加了；为居民服务的部分也是这样。例如，这部分人在英国达到一百万，也就是说，比直接在纺纱厂和织布厂就业的全部工人的人数还要多。在资产阶级社会从封建社会中脱胎出来时，这部分人口大大减少了。在资产阶级社会的比较发展的阶段上，这种自愿的奴隶制（见魁奈关于仆人的论述）又随着奢侈，财富和炫耀财富的现象的出现而空前地增多起来。工人阶级必须养活这批与工人阶级本身相分离的人，为他们劳动，因为他们自己不直接参加物质生产（军队也是这样）。[47.345—346]

·第六章 论剩余价值·

依靠这些剩余产品过活的，既有<u>其他的工人</u>（他们在劳动交换中什么也不给予上述那部分工人，因为他们的<u>生产既不间接也不直接进入生活必需品的生产</u>），也有资本家以及得到自己生活必需品即必要生活资料的仆役。[49.517]

整个工人阶级的剩余劳动体现在：(1) 资本家及其仆从所消费的那一部分必需品上；(2) <u>全部奢侈品上</u>。[26.3.269]

奢侈品的剩余对于工人来说是一种暂时的现象，因为"以前表现为奢侈的东西，现在成为必要的了"，并且，"随着资本主义的发展，会形成资本主义社会的平均水平"。①

……如果我们把那些有劳动能力的人必须为社会上还不能劳动或<u>已经不能劳动的成员而不断进行的劳动</u>，包括到1. 必要劳动和2. 剩余劳动中去，[25.990]

从以上引文可见，马克思的"不劳动者"概念范围广泛。在马克思看来，只有"直接参加使用价值的生产"的人，只有从事"生活资料的生产"的人，才是"劳动者"，其他都是"不劳动者"。因为"其他一切劳动同生活资料的生产中所使用的劳动时间相比，就已经成为自由时间"。② 这跟重农学派关于只有农业劳动者是生产劳动者，其他都是非生产劳动者的论点异曲同工。马克思与重农学派的区别只是在于把"农业劳动"换成了"物质劳动"，但是都是以"物"为准。这种划分显然是没有看到"精神生产力"也是"生产力"，③ 没有看

---

① 《马克思恩格斯全集》第46卷（下），第19页；第26卷（Ⅲ），第495页。
② 《马克思恩格斯全集》第47卷，第217页。
③ 《马克思恩格斯全集》第46卷（上），第173页。

到上层建筑对经济基础的反作用。"政治、法律、哲学、宗教、文学、艺术等的发展是以经济发展为基础的。但是,它们又都互相影响并对经济基础发生影响。并不是只有经济状况才是原因,才是积极的,而其余一切都不过是消极的结果。这是在归根到底不断为自己开辟道路的经济必然性的基础上的互相作用。"①

不过,以上被马克思列入"不劳动者"黑名单的人,在其他地方又被马克思陆续地——"解放"了出来:

全部人的活动迄今都是劳动,[42.127]

宗教、家庭、国家、法、道德、科学、艺术等等,都不过是生产的一些特殊的方式,并且受生产的普遍规律的支配。[42.121]

在精神生产中,表现为生产劳动的是另一种劳动……[26.1.295]

国家本身以及同它有关的东西,都属于这种收入的扣除,也可以说,对个人说来,属于消费费用,对社会说来,属于生产费用。[46.2.24]

马克思了解古代奴隶主,中世纪封建主等等的历史必然性,因而了解他们的历史正当性,承认他们在一定限度的历史时期内是人类发展的杠杆;因而马克思也承认剥削,即占有他人劳动产品的暂时的历史正当性……[21.557—558]

我们的全部经济、政治和智慧的发展,是以奴隶制既为人所公

---

① 《马克思恩格斯全集》第39卷,第199页。

认、同样又为人所必需这种状况为前提的。在这个意义上，我们有理由说：没有古代的奴隶制，就没有现代的社会主义。[20.196—197]

当然，对于"游手好闲者"、"妓女"和"罪犯"等，马克思仍坚持他们是剩余的。事实上，他们在任何社会中都是剩余的。因此，马克思的剩余价值论对他们还是具有现实意义的。对于"资本家"，马克思恩格斯当时认为他们末日已到，因而已经剩余："由于现时生产力的巨大发展，把人分成统治者和被统治者、剥削者和被剥削者的最后根据，至少在最先进的国家里已经消失了；统治的大资产阶级已经完成了它的历史使命"。"他同时证明，这种历史的正当性现在不仅消失了，而且剥削不论以什么形式继续保存下去，已经日益愈来愈妨碍而不是促进社会的发展，并使之卷入愈来愈激烈的冲突中。"[1] 不过，后来恩格斯又把这个末日推迟了："历史清楚地表明，当时欧洲大陆经济发展的状况还远没有成熟到可以铲除资本主义生产方式的程度"。[2] 因此，他们什么时候死亡，不是一个已经有定论的问题，而是一个还在研究中的问题。当然，他们不是永恒的，而是必定会死亡和剩余，这一点在历史唯物主义者看来是毫无疑义的。

此外，以是否"直接参加使用价值的生产"作为劳动者和不劳动者划分的标准，显然不适用于"直接劳动本身不再是生产的基础"的社会。[3]

2. 劳动按目的的两分法——为自己的劳动和为别人的劳动

另一方面，再以农奴为例。可以说，农奴在整个东欧直到昨天还存在着。农奴在自己的或分给他使用的田地上为自己劳动3天，其余

---

[1] 《马克思恩格斯全集》第19卷，第123页；第21卷，第558页。
[2] 《马克思恩格斯全集》第22卷，第597页。
[3] 《马克思恩格斯全集》第46卷（下），第222页。

3天则在自己主人的领地上从事强迫的无报酬的劳动。所以，这里劳动中的有偿部分和无偿部分在时间上和空间上都是显然分开了的，于是我们的自由主义者就义愤填膺地认为强迫人白干活的思想是荒谬的。

其实，一个人无论是一周中在他自己的田地上为自己劳动3天，再在自己主人领地上无报酬地劳动3天，或是一天里在工厂或作坊中替自己劳动6小时，再为他的雇主劳动6小时，结果都一样，不过在后一场合，劳动的有偿部分和无偿部分是不可分割地混在一起了，整个交易的实质都因有合同存在和周末支领工资而完全被掩饰了。这种无报酬的劳动在一种场合似乎是自愿的，而在另一种场合则似乎是强迫的。全部区别就在于此。[16.150]

把多瑙河各公国对剩余劳动的贪欲和英国工厂对剩余劳动的贪欲比较一下是很有意义的，因为徭役制度下的剩余劳动具有独立的、可以感觉得到的形式。

假定工作日由6小时必要劳动和6小时剩余劳动组成。在这种情况下，自由工人每周为资本家提供6×6小时即36小时的剩余劳动。这和他每周为自己劳动3天，又为资本家白白地劳动3天，完全一样。但是这种情形是觉察不出来的。剩余劳动和必要劳动融合在一起了。因此，我也可以用另外的说法来表示同样的关系，例如说工人在每分钟内为自己劳动30秒，为资本家劳动30秒，等等。而徭役劳动就不是这样。例如瓦拉几亚的农民为维持自身生活所完成的必要劳动和他为领主所完成的剩余劳动在空间上是分开的。他在自己的地里完成必要劳动，在主人的领地里完成剩余劳动。所以，这两部分劳动时间是各自独立的。在徭役劳动形式中，剩余劳动和必要劳动截然分开。这种表现形式上的差别，显然丝毫不会改变剩余劳动和必要劳动之间的量的比率。每周三天的剩余劳动，无论是叫做徭役劳动还是叫做雇佣劳动，都是劳动者自己的无代价的三天劳动。不过资本家对剩

余劳动的贪欲表现为渴望无限度地延长工作日,而领主的贪欲则较简单地表现为直接追求徭役的天数。[23.264—265]

诚然,工人"消费的实质上不是资本家的财物,而是他自己的财物",但不是因为像罗西先生所说的那样,这只是产品的相应部分,而是因为这是他的产品的相应部分,并且,如果把交换的假象抛开,<u>工人的报酬就在于:在工作日的一部分中,他为自己劳动,在工作日的另一部分中,他为资本家劳动</u>;但是,只有在他的劳动允许这样划分的时候,他才能得到允许去进行劳动。[46.2.92]

虽然食物直接生产者的劳动,<u>对他们自己来说也分为必要劳动和剩余劳动</u>,但对社会来说,它所代表的,只是生产食物所需的必要劳动。并且,不同于一个工场内部分工的整个社会内部的一切分工也是如此。[25.716]

和一个工人的劳动分为必要劳动和剩余劳动一样,工人阶级的全部劳动也可以这样划分:<u>为工人阶级生产全部生活资料(包括为此所需的生产资料)的那部分,完成整个社会的必要劳动</u>;工人阶级所有其余部分所完成的劳动,可以看作剩余劳动。但是,必要劳动决不是只包括农业劳动,而且也包括生产其他一切必然进入工人平均消费的产品的劳动。并且,从社会的观点来看,一些人只从事必要劳动,因为其他的人只从事剩余劳动,反之亦然。<u>这只是他们之间的分工</u>。[25.713]

在简单商品社会中,劳动可以分为为自己的劳动和为别人的劳动,但是,在商品社会,却只有为社会劳动,才能为自己劳动。因而他的劳动全部都是为别人的,又全部都是为自己的。

3. 劳动按分工的两分法——体力劳动和其他劳动

当人的劳动的生产率还非常低，除了必需的生活资料只能提供微少的剩余的时候，生产力的提高、交换的扩大、国家和法律的发展、艺术和科学的创立，都只有通过更大的分工才有可能，这种分工的基础是，从事单纯体力劳动的群众同管理劳动、经营商业和掌管国事以及后来从事艺术和科学的少数特权分子之间的大分工。这种分工的最简单的完全自发的形式，正是奴隶制。[20.197]

从第一次社会大分工中，也就产生了第一次社会大分裂，即分裂为两个阶级：主人和奴隶、剥削者和被剥削者。[21.184—185]

正如在自然机体中头和手组成一体一样，劳动过程把脑力劳动和体力劳动结合在一起了。后来它们分离开来，直到处于敌对的对立状态。[23.555—556]

"从第一次社会大分工中"直接引出"剥削者和被剥削者"的结论是缺乏根据的。如果把分工的需要列为剩余价值，那么就是一种不要发展的表现。因为"一个民族的生产力发展的水平，最明显地表现在该民族分工的发展程度上"。"分工是先前历史的主要力量之一"。①

4. 再生产的两分法——物质生活的再生产和精神生活的再生产

我们首先应当确定一切人类生存的第一个前提也就是一切历史的第一个前提，这个前提就是：人们为了能够"创造历史"，必须能够生活。但是为了生活，首先就需要衣、食、住以及其他东西。因此第

---

① 《马克思恩格斯全集》第3卷，第24、53页。

一个历史活动就是生产满足这些需要的资料,即<u>生产物质生活本身</u>。〔3.31〕

<u>这个社会的整个上层建筑就把工人的剩余劳动作为生存条件。</u>〔47.215〕

每个社会都包括物质生活和精神生活即经济基础和上层建筑两个有机部分。把这两部分割裂开来,对立起来,只要前者,不要后者,这个社会就不成其为社会。况且,上层建筑"由于它本来具有的、即它一经获得便逐渐向前发展了的相对独立性,又反过来对生产的条件和进程发生影响"。①

5. 人的生活的两分法——物质活动和精神活动、享受和劳动、生产和消费

<u>分工不仅使物质活动和精神活动、享受和劳动、生产和消费由各种不同的人来分担这种情况成为可能,而且成为现实。要使这三个因素彼此不发生矛盾,只有消灭分工</u>。(3.36)

政治经济学从商品开始,即从产品由个别人或原始公社相互交换的时刻开始。进入交换的产品是商品。但是它成为商品,只是因为在这个物中、在这个产品中结合着两个人或两个公社之间的关系,即<u>生产者和消费者之间的关系</u>,在这里,两者已经不再结合在同一个人身上了。在这里我们立即得到一个贯穿着整个经济学并在资产阶级经济学家头脑中引起过可怕混乱的特殊事实的例子,这个事实就是:经济学所研究的不是物,而是人和人之间的关系,归根到底是阶级和阶级

---

① 《马克思恩格斯全集》第37卷,第486—487页。

之间的关系；[13.533]

在资本主义生产中，只有"有利润地"才是"生产地"，这正是资本主义生产同绝对生产的区别，以及资本主义生产的界限。为了"生产地"进行生产，必须这样生产，即把大批生产者排除在对产品的一部分需求之外；必须在同这样一个阶级对抗中进行生产，这个阶级的消费决不能同它的生产相比，——因为资本的利润正是由这个阶级的生产超过它的消费的余额构成的。另一方面，必须为那些只消费不生产的阶级生产。必须不仅仅使剩余产品具有成为这些阶级的需求对象的形式。……买和卖是分离的，商品和货币、使用价值和交换价值是分离的。……消费和生产是分离的；生产者不消费，消费者不生产。[26.3.128]

把生产和消费对立起来，并且把它归结为阶级和阶级之间的关系，显然太绝对了。

6. 时间的两分法——劳动时间和自由时间

社会中占有自由时间（即不被生活资料的直接生产所占去的时间）的那部分人以工人的剩余劳动为生。
……其他一切劳动同生活资料的生产中所使用的劳动时间相比，就已经成为自由时间。[47.217]

在必要劳动时间之外，为整个社会和社会的每个成员创造大量可以自由支配的时间（即为个人发展充分的生产力，因而也为社会发展充分的生产力创造广阔余地），这样创造的非劳动时间，从资本的立场来看，和过去的一切阶段一样，表现为少数人的非劳动时间，自由时间。[46.2.221]

时间实际上是人的积极存在，它不仅是人的生命的尺度，而且是人的发展的空间。随着资本侵入这里，<u>剩余劳动时间成了对工人精神生活和肉体生活的侵占</u>。[47.532]

但是，马克思随即又对劳动时间和自由时间的对立作了否定："直接的劳动时间本身不可能像从资产阶级经济学的观点出发所看到的那样永远同自由时间处于抽象对立中，这是不言而喻的。……自由时间——不论是闲暇时间还是从事较高级活动的时间——自然要把占有它的人变为另一主体，于是他作为这另一主体又加入直接生产过程。""节约劳动时间等于增加自由时间，即增加使个人得到充分发展的时间，而个人的充分发展又作为最大的生产力反作用于劳动生产力。"①

7. 需要按主体的两分法——个人需要和社会需要

在任何社会生产（例如，自然形成的印度公社，或秘鲁人的较多是人为发展的共产主义）中，总是能够区分出劳动的两个部分，一个部分的产品直接由生产者及其家属用于<u>个人的消费</u>，另一部分即始终是剩余劳动的那个部分的产品，总是用来满足<u>一般的社会需要</u>，而不问这种剩余产品怎样分配，也不问谁执行这种社会需要的代表的职能。[25.992—993]

剥削阶级和被剥削阶级、统治阶级和被压迫阶级之间的到现在为止的一切历史对立，都可以从人的劳动的这种相对不发展的生产率中得到说明。当实际劳动的人口要为自己的必要劳动花费很多时间，以

---

① 《马克思恩格斯全集》第46卷（下），第225—226、225页。

致没有多余的时间来从事社会的公共事务,例如劳动管理、国家事务、法律事务、艺术、科学等等的时候,必然有一个脱离实际劳动的特殊阶级来从事这些事务;而且这个阶级为了它自己的利益,永远不会错过机会把愈来愈沉重的劳动负担加到劳动群众的肩上。[20.198]

<u>如果我们把工资归结为它的一般基础,也就是说,归结为工人本人劳动产品中加入工人个人消费的部分</u>……[25.990]

个人需要和社会需要能够对立的前提是:人还不是社会化的人,换言之,"社会本身,即处于社会关系中的人本身"这个命题此时还不成立。① 这时,劳动者的生产和生活都是孤立的,因而他们的劳动和产品都能够进行必要和剩余的划分。

一旦进入发达资本主义,"人们的世界历史性的而不是狭隘地域性的存在已经是经验的存在了"。"每个文明国家以及这些国家中的每一个人的需要的满足都依赖于整个世界"。"社会地发展了的人的需要"已经等于"社会需要"。② 这时,对社会不剩余的东西对个人必定不剩余。人也只有为社会劳动,才能为自己劳动。从而他们的劳动已经不能再划分为别人的劳动与为自己的劳动。"既然人天生就是社会的生物,那他就只有在社会中才能发展自己的真正的天性",③ 因此,在这时就不应该像马克思批评的桑乔那样"把'人们'的发展与他们生活于其中的'社会'的发展分割开来"。④ 列宁甚至认为:"根据马克思主义的基本思想,社会发展的利益高于无产阶级的利益"。⑤

---

① 《马克思恩格斯全集》第46卷(下),第226页。
② 《马克思恩格斯全集》第3卷,第39、68页;第25卷,第288页。
③ 《马克思恩格斯全集》第2卷,第167页。
④ 《马克思恩格斯全集》第3卷,第235页。
⑤ 《列宁全集》第4卷,第192页。

此外，价值本身是"劳动的社会性"，即"作为满足一般需求的[手段]的性质"。① 如果把"满足一般的社会需要"列为剩余价值，岂非所有的价值都将成为剩余的?

8. 个人需要的两分法——直接需要和间接需要

资本的生产性（即使仅仅考察劳动对资本的形式上的隶属），首先在于强迫进行剩余劳动，强迫进行超过直接需要的劳动。这种强迫，是资本主义生产方式和以前的生产方式所共有的，但是，资本主义生产方式是以更加有利于生产的方式实行并采用这种强迫的。[26.1.419]

在一方产生剩余劳动时间，同时在另一方产生自由时间。整个人类的发展，就其超出对人的自然存在直接需要的发展来说，无非是对这种自由时间的运用，并且整个人类发展的前提就是把这种自由时间的运用作为必要的基础。可见，社会的自由时间的产生是靠非自由时间的产生，是靠工人超出维持他们本身的生存所需要的劳动时间而延长的劳动时间的产生。[47.216—217]

正是因为资本强迫社会的相当一部分人从事这种超过他们的直接需要的劳动，所以资本创造文化，执行一定的历史的社会的职能。[47.257]

只要社会建立在阶级对抗的基础上，即一方面生产条件的所有者占统治地位，另一方面被剥夺了生产条件所有权的无产者不得不劳动，不得不以自己的劳动来养活自己和他们的主人，那么，一切统治

---

① 《马克思恩格斯全集》第19卷，第420页；第46卷（下），第223页。

阶级在一定范围内都实行这种强制（例如，这种强制在奴隶制条件下比雇佣劳动条件下更直接得多），因而都迫使劳动超过<u>单纯身体的需要为它所确定的界限</u>。[47.257]

在资本方面表现为剩余价值的东西，正好在工人方面表现为超过他作为工人的需要，即超过他维持生命力的<u>直接需要</u>而形成的剩余劳动。[46.1.287]

这是个人在维持其生存所必需的<u>直接劳动</u>之外一定要完成的剩余劳动——不管是以徭役形式还是以赋税这种间接形式去完成。但是，既然这种劳动无论对于共同体或作为共同体成员的每个个人来说都是<u>必要的</u>，这种劳动就不是个人完成的剩余劳动，而是他的必要劳动的一部分，这种劳动所以必要，是为了使他把他自己作为共同体成员再生产出来，从而也把共同体再生产出来，而共同体本身则是个人从事生产活动的一般条件。[46.2.18]

在马克思的文本中，把没有直接的使用价值等同于没有使用价值，认为"超过""直接需要的使用价值"是"非使用价值"，①"超过直接需要的劳动"是"剩余劳动"。这种等同，从形式逻辑上讲，是不够严密的。

9. 消费的两分法——个人消费和生产消费

[创造共同生产条件的]工人不是生产工人，尽管他们提高了资本的生产力。[46.2.26—27]

---

① 《马克思恩格斯全集》第23卷，第105、103页。

同原料和生产工具相交换的那部分产品,显然和工人无关。
[46.2.277]

对于一切不是用于个人消费而必须用于生产消费的物品来说,即使再生产过程不遭到破坏,工人也是生产者而不是消费者。
[26.2.592]

把生产消费列为剩余价值显然缺乏说服力。正如马克思自己所说:"徭役劳动者的产品在这里必须在补偿他的生活资料之外,足够补偿他的各种劳动条件,这种情况对一切生产方式来说始终是一样的,因为这种情况并不是一切生产方式的特殊形式的结果,而是一切连续不断的和再生产的劳动的自然条件,也就是任何继续进行的生产的自然条件,这种生产同时总是再生产,因而也是它本身的作用条件的再生产。"①

10. 基金的两分法——生活基金和生产、发展、后备基金

即使没有资本存在,社会也必须不断地完成这个剩余劳动时间,以便能支配一个所谓发展基金——仅仅人口的增长,就已使这个发展基金成为必要的了。[26.1.89]

剩余劳动是工人的劳动,是单个人在他必不可少的需要的界限以外所完成的劳动,事实上是为社会的劳动,虽然这个剩余劳动在这里首先被资本家以社会的名义占为己有了。正如前面所说,这种剩余劳动一方面是社会的自由时间的基础,从而另一方面是整个社会发展和全部文化的物质基础。正是因为资本强迫社会的相当一部分人从事这

---

① 《马克思恩格斯全集》第25卷,第890页。

种超过他们的直接需要的劳动，所以资本创造文化，执行一定的历史的社会的职能。[47.257]

剩余劳动"为整个社会和社会的每个成员创造大量可以自由支配的时间（即为个人发展充分的生产力，因而也为社会发展充分的生产力创造广阔余地）"。[46.2.221]

资本作为孜孜不倦地追求财富的一般形式的欲望，驱使劳动超过自己自然需要的界限，来为发展丰富的个性创造出物质要素。[46.1.287]

劳动产品超出维持劳动的费用而形成的剩余，以及社会生产基金和后备基金从这种剩余中的形成和积累，过去和现在都是一切社会的、政治的和智力的继续发展的基础。[20.211]

利润的一部分，即剩余价值的一部分，从而只体现新追加劳动的剩余产品（从价值方面来看）的一部分，必须充当保险基金。……这也是在剩余价值、剩余产品、从而剩余劳动中，除了用来积累，即用来扩大再生产过程的部分以外，甚至在资本主义生产方式消灭之后，也必须继续存在的唯一部分。[25.958]

如果工人能够自己占有自己本身的剩余劳动，那么他就能自己出售自己的剩余产品，并把其中的某一部分转化为劳动资料和劳动材料。……这些东西就会是他自己的更加丰富的劳动条件。[48.90]

把生产、发展和后备基金列为剩余价值，显然也是一种不要发展的观点。

11. 价值的两分法——为工人的价值和不为工人的价值

劳动过程的第二段时间，工人超出必要劳动的界限做工的时间，虽然耗费工人的劳动，耗费劳动力，但并不为工人形成任何价值。这段时间形成剩余价值，剩余价值以从无生有的全部魅力引诱着资本家。我把工作日的这部分称为剩余劳动时间，把这段时间内耗费的劳动称为剩余劳动。[23.243]

这里马克思把价值分为为工人形成的价值和为资本家形成的价值，而没有考虑到：价值本身是一种社会关系，并且是一种"把每个个人都包括在内的社会关系"。①

总之，以上11种两分法是否合理，以及它们之间的对立能否成立，显然是一目了然的。

二 剩余价值的源泉

马克思关于剩余价值的全部论述根据时期和源泉可以分为以下三类：

（一）既定劳动量下的剩余价值——是产品的剩余，不是价值的剩余

所谓既定劳动量下的剩余价值，是指直接劳动者的既定劳动时间不变，由于社会劳动生产率的发展而产生多余的产品，从而养活了非直接劳动者。如历史上第一次出现的脑体分工就属于这种情况。

如果工人需要用他的全部时间来生产维持他自己和他的家庭所必需

---

① 《马克思恩格斯全集》第46卷（下），第492页。

的生活资料,那末他就没有时间来无偿地为第三者劳动。没有一定程度的劳动生产率,工人就没有这种可供支配的时间,而没有这种剩余时间,就不可能有剩余劳动,从而不可能有资本家,而且也不可能有奴隶主,不可能有封建贵族,一句话,不可能有大私有者阶级。[23.559]

如果在一个社会经济形态中占优势的不是产品的交换价值,而是产品的使用价值,剩余劳动就受到或大或小的需求范围的限制,而生产本身的性质就不会造成对剩余劳动的无限制的需求。因此,在古代,只有在谋取具有独立的货币形式的交换价值的地方,即在金银的生产上,才有骇人听闻的过度劳动。[23.263]

历史事实表明,中世纪的手工业作坊、行会对其经营活动有着严格的限制,如只准雇用1至2个帮工;劳动时间最长是从日出到日落,不得在灯光下劳作;不得使用机器生产;此外,还有生产和销售数量方面的限制。因此,以研究工场手工业为主的古典经济学家,如李嘉图"是从工作日长度既定这一前提出发的(斯密和他的前辈似乎也是从这一前提出发的)"。①

既定劳动量下剩余的实际上是产品,而不是价值。因为既然劳动量不变,那么价值量也就不变。正如马克思所说:"如果……土地所有者和资本家没有来分享,生产出来的商品的价值仍然同从前一样。"② 只是现在它分到增加了的成品量上,并且,过去这个价值量是由劳动者独占的,现在它随产品一起由新生产方式的组成者共同占有。换言之,这个既定价值量的分配方式改变了,或者说它的组成成分改变了。它分为工资、利润和地租三部分。"分配方式本质上毕竟要取决于可分配的产品的数量,而这个数量当然随着生产和社会组织

---

① 《马克思恩格斯全集》第26卷(Ⅱ),第470页。
② 《马克思恩格斯全集》第26卷(Ⅰ),第74页。

的进步而改变，从而分配方式也应当改变。"① 利润和地租并不是新增加的价值量，而是新增加的分配项目。从这个意义上而言，这里确实存在着一种价值表现方式上的"转型"，但是，它不是活劳动创造剩余价值绝对增量意义上的"转型"。事实上，马克思原本就把剩余价值列为存量，他说："资本家在生产期间以及在他开始生产之前必须生活；例如为此需要20塔勒。除了他的100塔勒资本外，资本家必须有这20塔勒；因而在流通中必须有这20塔勒的等价物。（这些等价物如何产生，这个问题在这里与我们无关。）资本假定流通是个不变量。这些等价物总是不断重新存在。"而作为绝对增量的剩余价值，在马克思看来只是一种未来的"可能性"。②

分配项目的增加并不改变工人原来所分到的使用价值量，甚至反而可能有所增加，因此并不降低，甚至可能提高工人原来的生活水平。恩格斯指出："在每个历史地出现的社会中，产品分配以及和它相伴随的社会之划分为阶级或等级，是由生产什么、怎样生产以及怎样交换产品来决定的。"③ 换言之，分配方式由于生产方式的改变而改变。工资、利润和地租三个部分的比例取决于维持当时的生产方式正常运转所需要的客观比例。它是一种社会需要的内在比例。用斯密的话来说，这三个部分各有其"自然率"。需要指出的是，这里的"利润"还只是指平均利润，暂不涉及超额利润的问题。同样，在"地租"中也仅指绝对地租，暂不涉及级差地租。

现在要问：为什么占有既定劳动量下的剩余产品就是剥削呢？马克思的理由是：劳动者不管生产力发展与否，都应该在生产到原来的产品量的时候就停止生产，否则就是"超额的劳动"、"剩余劳动"和

---

① 《马克思恩格斯全集》第37卷，第432页。
② 《马克思恩格斯全集》第46卷（上），第338、339页。
③ 《马克思恩格斯全集》第20卷，第292页。

"强制劳动"。① 如马克思说："假定由于采用机器，6个工人中有3个工人成为过剩的了。如果这6个工人自己占有机器，那么，从此他们每人只要劳动半个工作日就够了。……然而，事实上现在3个工人一周内每天都是全日劳动。"② 其实，这种观点是值得商榷的。首先，它是用产品量来衡量劳动量。这种方法是错误的。其次，这种观点没有看到，社会劳动生产力发展了，人的需要也跟着发展，这是一个不以人的意志为转移的历史过程，尽管它首先表现为社会分工的需要和社会一般的需要。需要的发展决定了生产方式和分配方式的改变。马克思说："物质生活的这样或那样的组织，每次都依赖于已经发达的需求，而这些需求的产生，也像它们的满足一样，本身是一个历史过程"。③ 因此，主张生产到原来的产品量就停止生产的观点实际上是一种不求发展的观点。再次，社会劳动生产力是"历史地发展起来的"。"生产力的这种发展，归根到底总是来源于发挥着作用的劳动的社会性质，来源于社会内部的分工，来源于智力劳动特别是自然科学的发展。"④ 因此它的成果不应该由某种劳动者独享。正如洛克所认为的：不能归结为劳动的使用价值余额，是自然的赐予，因而，就它本身来说是公共所有物。⑤ 最后，从实际的操作层面来看，某企业在生产力提高以后只生产到原来的产品量的时候就停止生产也不可行。因为"在大工业中，某甲不能任意确定自己劳动的时间，因为某甲的劳动，如果没有组成企业的一切其他的某甲和某乙的合作，那就没有什么作用。……大工业的性质就要求一切人的劳动时间都完全一样"。⑥

---

① 《马克思恩格斯全集》第26卷（Ⅰ），第25页；第23卷，第263页；第25卷，第925页。
② 《马克思恩格斯全集》第47卷，第553页。
③ 《马克思恩格斯全集》第3卷，第80页。
④ 《马克思恩格斯全集》第23卷，第563页；第25卷，第97页。
⑤ 《马克思恩格斯全集》第26卷（Ⅰ），第391页。
⑥ 《马克思恩格斯全集》第4卷，第116页。

诚然，由于分工的凝固化，这时候人的发展还带有片面性。它还是一部分人得到发展，另一部分人得不到发展。但是，这是人类发展不得不经过的一个阶段。"'人'类的才能的这种发展，虽然在开始时要靠牺牲多数的个人，甚至靠牺牲整个阶级，但最终会克服这种对抗，而同每个个人的发展相一致；因此，个性的比较高度的发展，只有以牺牲个人的历史过程为代价。……因为在人类，也像在动植物界一样，种族的利益总是要靠牺牲个体的利益来为自己开辟道路的"。[1]因此，"马克思了解古代奴隶主，中世纪封建主等等的历史必然性，因而了解他们的历史正当性，承认他们在一定限度的历史时期内是人类发展的杠杆；因而马克思也承认剥削，即占有他人劳动产品的暂时的历史正当性"。[2] 其实，在他们还具有历史正当性的时候，占有这部分因生产力的提高而多产的产品就不应该叫做"剥削"；只有当他们不再具有历史正当性，却还占有这部分产品，才应该叫做"剥削"。而且，这时对应的两个阶级，如奴隶主和奴隶将同时成为历史的累赘。

在马克思那里，有两种相对剩余价值论。第一种以劳动力价值下降为前提。它认为，生产力提高以后，由于劳动者仍然只得到原来的生活必需品量，因而劳动力的价值降低了，剩余价值提高了。马克思说："劳动能力的正常再生产所需要的生活资料数额不是取决于生活资料的交换价值，而是取决于生活资料的使用价值，它的质和量；……如果生活资料的这个数额由于实际劳动生产率提高，能够在较短的劳动时间内生产出来，那么，劳动能力的价值就会下降，同时再生产劳动能力、生产劳动能力的对等价值所需要的劳动时间即必要劳动时间也会减少，尽管劳动能力同以前一样按其价值出售。""商品的价值与劳动生产力成反比。劳动力的价值也是这样，因为它是由商

---

[1] 《马克思恩格斯全集》第26卷（Ⅱ），第124—125页。
[2] 《马克思恩格斯全集》第21卷，第557—558页。

品价值决定的。相反,相对剩余价值与劳动生产力成正比。它随着生产力提高而提高,随着生产力降低而降低。"[1] 其实,这只有在直接用自己的产品抵充工资,即实行实物工资制的情况下才有这个可能。因而马克思在讲这种相对剩余价值的时候,总是不忘记声明:"假定工人是靠他本人所生产的使用价值生活的。""我们假定,他们的产品本身加入他们的消费,于是他们的必要劳动时间就会缩短"。至少,"工人所生产的产品是他的生活资料的一个部分,因而这种产品的便宜会在某种程度上减少再生产工人的生命所需要的劳动时间。因为相对剩余价值只有在这种前提下才会产生,所以在考察相对剩余价值时始终能够而且必须假定这一前提是存在的。"[2]

但是,事实上,只有"奴隶以实物形式(它无论在形式上或在数量上都是固定的),以使用价值的形式来获得维持自己生存所必需的生活资料。自由工人则是以货币的形式,以交换价值的形式,以财富的抽象社会形式取得维持自己生存所必需的生活资料。"[3] 在货币工资下,劳动生产力提高以后,一方面,"对于每个个别生产部门(也许农产品是例外)来说,生活资料的便宜对劳动能力的价值所发生的上述影响,是不可能确切地计算的"。[4] 这是马克思在手稿中花了大量的篇幅尝试进行这方面的计算后所得出的结论。另一方面,"如果工人劳动12小时,例如10小时为自己,2小时为资本家,不管这10小时是较高级的或较低级的劳动,剩余价值和可变资本之比不变。可变资本的价值和劳动[复杂性的]程度一起提高或降低,因为剩余劳动和必要劳动具有同样的性质,所以剩余价值和可变资本之比不变。""如果总劳动时间按照劳动生产率[增长]的比例而减少,那么剩余

---

[1] 《马克思恩格斯全集》第47卷,第266—267页;第23卷,第355页。
[2] 《马克思恩格斯全集》第47卷,第269页;第46卷(下),第295页;第47卷,第278页。
[3] 《马克思恩格斯全集》第48卷,第11—12页。
[4] 《马克思恩格斯全集》第47卷,第278页。

产品的价值便会降低。例如，如果在上述场合不是劳动 12 小时，而是劳动 6 小时，那么工人 3 小时的收入和过去 6 小时一样多，占有 3 小时剩余劳动的人的情况也是一样。但是总产品的价值，从而剩余产品的价值，也会下降$\frac{1}{2}$。"① 因此，在货币工资下，以劳动力价值下降为前提的第一种相对剩余价值将不复存在。

此外，这种剩余价值论把工资即生活必需品的价值等同于劳动力的价值，从而把人的价值等同于动物的价值。"在李嘉图以前，始终只对工资作了简单的考察，因而工人被看作牲畜。"② 后来的古典学派和马克思虽然都在生活必需品中增加了"历史的和道德的因素"，但是并没有从根本上改变工资是劳动力价值的观点。正如恩格斯所说："关于劳动力价值的问题，……经济学家先生们的意见和我们的意见大体上是一致的。"③ 这种劳动力价值论没有看到：在商品社会，"每个文明国家以及这些国家中的每一个人的需要的满足都依赖于整个世界"。"每个人的生产，依赖于其他一切人的生产；同样，他的产品转化为他本人的生活资料，也要依赖于其他一切人的消费。"④ "他们因此并不是彼此漠不关心的人，而是互相补充，互相需要，于是客体化在商品中的个人 B 就成为个人 A 的需要，反过来也一样；于是他们彼此不仅处在平等的关系中，而且也处在社会的关系中。"⑤ "人就是人的世界，就是国家，社会。""人的本质……是一切社会关系的总和。""如果从整体上来考察资产阶级社会，那么社会本身，即处于社会关系中的人本身"。⑥ 因此，作为只有通过交换才能生存的人，

---

① 《马克思恩格斯全集》第 48 卷，第 24、481 页。
② 《马克思恩格斯全集》第 26 卷（Ⅱ），第 476—477 页。
③ 《马克思恩格斯全集》第 16 卷，第 265 页。
④ 《马克思恩格斯全集》第 3 卷，第 68 页；第 46 卷（上），第 102 页。
⑤ 《马克思恩格斯全集》第 46 卷（上），第 195 页。
⑥ 《马克思恩格斯全集》第 1 卷，第 452 页；第 3 卷，第 5 页；第 46 卷（下），第 226 页。

他们只能是"价值相等的人"。① 每个人的价值既"不比别人大,也不比别人小"。②

(二) 过度劳动下的剩余价值——是一种不等价交换

在你是资本价值的增殖,在我则是<u>劳动力的过多的支出</u>。[23.261]

那些还在奴隶劳动或徭役劳动等较低级形式上从事生产的民族,一旦卷入资本主义生产方式所统治的世界市场,而这个市场又使它们的产品的外销成为首要利益,那就会在奴隶制、农奴制等等野蛮灾祸之上,再加上一层<u>过度劳动</u>的文明灾祸。[23.263—264]

如果劳动生产率不变,工人的人数不变,那么,只有当剩余劳动增加,也就是总工作日(使用劳动能力的程度)延长到<u>超过它过去既定的界限</u>的时候,剩余价值才会增加。[47.228]

只关心价值本身的货币所有者只有在下列条件下才能购买劳动能力,即他有权支配劳动能力的时间,或者说,工人在劳动过程中<u>必须为他工作的劳动时间,长于在劳动材料和劳动资料属于工人自己的情况下工人为了维持自己作为工人,作为活的劳动能力的生命而不得不劳动的时间</u>。计量劳动能力本身的交换价值的劳动时间同劳动能力作为使用价值被使用的劳动时间的这个差数是劳动能力在它的交换价值所包含的劳动时间之外劳动的时间,也就是高于劳动能力原先的价值而劳动的时间,作为这样的劳动时间就是剩余劳动——剩余价值。[47.94]

---

① 《马克思恩格斯全集》第46卷(上),第194页。
② 《马克思恩格斯全集》第26卷(Ⅲ),第495页。

剩余价值表现为物化劳动与活劳动相交换的关系，或者说，物化劳动<u>不经过交换而占有活劳动</u>的关系。[48.283]

<u>任何剩余价值，……都是无偿劳动</u>。[16.238]

<u>共同的掠夺物即全部剩余价值</u>。[25.234]

<u>剩余价值由无酬劳动构成</u>……[21.209]

<u>资本不过是对工人的诈骗</u>。[26.3.285]

现今财富的基础是<u>盗窃</u>他人的劳动时间……[46.2.218]

利润所以产生，是因为"成品"同活劳动的交换……<u>不是等价物相交换</u>。[26.1.58]

过度劳动下的剩余价值是指等价交换假象下的不等价交换性的剩余。这是一种对劳动量的违约性占有。《资本论》中的绝对剩余价值就是指这种剩余价值。它无疑是一种剥削。因为剥削就是指"通过我使别人受到损失的办法来为我自己取得利益（ex—ploitation de I′homme par I′homme〔人剥削人〕）"。① 但是，一方面，马克思指出，绝对剩余价值的生产"是劳动对资本的形式上的从属的物质表现"，②因而它是"第一种"资本主义生产方式中的现象。恩格斯指出："现代政治经济学的规律之一……就是：资本主义生产愈发展，它就愈不能采用作为它早期阶段的特征的那些琐细的哄骗和欺诈手段。"③ 另

---

① 《马克思恩格斯全集》第3卷，第479页。
② 《马克思恩格斯全集》第49卷，第84页。
③ 《马克思恩格斯全集》第22卷，第311页。

一方面，它又是一种超经济的现象，因为经济活动的规则是等价交换。这种剥削本身与价值和劳动力价值的定义无关。它可以在各种社会形态下发生。本质上它属于刑法或劳动法所管辖的范围，因而这里的"剩余价值"一词完全可以用"赃物"或"掠夺物"一词来替代。事实上，马克思也正是这样来替代的。①

但是，资本家和工人的基本关系毕竟不是窃贼和事主的关系，而是生产力发展到一定的阶段，其进一步发展所必然要求的，生产的要素即生产资料和劳动分别由不同的主体占有这样一种生产关系。与这种生产关系相适应的正常分配形式是工资和平均利润。平均利润并不是"诈骗"、"盗窃"和"掠夺"所得的平均。它起源于原始共产主义的幼枝马尔克公社。平均利润率是由作为社会自然规律的价值规律决定。

（三）既定劳动量减少下的剩余价值——是一种调节性的超额利润

只要他的产品的个别价值低于其社会价值，从而可以在他的产品的个别价值以上出卖，对他来说剩余价值就创造出来了。[49.83]

资本在这里——完全是无意地——使人的劳动，使力量的支出缩减到最低限度。这将有利于解放了的劳动，也是使劳动获得解放的条件。[46.2.214]

资本的趋势是，在直接使用活劳动时把活劳动缩减为必要劳动，并且通过剥削劳动的社会生产力来不断缩减制造产品所必需的劳动，即节约活劳动，使用尽可能少的劳动来制造这种或那种商品，同样，资本的趋势也是要把这种节约了的、已缩减为必要劳动的劳动用在最

---

① 《马克思恩格斯全集》第23卷，第582、654页；第25卷，第234页。

节约的条件下，即把不变资本的交换价值缩减到尽可能小的限度，总之，也就是把生产费用缩减到最小限度。[48.276]

成本价格的减少以及由此而来的超额利润，在这里，是执行职能的资本的使用方法造成的。……超额利润来源于资本本身……[25.726]

在最抽象的形式上，用来发展相对剩余价值的那一切方法，从而特殊的资本主义生产方式，可以归结为，这种生产方式力图把单位商品的价值降低到它的最低限度……[48.22]

因此资本家要高于商品的个别价值但又低于它的社会价值来出售商品，例如一件商品卖10便士，这样，他从每件商品上仍然赚得1便士的超额剩余价值。对于资本家来说，剩余价值总会这样提高，不管他的商品是不是属于必要生活资料的范围，是不是参加劳动力的一般价值的决定。[23.353]

生产力的这种提高并不是靠在另一地方增加劳动消耗换来的……[23.424]

这种建立在生产方式的变化所引起的商品的个别价值和社会价值之间的差额上的剩余价值是一个暂时的量，一旦新的生产方式成为普遍的并且本身变成平均的生产方式时，这种剩余价值便等于零。但是，恰恰这一暂时的剩余价值是生产方式变化的直接结果。因此它成了资本家的直接动机，因此这一动机在资本所掌握的一切生产领域中同样地占统治地位，而不以它们生产的使用价值为转移，从而不以该种产品是否进入工人的必要生活资料或劳动能力的再生产为转移。[48.23—24]

作为社会价值与个别价值之差的剩余价值是马克思的第二种相对剩余价值。之所以说它是第二种，是因为这种剩余价值与劳动力价值的下降与否无关。马克思说："对于资本家来说，剩余价值总会这样提高，不管他的商品是不是属于必要生活资料的范围，是不是参加劳动力的一般价值的决定。"虽然马克思后来又倒果为因地证明，这种剩余价值的增加与劳动力价值的下降有关。他说，资本家出售产品得到20先令，付给工人工资仍旧5先令，剩下的8先令高于同类社会平均劳动的6先令，因此这种剩余价值的增加"也是靠必要劳动时间的缩短和剩余劳动的相应延长"。① 而且，这个证明也违反了马克思自己的关于相对剩余价值的定义，即价值总量不变，只是这个总量在必要劳动和剩余劳动之间划分比例的改变。②

当然，马克思本人并没有把这两种相对剩余价值区别开来。相反，他说："由于劳动生产率的增长，……他的利润，就只能以两种方式增长：或者是劳动产品以一定的比例进入劳动能力的再生产，……劳动能力的价值也按同一比例下降，……；或者是由于工厂主高于商品的价值出售商品，……但工人和以前一样，只得到同样的正常工资。……这是一回事情。"③ 但是，事实上，它们不是"一回事情"。因为前者属于个别价值等于社会价值的时期，这时"总价格没有变"，④ 发生变化的只是其内部比例；后者属于个别价值不等于社会价值的时期，这时总价格不是根据个别价值计算，因而发生变化，剩余来自"商品的个别价值低于它的社会价值"。⑤

其实，作为社会价值与个别价值之差的剩余是一种反映价值规律

---

① 《马克思恩格斯全集》第23卷，第353—354页。
② 《马克思恩格斯全集》第23卷，第350页；第47卷，第275页。
③ 《马克思恩格斯全集》第47卷，第270页。
④ 《马克思恩格斯全集》第46卷（上），第307页。
⑤ 《马克思恩格斯全集》第23卷，第352页。

调节功能的剩余，即超额利润。① 当生产求大于供的产品，或生产效率高于社会平均水平，就能从市场得到这个剩余。因而它不是通常意义上的剥削，而是"剥削劳动的社会生产力"意义上的剥削。由于劳动的社会生产力属于资本，因此这种剥削实际上反映的是资本之间的竞争。

那么，传统观念为什么把占有这个社会价值与个别价值之差也列为对工人的剥削呢？理由是，这个"之差"来自工人劳动的"自乘"作用，② 它本该归工人所有，却被别人占有了。

但是，"自乘论"不能解释的是：为什么当其他条件都不变，"一旦新的生产方式成为普遍的并且本身变成平均的生产方式时，这种剩余价值便等于零"？③ 此外，即使是复杂劳动或高级劳动，也未必就是多倍的简单劳动。因为"构成价值统一体的劳动不只是相同的简单的平均劳动"。④ 复杂劳动或高级劳动向简单劳动的转化，实际上是个别劳动向社会劳动或货币的转化。马克思说："极其不同的商品价值到处都无差别地表现为货币，即表现为一定量的金或银。因此，这些价值所代表的不同种的劳动，已经按不同的比例化为唯一的、同种的普通劳动即生产金银的劳动的一定量。"⑤ 既然是个别劳动向社会劳动或货币的转化，那么它就必然要经历"惊险的跳跃"，⑥ 因而不能保证它必然成功，换言之，复杂劳动或高级劳动的"自乘"作用并不是必然的，它不是一种规律。况且，"自乘论"与有机构成论、平均利润下降论和转型论等也都无法兼容。

其实，在马克思的关于相对剩余价值的论述中早已经清晰地表明，所谓工人创造价值只是指个别价值，而不是指社会价值。换言

---

① 《马克思恩格斯全集》第23卷，第354页；第25卷，第288页。
② 《马克思恩格斯全集》第23卷，第354页。
③ 《马克思恩格斯全集》第48卷，第24页。
④ 《马克思恩格斯全集》第26卷（Ⅲ），第145页。
⑤ 《资本论》第1卷，法文版中译本，中国社会科学出版社1983年版，第187页。
⑥ 《马克思恩格斯全集》第23卷，第124页。

之，马克思并不认为社会价值是工人创造的。马克思说："生产力虽然提高一倍，一个工作日仍然同从前一样只创造6先令新价值，不过这6先令新价值现在分散在增加了一倍的产品上。因此分摊在每件产品上的不是这个总价值的 $\frac{1}{12}$，而只是 $\frac{1}{24}$，不是6便士，而是3便士，也就是说，在生产资料变成产品时，就每件产品来说，现在加到生产资料上的，不像从前那样是一个劳动小时，而是半个劳动小时。现在，这个商品的个别价值低于它的社会价值，就是说，这个商品所花费的劳动时间，少于在社会平均条件下生产的大宗同类商品所花费的劳动时间。每件商品平均花费1先令，或者说，代表2小时社会劳动；在生产方式发生变化以后，它只花费9便士，或者说，只包含 $1\frac{1}{2}$ 个劳动小时。但是商品的现实价值不是它的个别价值，而是它的社会价值，就是说，它的现实价值不是用生产者在个别场合生产它所实际花费的劳动时间来计量，而是用生产它所必需的社会劳动时间来计量。"[1] 由此可见，所谓的"自乘"作用并不是来自工人"实际花费的劳动时间"。工人的劳动只是一种条件，而不是原因。

小结：

虽然经济学的研究不能像自然科学那样进行科学实验，不能用显微镜和化学试剂，但是，科学实验中的逻辑推理的思维方法还是适用的。如果当其他条件都不变，而实际耗费的劳动量增加、减少和不变时，都能产生同一结果，即都能产生作为剩余价值的利润，那么这时就能断定：实际耗费劳动量的大小与作为剩余价值的利润量之间不存在必然的因果联系，后者必然是由其他因素引起的。

---

[1]《马克思恩格斯全集》第23卷，第352—353页。

三 马克思的剩余价值论与重农学派"纯产品论"的比较

马克思说:"研究剩余价值如何产生的问题,从重农学派直到现代都是政治经济学上的最重要的问题。实际上这个问题就是:货币(或者商品,因为货币就是商品的转化形式)即某一价值额是怎样转化为资本的,资本是怎样产生的。"① 马克思的剩余价值论是在重农学派"纯产品论"的基础上发展而来。为了更深刻地理解马克思的剩余价值论,有必要把它与重农学派的"纯产品论"作一比较。

(一) 重农学派纯产品论的特点

1. 价值、剩余价值=使用价值、物质产品、一般物质,因而只有产品分析,没有价值分析

<u>价值本身只不过归结为使用价值,从而归结为物质</u>。而在这个物质中,重农学派所关心的只是量的方面,<u>即生产出来的使用价值超过消费掉的使用价值的余额</u>,因而只是使用价值相互之间的量的关系……[26.1.26]

在农业中,过程在<u>生产出的使用价值超过劳动者消费的使用价值</u>的余额上直接表现出来,因此,不分析价值,不弄清价值的性质,也能够理解这个过程。[26.1.20]

剩余价值是从哪里来的呢?也就是说,资本是从哪里来的呢?摆在重农学派面前的正是这个问题。他们的错误在于,他们把那种由于植物自然生长和动物自然繁殖而使农业和畜牧业有别于工业的<u>物质增</u>

---

① 《马克思恩格斯全集》第47卷,第25页。

加，同交换价值的增殖混淆起来了。在他们看来，使用价值是基础。而一切商品的使用价值（如果用烦琐哲学家的术语来说，则归结为一般实质），在他们看来，就是自然物质本身，而自然物质在其既定形式上的增加，只有在农业中才会发生。[26.1.38]

在重农学派看来，农业劳动是唯一的生产劳动，因为按照他们的意见，这是唯一创造剩余价值的劳动，而地租是他们所知道的剩余价值的唯一形式。他们认为，在工业中，<u>工人并不增加物质的量：他只改变物质的形式</u>。材料——物质总量——是农业供给他的。他诚然把价值加到物质上，但这不是靠他的劳动，而是靠他的劳动的生产费用，也就是靠他在劳动期间所消费的、等于他从农业得到的最低限度工资的生活资料总额。既然农业劳动被看成唯一的生产劳动，那末，把农业劳动同工业劳动区别开来的剩余价值形式，即地租，就被看成剩余价值的唯一形式。[26.1.20]

把价值同自然物质混淆起来，或者确切些说，<u>把两者等同起来的看法</u>，以及这种看法同重农学派的整套见解的联系，在后面这段引文中表现得很清楚。这段引文摘自斐迪南多·帕奥累蒂的著作《谋求幸福社会的真正手段》[26.1.35]

引文："<u>作为政治经济学的前提和研究对象的，是物质的和实在的生产</u>，而这种生产只能在农业中发生，因为只有农业才使构成财富的物质和产品的数量倍增……工业从农业购买原料，以便把它加工。工业劳动，前面已经说过，只给这个原料以形式，但什么也不给它添加，不能使它倍增"。[26.1.35]

<u>最先分析剩余价值的重农学派，就是在剩余价值的实物形式上理解剩余价值的。</u>[26.3.123]

2. 从生产中引出价值和剩余价值——局限在生产领域

重农学派把关于剩余价值起源的研究从流通领域转到直接生产领域，这样就为分析资本主义生产奠定了基础。[26.1.19]

重农学派的功绩和特征在于，它不是从流通中而是从生产中引出价值和剩余价值，所以它同货币主义和重商主义体系相反，必然从这样的生产部门开始，这个生产部门一般可以同流通、交换脱离开来单独考察，并且是不以人和人之间的交换为前提，而只以人和自然之间的交换为前提的。[26.1.23]

在实际上，重农主义体系是对资本主义生产的第一个系统的理解。产业资本的代表——租地农场主阶级——指导着全部经济运动。农业按资本主义方式经营，就是说，作为大规模的资本主义租地农场主的企业经营；土地的直接耕作者是雇佣工人。生产不仅创造使用物品，而且也创造它们的价值；而生产的动机是获得剩余价值，剩余价值的出生地是生产领域，不是流通领域。在作为以流通为媒介的社会再生产过程的承担者的三个阶级中，"生产"劳动的直接剥削者，剩余价值的生产者，资本主义的租地农场主，和那些剩余价值的单纯占有者区别开来了。[24.399]

如果要证明剩余价值是在生产领域本身创造的，那末，首先必须从剩余价值不依赖流通过程就能表现出来的劳动部门即农业着手。因而这方面的首创精神，是在一个以农业为主的国家中表现出来的。[26.1.24]

重农学派在农业劳动范围内是正确地理解剩余价值的，他们把剩

余价值看成雇佣劳动者的劳动产品,虽然对于这种劳动本身,他们又是从它表现为使用价值的具体形式来考察的。[26.1.32]

他们完全正确地提出了这样一个基本论点:只有创造剩余价值的劳动,即<u>只有劳动产品中包含的价值超过生产该产品时消费的价值总和的那种劳动,才是生产的</u>。既然原料和材料的价值是已知的,劳动能力的价值又等于最低限度的工资,那末很明显,这个剩余价值只能由工人向资本家提供的劳动超过工人以工资形式得到的劳动量的余额构成。当然,在重农学派那里,剩余价值还不是以这种形式出现的,因为他们还没有把一般价值归结为它的简单实体:劳动量,或劳动时间。[26.1.19]

3. 个人生产的超过个人消费的余额——孤立的生产和生活

<u>劳动能力的价值和这个劳动能力所创造的价值之间的差额</u>,也就是劳动能力使用者由于购买劳动能力而取得的剩余价值,无论在哪个生产部门都不如在农业这个最初的生产部门表现得这样显而易见,这样无可争辩。劳动者逐年消费的生活资料总量,或者说,他消费的物质总量,小于他所生产的生活资料总量。在工业中,一般既不能直接看到工人生产自己的生活资料,也不能直接看到他还生产超过这个生活资料的余额。[26.1.19]

4. 劳动力的价值=最低工资——不讲作为人的"第二天性"的社会需要

资本主义生产发展的基础,一般说来,是劳动能力这种属于工人的商品同劳动条件这种固着于资本形式并脱离工人而独立存在的商品相对立。<u>劳动能力作为商品,它的价值规定具有极重要的意义。</u>这个价值等于把再生产劳动能力所必需的生活资料创造出来的劳动时间，或者说，等于工人作为工人生存所必需的生活资料的价格。<u>只有在这个基础上，才出现劳动能力的价值和这个劳动能力所创造的价值之间的差额，</u>——任何别的商品都没有这个差额，因为任何别的商品的使用价值，从而它的使用，都不能提高它的交换价值或提高从它得到的交换价值。[26.1.16]

从事分析资本主义生产的现代政治经济学的基础，就是<u>把劳动能力的价值看作某种固定的东西，已知的量</u>，而实际上它在每一个特定的场合，也就是一个已知量。所以，最低限度的工资理所当然地构成重农学派的学说的轴心。虽然他们还不了解价值本身的性质，他们却能够确定最低限度的工资的概念，这是因为这个劳动能力的价值表现为必要生活资料的价格，因而表现为一定使用价值的总和。他们尽管没有弄清一般价值的性质，但仍然能够在他们的研究所必需的范围内，把劳动能力的价值理解为一定的量。其次，如果说，他们错误地把这个最低限度看作不变的量，在他们看来，这个量完全决定于自然，而不决定于本身就是一个变量的历史发展阶段，那末，这丝毫也不影响他们的结论的抽象正确性，因为劳动能力的价值和这个劳动能力所创造的价值之间的差额，同我们假定劳动能力的价值是大是小毫无关系。[26.1.16—19]

劳动能力的价值规定对于认识以劳动能力的出卖为基础的<u>资本关系当然是最重要的</u>。因此，首先必须解决这种商品的价值是如何规定的，因为资本关系中本质的东西是：劳动能力是作为商品提供的，而作为商品，它的交换价值的规定是决定性的。因为劳动能力的交换价值是由维持和再生产劳动能力所必需的生活资料即使用价值的价值或价格确定的，所以，尽管重农学派很少了解一般价值的本质，但<u>他们总的来说能够正确地了解劳动能力的价值</u>。因而在确立第一个关于一

般资本的合理概念的重农学派那里，由平均生活需要决定的工资起着主要的作用。[47.46—47]

5. 对个人剩余，对社会不剩余——尚未社会化的人

"扣除用于耕作的劳动费用和他必须支出后的多余的土地生产物，是纯产品，它构成国家的收入和获得或购买地产的土地所有者的收入。"[《魁奈经济著作选集》，商务印书馆1979年版，第413页]

在这第一个解释中，第一，掌握了剩余价值的本质，就是说，剩余价值是卖者没有支付过等价物，即没有买过而拿去出卖时实现的价值。它是没有支付过代价的价值。但是第二，这个超过"劳动报酬"的余额被看成是"纯粹的自然赐予"，因为劳动者在他的工作日中所能生产的东西，比再生产他的劳动能力所必需的东西多，比他的工资多，这种情况一般地说就是自然的赐予，是取决于自然的生产率的。按照这第一个解释，全部产品还是归劳动者本人占有。但它分成两部分。第一部分形成劳动者的工资——他被看作是自己的雇佣劳动者，他把再生产他的劳动能力，维持他的生活所必需的那部分产品支付给自己。除此以外的第二部分是自然的赐予，形成剩余价值。但是，只要抛开"土地耕种者—土地所有者"这个前提，而产品的两部分即工资和剩余价值分别属于不同的阶级，一部分属于雇佣劳动者，另一部分属于土地所有者，那末，这个剩余价值的性质，这个"纯粹的自然赐予"的性质，就更清楚地表现出来了。[26.1.30]

因此，在这一体系中就产生了以下矛盾：它最先试图用对于别人劳动的占有来解释剩余价值，并且根据商品交换来解释这种占有，但是在它看来，价值不是社会劳动的形式，剩余价值不是剩余劳动；价值只是使用价值，只是物质，而剩余价值只是自然的赐予，——自然

还给劳动的不是既定量的有机物，而是较大量的有机物。一方面，地租，即土地所有权的实际经济形式，脱去了土地所有权的封建外壳，归结为超出工资之上的纯粹的剩余价值。另一方面，这个剩余价值——又按封建主义的精神——是从自然而不是从社会，是从对土地的关系而不是从社会关系引申出来的。[26.1.26]

6. 归之于自然生产率——与工人的既定劳动量无关，因而与剥削无关

一切剩余价值，不仅相对剩余价值，而且绝对剩余价值，都是以一定的劳动生产率为基础的。如果劳动生产率只达到这样的发展程度：一个人的劳动时间只够维持他本人的生活，只够生产和再生产他本人的生活资料，那就没有任何剩余劳动和任何剩余价值，就根本没有劳动能力的价值和这个劳动能力所创造的价值之间的差额了。因此，剩余劳动和剩余价值的可能性要以一定的劳动生产率为条件，这个生产率使劳动能力能够创造出超过本身价值的新价值，能够生产比维持生活过程所必需的更多的东西。而且，正像我们在第二点已经看到的，这个生产率，这个作为出发前提的生产率阶段，必定首先存在于农业劳动中，因而表现为自然的赐予，自然的生产力。[26.1.22]

农业劳动者只能得到最低限度的工资，即"最必需品"，而他们再生产出来的东西却多于这个"最必需品"，这个余额就是地租，就是由劳动的基本条件——自然——的所有者占有的剩余价值。因此，重农学派不是说：劳动者是超过再生产他的劳动能力所必需的劳动时间进行劳动的，所以他创造的价值高于他的劳动能力的价值，换句话说，他付出的劳动大于他以工资形式得到的劳动量。但是他们说：劳动者在生产时消费的使用价值的总和小于他所生产的使用价值的总和，因而剩下一个使用价值的余额。——如果他只用再生产自己的劳

动能力所必需的时间来进行劳动,那就没有什么余额了。但是重农学派只抓住这样一点:土地的生产力使劳动者能够在一个工作日(假定为已知量)生产出多于他维持生活所必需消费的东西。这样一来,这个剩余价值就表现为自然的赐予,在自然的协助下,一定量的有机物(种子、畜群)使劳动能够把更多的无机物变为有机物。[26.1.24—25]

重农学派正确地认为,一切剩余价值的生产,从而一切资本的发展,按自然基础来说,实际上都是建立在农业劳动生产率的基础上的。如果人在一个工作日内,不能生产出比每个劳动者再生产自身所需的生活资料更多的生活资料,在最狭窄的意义上说,也就是生产出更多的农产品,如果他全部劳动力每日的耗费只够再生产他满足个人需要所不可缺少的生活资料,那就根本谈不上剩余产品,也谈不上剩余价值。超过劳动者个人需要的农业劳动生产率,是一切社会的基础,并且首先是资本主义生产的基础。[25.885]

(二) 马克思对"纯产品论"的改造

对重农学派的纯产品论马克思极为赞赏,说:"重农学派的功绩和特征在于,它不是从流通中而是从生产中引出价值和剩余价值"。"重农学派把关于剩余价值起源的研究从流通领域转到直接生产领域,这样就为分析资本主义生产奠定了基础。""真正的现代经济科学,只是当理论研究从流通过程转向生产过程的时候才开始。"[1] 因而,理所当然,马克思基本沿用了他们的方法和观点,只是略加修改。下面是两种理论的简约比较:

1. 农民——工人。物质劳动者。
2. 农产品——工业品。

---

[1] 《马克思恩格斯全集》第26卷(Ⅰ),第23、19页;第25卷,第376页。

3. 农民靠自己的产品生活——"假定工人是靠他本人所生产的使用价值生活的。"①

4. 价值归结为产品——"价值。纯粹归结为劳动量"。"他们还没有把一般价值归结为它的简单实体：劳动量，或劳动时间。""资本主义生产的目的是纯产品，它实际上仅仅表现在剩余价值所赖以体现的剩余产品的形式上"。②

马克思把价值归结为劳动量的一个直接目的是为了解决工业品换成生活资料的中介问题。③ 在马克思的剩余价值论中还没有活劳动与社会必要劳动的区分，产品＝劳动量＝价值＝货币。这只有在生产完全符合比例的情况下才可能。正如马克思所说："要使交换价值得到实现，要使银行的货币真正可以兑现，就必须使整个生产得到保证，而且要保证整个生产按照使交换者的需要得到满足的那种比例进行。"④ 否则，工人的工业品未必能换成生活必需品。

5. 农业创造价值，农业创造一切产业的基础——物质生产部门创造价值："摆在面前的对象，首先是物质生产。""处于流动状态的人类劳动力或人类劳动形成价值，但本身不是价值。它在凝固的状态中，在物化的形式上才成为价值。"⑤

6. "生产出的使用价值超过劳动者消费的使用价值的余额"叫"纯产品"——"剩余价值即纯产品"。⑥

7. "纯产品"来自生产领域——"资本价值增殖只发生在生产过程中。在这里生产出剩余价值，剥削劳动，占有剩余劳动。"⑦

---

① 《马克思恩格斯全集》第47卷，第269页。
② 《马克思恩格斯全集》第29卷，第300页；第26卷（Ⅰ），第19页。第49卷，第112页。
③ 《马克思恩格斯全集》第26卷（Ⅰ），第19—20页。
④ 《马克思恩格斯全集》第46卷（上），第101页。
⑤ 《马克思恩格斯全集》第46卷（上），第18页；第23卷，第65页。
⑥ 《马克思恩格斯全集》第49卷，第113页。
⑦ 《马克思恩格斯全集》第49卷，第305页。

8. "纯产品"源于"自然的赐予"——"没有一定程度的劳动生产率，……就不可能有剩余劳动，……不可能有大私有者阶级。""剩余价值"源于工人"付出的劳动大于他以工资形式得到的劳动量"。①

在马克思看来，工人应该独享社会劳动生产力发展的成果，独自缩短既定的劳动时间。

9. 农产品直接分为为自己的和为别人的——工业品分为为自己的等价物和为别人的等价物："剩余价值只表现交换来的并在生产过程中占有的那部分活劳动超过通过工资以物化劳动形式交换活劳动的那个等价物而形成的余额。"②

马克思也许没有想到，假如工人生产到"为自己的等价物"时停止生产，整个产业链就将断裂。

10. 工资是劳动力的价值——"劳动力的价值或价格转化为工资。""关于劳动力价值的问题，……经济学家先生们的意见和我们的意见大体上是一致的"。③

11. 地租是纯产品一般——"利润就是剩余价值本身，不过是按不同的方法计算。"④

12. 没有"剥削"的概念——谁占有"纯产品"就是剥削。

13. 没有社会必要劳动的概念，更没有意识到价值有调节劳动的功能——剩余价值论中的价值不仅也没有调节劳动的功能，更反而把价值规律调节劳动的一种参数即社会价值与个别价值之差当作相对剩余价值。⑤

在剩余价值的计量上，马克思把徭役劳动、农奴劳动与雇佣劳动完全等同，都是按劳动的自然时间计量。如马克思说："这种按照工

---

① 《马克思恩格斯全集》第23卷，第559页；第26卷（Ⅰ），第25页。
② 《马克思恩格斯全集》第48卷，第277页。
③ 《马克思恩格斯全集》第23卷，第585页；第16卷，第265页。
④ 《马克思恩格斯全集》第48卷，第252页。
⑤ 《马克思恩格斯全集》第23卷，第353页。

作日来计算的办法以及把劳动时间当作唯一的价值实体的现象,在依附农制关系存在的地方,是公开表现出来的,但在资本那里却被货币掩盖起来了。"① 这就又一次证明马克思的剩余价值论是一个适用于简单商品社会和"第一种"资本主义生产方式的理论。

马克思把社会价值与个别价值之差当作工人创造的相对剩余价值。这是忘了:即使工人的劳动能够创造价值,也只与个别价值有关,而不会与社会价值有关。

通过以上改造,重农学派的非剥削性的"纯产品论"就变成了马克思的剥削性的"剩余价值论"。

四 古典学派没有剩余价值论

长期以来,人们以为古典学派有剩余价值论,并且它是马克思的剩余价值论的理论来源之一。其实,这是一个很大的误解。

(一) 古典学派认为"必要劳动"是价值的尺度

在古典学派的三个代表人物,即配第、斯密和李嘉图那里,劳动,而且是"必要劳动"从来都只是被当作价值的尺度,而不是被当作价值的源泉。虽然他们还没有在"必要劳动"之前加"社会"两个字,但是已经够清楚地表达了价值量并不完全取决于劳动者个人的实际劳动耗费量的意思。

配第:"所有物品都是由两种自然单位——即土地和劳动——来评定价值。……如果能够在土地和劳动之间发现一种自然的等价关系,……我们就能够……<u>单用劳动来表现价值</u>。"②

---

① 《马克思恩格斯全集》第46卷(下),第295页。
② 《配第经济著作选集》,商务印书馆1981年版,第42页。

配第："价值的一般尺度，是平均一个成年男人的一天食物，而不是他的一天劳动；这个尺度同纯银的价值一样有规则，一样稳定。……因此，我认为一所爱尔兰茅屋的价值，是用建筑茅屋的人在建筑时消费了多少天的食物来确定的。"[转自：26.1.388]

斯密："在资本积累和土地私有制产生之前的社会原始不发达状态中，为获得各种交换对象所必要的劳动量，看来是能够提供交换准则的唯一根据。……在这种情况下，全部劳动产品属于劳动者，通常为获得或生产某一商品所耗费的劳动量，是决定用这个商品通常可以买到、支配或换得的那个劳动量的唯一条件。"[转自：26.1.55—56]

李嘉图："商品的价值……取决于其生产它所必需的相对劳动量，而不取决于付给这种劳动的报酬的多少。"①

李嘉图和其他经济学家不同的地方，恰恰在于他前后一贯地把商品的价值看作仅仅是社会规定的劳动的"体现"。[26.3.197]

李嘉图实际上把劳动只是当做价值量的尺度来考察……[19.400]

李嘉图指出：只是"在社会的早期阶段，这些商品的交换价值，即决定这一商品交换另一商品时所应付出的数量的尺度，几乎完全决定于各商品上所费的相对劳动量"。②"必要劳动"在斯密那里又被表述为"购买到的劳动"。他也指出，只有在耗费的劳动与购买到的劳动相等的前提下，即"在资本积累和土地私有制产生之前的社会原始

---

① 《李嘉图著作通信集》第1卷，商务印书馆1981年版，第7页。
② 《李嘉图著作通信集》第1卷，商务印书馆1981年版，第8页。

不发达状态中",才能用耗费的劳动作为价值的尺度。这些思想实际上与马克思的一个一贯的思想是相同的,即只有在活劳动等于社会必要劳动的前提下,才能把活劳动作为价值的尺度。由此可见,古典学派从来就不是所谓的活劳动创造价值论者,而马克思实际上也从来就没有像经济思想史学界所普遍认为的那样,有一个"从劳动价值论的反对者向赞成者的转变"的过程。

(二) 古典学派的"剩余"是既定劳动量下产品的剩余

在古典学派那个时代,还不存在"过度劳动"的问题。"斯密和他的前辈",以及李嘉图都是"从工作日长度既定这一前提出发的"。① 因而他们所谓的剩余,是既定劳动量下产品的剩余。这种剩余,斯密认为来自"社会的自然力",李嘉图认为来自"劳动生产力",总之,不是来自工人的过度劳动。作为这种剩余产品分配形式的就是利润和地租。正如前文所分析的,只有站在静止的和不求发展的立场上,才能把这种分配称之为"剥削"。而古典学派从来就没有把它们称为"剥削"。此外,他们像重农学派一样,从来就没有使用过"剩余价值"这个概念。以为他们"认识到了剩余价值的真正起源",或"正确地阐明了相对剩余价值",是马克思加给他们的。②

劳动生产物构成劳动的自然报酬或自然工资。

在土地尚未私有而资本尚未累积的原始社会状态下,劳动的全部生产物属于劳动者,既无地主也无雇主来同他分享。

但劳动者独享全部劳动生产物的这种原始状态,一到有了土地私有和资本累积,就宣告终结了。

地主的地租,便成为要以用在土地上的*劳动的生产物*中扣除的第

---

① 《马克思恩格斯全集》第 26 卷(Ⅱ),第 470 页。
② 《马克思恩格斯全集》第 26 卷(Ⅰ),第 58 页;第 26 卷(Ⅱ),第 470 页。

一个项目。

利润成为要从用在土地上的劳动的生产物中扣除的第二个项目。

雇主分享他们的劳动生产物，换言之，分享劳动对原材料所增加的价值，而这一分享的份额便是他的利润。[斯密：《国民财富的性质和原因的研究》（上），商务印书馆1972年版，第58—60页。]

他（李嘉图）的学派公开宣称，劳动生产力是利润（应读作剩余价值）产生的原因。[23.564]

（三）古典学派的价值具有调节劳动的功能

配第：由于把互相有联系的工场手工业安置在同一地区，"这种工场手工业的［产品］的价格就会下降，对外贸易的利润就会增加"。

配第的分工观点不同于古代思想家之处，首先在于分工对产品的交换价值的影响，对作为商品的产品的影响，即使商品变得便宜。

这种观点——更着重强调生产商品所必要的劳动时间［由于分工］所引起的缩短——在《东印度贸易对英国的利益》（1720年伦敦版）一书中也可以看到。

关键在于生产每一种商品要"用最少的最容易的劳动"。如果一个物品是用"少量劳动"生产的，那么，它"因而也就是用较便宜的劳动"生产的。商品因此而变得便宜了，劳动时间降到生产该商品所必需的最低限度，也就由于竞争而成了普遍规律。

"如果我的邻居用少量的劳动生产出许多东西，因而他能卖得便宜，那我也必须设法和他卖得一样便宜。"[转自：47.327—328]

斯密认为，"工资与利润随劳动与资本用途的不同而不同。"[斯密：《国民财富的性质和原因的研究》（上），商务印书馆1972年版，第91页。]

同样的劳动加在材料上以后，得到的价值有的大，有的小，因而工资和利润有的大，有的小。这取决于劳动与资本的用途。换言之，不是取决于活劳动的耗费量。正是工资和利润的这种功能调节着社会劳动的投向。李嘉图说："如果一个投资部门生产的商品不能用自己的价格抵补把它们生产出来并运到市场的全部费用（包括普通利润在内）〈也就是不能补偿费用价格〉，资本就有离开这个部门的趋势，关于这一点，再没有一个著作家比斯密博士说得更令人满意、更精辟的了。""一切资本家都想放弃利润较低的行业而转入利润较高的行业的这种不会止息的愿望，产生一种强烈的趋势，就是使大家的利润率平均化"。马克思指出，就是"这种趋势促使社会劳动时间总量按社会需要在不同生产领域之间进行分配。"① 从这里可以很明显地看到，马克思关于价值调节劳动的思想，其源头还在斯密那里，甚至是在配第那里。

而且，在斯密那里，实际上已经区分了平均利润和超额利润，即平均利润是支付成本的，超额利润是调节供求的，虽然他还没有用这两个名称。他说：

"在每一个社会及其邻近地区，各种用途的劳动的工资以及各种用途的资本的利润，都有一种普通率或平均率。……

"这些普通率或平均率，可称为那地方那时候通行的工资自然率、利润自然率或地租自然率。一种商品价格，如果不多不少恰恰等于生产、制造这商品乃至运送这商品到市场所使用的按自然率支付的地租、工资和利润，这商品就可以说是按它的自然价格的价格出售的。

"商品这样出卖的价格，恰恰相当于其价值，或者说，恰恰相当于出售这商品的人实际上所花的费用。普通所谓商品原始费用，虽没有包含再贩卖这商品的利润，但若再贩卖者按照不能得到当地一般利润率的价格把这商品卖掉，那他显然就会遭受损失。因为，他若把资

---

① 《马克思恩格斯全集》第26卷（Ⅱ），第232—233、232页。

本投在其他方面，就可以得到那笔利润。况且，他的利润就是他的收入，也就是他生活资料的正当资源。他在制造商品、把它送往市场去的过程中，要垫付劳动者的工资或生活资料，也要垫付他自身的生活资料。他自身的生活资料，大体上说与他可以出卖商品指望的利润相当。因此，商品的出卖若不能给他以利润，那就等于说，他没有从这商品的出卖取回其实际费用。

"商品通常出卖的实际价格，叫做它的市场价格。……

"如果市场上商品量一旦超过它的有效需求，那末它的价格的某些组成部分必定会降到自然率以下。……反之，如果市场上商品量不够供应它的有效需求，那末它的价格的某些组成部分必定会上升到自然率以上。"[斯密：《国民财富的性质和原因的研究》（上），商务印书馆1972年版，第49—51页。]

此外，斯密还意识到，竞争所影响的是超额利润。如果竞争发挥到极致，超额利润将消失，而平均利润即普通利润仍将存在：

"一国的资本，如与国内各种必须经营的行业所需要的资本相比，已达到饱和程度，那末各种行业所使用的资本，就达到各行业的性质和范围所允许使用的程度。这样，各地方的竞争就大到无可再大，而普通利润便小到无可再小。"[同上书，第87页。]

五 关于转型论

在恩格斯编辑的《资本论》第三卷中，转型论是这样表述的："一切不同生产部门的利润的总和，必然等于剩余价值的总和；社会总产品的生产价格的总和，必然等于它的价值的总和。"[1] 学界为转

---

[1] 《马克思恩格斯全集》第25卷，第193页。

型论进行了旷日持久的争论。其实，结合历史考证版手稿的原本来看，它只是马克思研究过程中的一个"假定"，因为马克思说："在这一篇中，我们假定每个特殊生产部门占有的利润量，和投入这个部门的总资本所产生的剩余价值的总和相等。""另一个前提是，商品中包含的劳动量要代表社会必要的劳动，因而，商品的个别价值（在这里的前提下，也就是出售价格）要同它的社会价值相一致。……让我们把这一点应用到市场上现有的、构成某一整个部门的产品的商品总量上来。"① 但是，随着研究的深入，马克思的观点发生了变化。

首先，马克思承认，在个量上，剩余价值与平均利润没有必然的联系。② 而在总量上，一方面，从劳动生产力的角度看，马克思认为："由于劳动生产力的不断变动，生产某个商品的社会必要劳动的量也会不断变动，在这种情况下，有一部分商品总是要在不正常的条件下生产出来，总是要低于自己的个别价值出售，单是由于这一原因，剩余劳动就已经不会全部实现。"③ 另一方面，从供求的角度看，马克思认为，假定市场出清（它包括供求平衡和求大于供两种情况），"在最坏条件下生产的商品就决定市场价值"。④ 但是，这时即使是最坏条件下所生产的商品，它也应当得到平均利润。因为马克思说："如果我们假定生产部门 e（例如面包业）是必要的，那么这个部门的资本家就必须得到平均利润率 10%。"⑤ 这样一来，即使最坏条件下的实耗劳动量能够与其产品的生产价格相对应，但是，中等和上等条件下所生产的商品所应当得到的平均利润和超额利润，将都没有任何实耗劳动量可与之相对应，因为它们的实耗劳动量都少于最坏条件下的实耗劳动量。而假定供大于求，"那末，那种在最好条件下生产

---

① 《马克思恩格斯全集》第 25 卷，第 155、203 页。
② 《马克思恩格斯全集》第 49 卷，第 349 页。
③ 《马克思恩格斯全集》第 25 卷，第 942 页。
④ 《马克思恩格斯全集》第 25 卷，第 200 页。
⑤ 《马克思恩格斯全集》第 46 卷（上），第 426 页。

的商品就调节市场价值。例如,这种商品能够完全按照或者大致按照它们的个别价值来出售,这时可能出现这样的情况:那些在最坏条件下生产的商品,也许连它们的成本价格都不能实现,而那些按中等平均条件生产的商品,也只能实现它们所包含的剩余价值的一部分"。① 由此可见,无论是供求平衡还是不平衡,利润总和都注定不会等于剩余价值总和。更何况,马克思还承认利润中有因节约而产生的部分,它们也与剩余价值无关。②

在地租论中,李嘉图也遇到了绝对地租没有实耗劳动量可与之相对应的问题。他干脆"为了理论而否认绝对地租"。③ 而马克思的解决办法是,创造一个"虚假的社会价值"的概念,将没有实耗劳动量可与之相对应的价值称为"虚假的社会价值"。④ 其实,这些价值一点儿也不"虚假",而是名副其实的由"总消费"所决定的社会价值。⑤ 单位商品的社会价值等于社会需要的比例量除以产品量。⑥ 它是一个以货币表示的社会劳动量。在市场出清(包括供求平衡和求大于供两种情况)时,它接近于最坏条件下所生产的商品的实耗劳动量。在供大于求时,它接近于较好或最好条件下所生产的商品的实耗劳动量。诚然,也许在供求不平衡的某一个点上,它恰好等于实耗劳动的平均。但是,无论如何,都不会反过来发生由最坏、中等或最好条件下的实耗劳动决定价值的情况。价值是由全社会决定,而不是由个人或部分人决定,这个大方向无论如何不能迷失。

转型论中的另一个论点是,"较高的利润——来源于某个生产部门内的实际剩余劳动,来源于该部门中实际创造的剩余价值",低构成的企业创造的价值多,利润率高;高构成的企业创造的价值少,利

---

① 《马克思恩格斯全集》第25卷,第200页。
② 《马克思恩格斯全集》第48卷,第40页。
③ 《马克思恩格斯全集》第26卷(Ⅱ),第138页。
④ 《马克思恩格斯全集》第25卷,第745页。
⑤ 《马克思恩格斯全集》第46卷(上),第389页。
⑥ 《马克思恩格斯全集》第26卷(Ⅰ),第235页;第26卷(Ⅱ),第294页。

润率低。因此，资本纷纷涌向低构成的企业，造成它们的产品供大于求，于是它们的利润率降低到平均水平。相反，高构成的企业则因为"资本被抽出并由此而形成有利的供求关系，就会提高到"平均水平。① 从这里，任何人第一眼就能看到，即使是根据转型论，平均利润的形成也离不开供求因素的参与。换言之，平均利润无法依靠活劳动价值论自身形成。其次，人们不能忘记，实际的劳动未必会创造实际的价值。因为正是马克思发现，"并非任何仿佛是或者甚至真正是生产某一商品所必需的劳动，都会在任何条件下使该商品具有与所消耗的劳动量相当的数量的价值"。② 再次，产品利润率的高低取决于产品的品种和成本，即供求和工艺。事实上，采用先进工艺的高构成企业往往利润率较高，因而资本是从落后企业向先进企业流动，而不是从先进企业向落后企业流动。"资本主义生产的普遍趋势就是：在所有生产部门中用机器代替人的劳动。"③ 最后，竞争所影响的只是超额利润，换言之，竞争将逐渐降低超额利润，使之归于零。而平均利润是商品维持正常再生产的"自然价格"的"正确……构成要素"。④ 无论怎样竞争，只要商品生产还存在，它就不会是零。事实上，平均利润在没有竞争，没有剥削的原始共产主义的幼枝马尔克公社就已经存在，⑤ 因此，它的源头并不是剩余价值。

综上所述，马克思事实上早已经放弃了作为活劳动价值论推论的转型论。他承认："无论如何，利润加上地租等于全部已实现的剩余价值（剩余劳动），……已实现的剩余价值可以看作同全部剩余价值相等"。⑥ 即全部剩余价值量可以根据利润和地租来推出。这样，马克思就在事实上返回到了斯密的工资、利润和地租三种收入决定价

---

① 《马克思恩格斯全集》第46卷（上），第426页。
② 《马克思恩格斯全集》第22卷，第236页。
③ 《马克思恩格斯全集》第47卷，第561页。
④ 《马克思恩格斯全集》第26卷（Ⅲ），第85页。
⑤ 《马克思恩格斯全集》第25卷，第1021—1022页。
⑥ 《马克思恩格斯全集》第25卷，第942页。

值论。

不过这种返回并没有错。商品按实际耗费的劳动出售与按生产价格即按社会价值出售确实反映了两个不同的历史阶段。前者"适用于生产资料归劳动者所有的那种状态";后者适用于"资本主义的发展达到一定的高度"。① 在资本主义发展的这个高度上是"总消费表现为……作为交换价值的产品的尺度",② 因而这时的生产价格作为社会价值,已经不是转型论中所谓的实耗劳动的平均。如果说在《资本论》第一卷中,马克思已经把不受社会需求比例约束的,单纯作为实耗劳动平均即单纯平均"生产条件"的"社会必要劳动时间"排除在他的价值理论之外,③ 那么,在第三卷中,马克思理所当然同样要把不受社会需求比例约束的,单纯作为实耗劳动平均的,即作为转型论的"生产价格"或"市场价值"排除在他的价值理论之外。换言之,《资本论》第一卷第126页的一句话早就预示了第三卷整个转型论的作废。"资本主义的发展达到一定的高度",社会总消费就不是仅仅由工资构成,而是由生产方式所决定的三个阶级的收入即工资、利润和地租构成。马克思指责斯密和李嘉图"把商品的价值和商品的费用价格等同起来是根本错误的",④ 其实错误的是马克思自己没有彻底贯彻他自己的关于"在资本流通的条件下","总消费"决定价值的思想。工资、利润和地租三者之间作为价值是一种比例关系,即在社会发展的一定阶段对社会总产品的分配比例关系。这种比例关系是由作为社会自然规律的价值规律决定的,而不是由哪个人或哪个阶级决定的。在一定的社会经济发展阶段,它们中间无论哪一个都不是剩余的。

---

① 《马克思恩格斯全集》第25卷,第198页。
② 《马克思恩格斯全集》第46卷(上),第389页。
③ "假定市场上的每一块麻布都只包含社会必要劳动时间。即使这样,这些麻布的总数仍然可能包含耗费过多的劳动时间。"《马克思恩格斯全集》第23卷,第126页。
④ 《马克思恩格斯全集》第30卷,第268页。

六 重新认识剩余价值论

(一) 剩余价值论的构件

从上述关于剩余价值的分析中可以看出,剩余价值论有下列构件:

1. 考察范围

直接的物质劳动。"政治经济学,从最广的意义上说,是研究人类社会中支配物质生活资料的生产和交换的规律的科学。""撇开真正的艺术作品不说(按问题的性质来说,这种艺术作品的考察不属于我们讨论的问题之内)。""产品同生产行为不能分离,如一切表演艺术家、演说家、演员、教员、医生、牧师等等的情况。在这里,资本主义生产方式也只是在很小的范围内能够应用,并且就事物的本性来说,只能在某些领域中应用。……资本主义生产在这个领域中的所有这些表现,同整个生产比起来是微不足道的,因此可以完全置之不理。"①

2. 生产方式

简单商品生产。劳动过程与价值增殖过程相统一。"直接劳动时间的量,已耗费的劳动量是财富生产的决定因素。"②

3. 生产条件

土地和原料等劳动资料的使用是无偿的。"不变资本的总价值完全和自然力一样,例如和水、风等等一样,提供无偿的服务"。③

4. 生产主体

---

① 《马克思恩格斯全集》第20卷,第160页;第25卷,第856页;第48卷,第62页。
② 《马克思恩格斯全集》第46卷(下),第217页。
③ 《马克思恩格斯全集》第48卷,第77页。

产品是个人劳动的产物,而不是社会活动结合的产物——产品具有个人性质,因而物权主体明确。显而易见,剩余价值论不适用于"单个劳动能力创造价值的力量作为无限小的量而趋于消失"的阶段。①

5. 产品特点

可分为自己用和别人用两部分。自己用的部分数量达到后,可以停止生产,不影响整个产业链。

6. 市场条件

"我们始终假定,商品能够卖出去,而且是按它的价值卖出去的。"② 即求大于供。因而更多的产品就是更多的价值。

7. 生存条件

"假定工人是靠他本人所生产的使用价值生活的。"③

8. 人的发展程度

孤立、静止、不完整的人。只有对这样的人,才能满足"既要剩余,又要有价值"这个剩余价值概念的基本条件。换言之,只有对这样的人,才可能存在对个人剩余,对社会不剩余的东西。所谓的"必要劳动"仅限于"雇佣劳动阶级的生活费用"。④ 这种人不要发展,不要分工,不要科学,不要文化,……因而只能过孤陋寡闻、自给自足的小农生活。

9. 性质

是不等价交换——剥削的产物。产生过程明确。是存量。

10. 诉求

(1) 自己生产的对个人剩余的产品应当自己占有,以便使它们成为"自己的更加丰富的劳动条件"。"工人群众自己应当占有自己的剩

---

① 《马克思恩格斯全集》第 46 卷(下),第 209 页。
② 《马克思恩格斯全集》第 26 卷(Ⅰ),第 122 页。
③ 《马克思恩格斯全集》第 47 卷,第 269 页。
④ 《资本论》第 1 卷,法文版中译本,中国社会科学出版社 1983 年版,第 545 页。

余劳动。……这样一来，可以自由支配的时间就不再是对立的存在物了"。"社会主义理论的基本原理归结为一点：在现代社会中工人并没有得到他的劳动产品的全部价值。""全部资本，不外是工人阶级的积累起来的无偿劳动！……全部资本应该交给劳动。"① （2）如果社会生产力发展了，工人就应当自行缩短劳动时间。"如果这6个工人自己占有机器，那么，从此他们每人只要劳动半个工作日就够了"。②

11. 法理依据

洛克的"自然法"——在"自然是公共所有物"的前提下，谁劳动，谁占有。③

12. 手段

"用暴力推翻资本"。④ 因而必然实行苏联模式的"以阶级斗争为纲"的社会主义。

（二）重新认识剩余价值论

1. 把马克思的经济理论归结为剩余价值论是片面的

恩格斯和列宁等都曾经把马克思的经济理论归结为剩余价值论。恩格斯把剩余价值论称为马克思的两大发现之一。"马克思的第二个重要发现，就是彻底弄清了资本和劳动的关系，换句话说，就是揭露了在现代社会内，在现存资本主义生产方式下资本家对工人的剥削是怎样进行的。……现代科学社会主义就是建立在这两个重要根据之上的。""这部50印张的学术著作，其目的是为了证明：我们的银行家、商人、工厂主和大土地占有者的全部资本，不外是工人阶级的积累起

---

① 《马克思恩格斯全集》第48卷，第90页；第46卷（下），第221—222页；第16卷，第244、241页。
② 《马克思恩格斯全集》第47卷，第553页。
③ 《马克思恩格斯全集》第26卷（Ⅰ），第391页。
④ 《马克思恩格斯全集》第46卷（下），第269页。

来的无偿劳动!"① 列宁则说:"剩余价值学说是马克思经济理论的基石。"② 这种归结的必然后果是把马克思主义等同于活劳动价值论和以阶级斗争为纲。事实上,他们也是常常这样等同的,甚至可以说,他们的绝大部分论著都是这样等同的。应当说,这是时代背景使然。如恩格斯说:费边派"所以疯狂地仇视马克思和我们大家,就是因为我们主张阶级斗争"。③ 列宁说:"马克思和恩格斯的主要功绩,就是引导社会主义同工人运动结合起来:他们创立的革命理论,阐明了这种结合的必要性,指出了社会主义者的任务就是组织无产阶级的阶级斗争。""这个理论公开认为自己的任务就是揭露现代社会的一切对抗和剥削形式,考察它们的演变,证明它们的暂时性和转变为另一种形式的必然性,因而也就帮助无产阶级尽可能迅速地、尽可能容易地消灭任何剥削。"④ 如果坚持马克思主义与活劳动价值论和以阶级斗争为纲的等同,那么,坚持马克思主义与停止"以阶级斗争为纲"就将成为悖论,中国特色的社会主义也就必将被认为是对马克思主义的抛弃或背叛。实践的创新和突破必须要有相应的理论的创新和突破。否则,这种实践是不自觉的,并且随时有可能走回头路。

其实,马克思明确地指出:"科学的任务正是在于阐明价值规律是如何实现的。"⑤ 价值规律并不等于阶级斗争规律。在马克思的经济理论中,不仅有作为剥削论的活劳动价值论和剩余价值论,还有作为调节论的社会必要劳动价值论。它们都是价值规律的实现形式。前者与后者的区别在于:劳动的特殊性与劳动的社会性相等与不等。从本质上说,只有社会必要劳动价值论才是马克思经济理论的基石。因为马克思认为,"经过二十年的研究之后,变成了理论,在'资本论'

---

① 《马克思恩格斯全集》第19卷,第124—125页;第16卷,第241页。
② 《列宁全集》第23卷,第46页。
③ 《马克思恩格斯全集》第39卷,第8—9页。
④ 《列宁全集》第4卷,第213页;第1卷,第291页。
⑤ 《马克思恩格斯全集》第32卷,第541页。

中得到了发挥"的,① 正是早在 1847 年出版的《哲学的贫困》中就已经有了"定义"、"萌芽"和"科学的"表述的社会必要劳动价值论。② 活劳动价值论只是社会必要劳动价值论的一个局部和特例。如被恩格斯誉为"就叙述和内容来说,是迄今为止最光辉的两章",即"关于货币转化为资本的一章和剩余价值的产生的一章",③〔恩格斯指的是《资本论》第一卷第一版的第二章(《货币转化为资本》)和第三章(《绝对剩余价值的生产》)。在德文第二版和以后各版中,相当于这两章的是第二篇和第三篇。〕就完全处在劳动的特殊性与劳动的社会性相等的前提之下。活劳动价值论适用于简单商品社会(含"第一种"资本主义生产方式),社会必要劳动价值论适用于商品社会。在简单商品社会中,剩余价值的本质是"无偿占有",因而它是一个法学的问题,而不是一个经济学即"节约"学的问题。而在商品社会,不可能存在既要"剩余",又要有"价值"的作为社会价值的剩余价值。主要原因有三个:(1)"直接劳动本身不再是生产的基础";④ (2) 劳动者"只有为社会生产才是为自己生产",因而劳动已经不能再进行必要和剩余的划分;⑤ (3)"从一个处于私人地位的生产者身上扣除的一切,又会直接或间接地用来为处于社会成员地位的这个生产者谋福利"。⑥

2. 剩余价值是一种个别价值

在马克思看来,剩余价值是一种能被"单个工人"创造的价值,⑦ 因而它只能是一种个别价值。如果它是指社会价值,那么就将产生单个工人能够创造社会自然规律的怪论,这将直接违反历史唯物

---

① 《马克思恩格斯全集》第 19 卷,第 248 页。
② 《马克思恩格斯全集》第 16 卷,第 353—354 页;第 13 卷,第 10 页。
③ 《马克思恩格斯全集》第 31 卷,第 314 页。
④ 《马克思恩格斯全集》第 46 卷(下),第 222 页。
⑤ 《马克思恩格斯全集》第 46 卷(下),第 465 页。
⑥ 《马克思恩格斯全集》第 19 卷,第 20 页。
⑦ 《马克思恩格斯全集》第 48 卷,第 45 页。

主义的基本常识。

既然剩余价值是个别价值,那么对它的计算将被纳入成本,因而剩余价值并不是越大越好。剩余价值实现了就成为社会价值,不能实现就将造成亏损。剩余价值对社会生产没有调节功能。工资、利润和地租是可实现的社会价值。利润与地租之和并不等于全部剩余价值。工资、利润和地租是价值规律在商品社会中既有分配功能,又有调节功能的形式。商品社会的特点是:生产要素由不同的主体占有,分工凝固,生产由社会自发控制。当人们能够完全自觉地控制社会生产时,就不需要这些形式,反之则需要这些形式。

3. 必须区分剥削性的利润和调节性的利润,以及和它们相对应的两种社会主义

如果说,"只有马克思才探寻和揭示了利润发生的整个过程,一直追溯到它的根源,把一切都弄明白了",① 那么,我们今天在理解马克思的这个利润学说时,必须区分两种不同的利润,即剥削性的利润和调节性的利润。前者是形式上等价交换,实质上不等价交换下(作为过度劳动)的利润,后者是真正等价交换下(作为社会价值与个别价值之差)的利润。前者是剥削的产物,后者是价值规律调节劳动的产物。前者具有剩余价值的构件,因而属于剩余价值;后者不具有剩余价值的构件,因而不属于剩余价值。在当今的中国,前者是剥削的标志,后者是先进的标志。前者是要消灭和剥夺的对象,后者是要保护和鼓励的对象。前者的获取者是剥削者,后者的获取者是社会主义的建设者。如果说"一个价值额之所以成为资本,就因为它是用来生产利润的",② 那么,由于利润有两种,相应地,资本概念也应当分为两种:一种是"带来剥削性剩余价值的价值",即反映剥削性的资本;另一种是"带来先进性利润的价值",即反映先进性的资本。

---

① 《马克思恩格斯全集》第16卷,第264页。
② 《马克思恩格斯全集》第25卷,第44页。

对这两者不加区分是苏联模式社会主义的特征之一，对这两者加以区分是中国特色社会主义的特征之一。换言之，对《资本论》的深化解读是中国特色社会主义的理论渊源。剩余价值论的基础是活劳动价值论。如果说，苏联模式的社会主义是以作为剥削论的活劳动价值论为中心发展起来的，那么，中国特色的社会主义就是以作为调节论的社会必要劳动价值论为中心发展起来的。前者强调的是凝固的阶级性和阶级斗争，后者强调的是动态的先进性和科学发展观，从而使共产党的执政理念与时俱进。执政党从此重点探索的是先进的衡量、先进的产生、以及先进的保持等时代新课题。先进性中最根本的是生产力先进。只有生产力先进了，才能使各种产品的价格降到最低限度，从而才能实实在在地体现人民大众的利益。正如斯密所说："在任何国家，人民大众的利益总在于而且必然在于，向售价最廉的人购买他们所需要的各种物品。"[①] 其次是文化的先进。只有文化先进了，才能保证和促进生产力的先进。在经典著作中，重点论述了以剥削论为基石的社会主义，而没有展开以调节论为基石的社会主义。后一种社会主义既是中国人民和中国共产党在总结国内外历史经验基础上的创新，又是马克思主义理论内在逻辑的必然。这种社会主义与其说是对资本主义的超越，不如说是对资本主义的替代。它将在新的形式下完成资本主义和社会主义两种社会历史任务的平稳对接。关于这种社会主义的理论，既能令人信服地解释资本主义的过去和现在，又能深刻地揭示前苏联垮台的理论根源，还能对当今的中国起持久的凝聚和指导作用。

---

① 斯密：《国民财富的性质和原因的研究》（下），商务印书馆1974年版，第66页。

第七章 论有用性

在马克思的《资本论》中,有用性与使用价值是通用的。在资本流通的条件下,社会总需要即社会总使用价值估量着社会总价值,因此,有必要对这个使用价值即有用性作一番辨析。

一 有用性的含义和分类

据《辞海》、《汉语大词典》和 The Oxford English Dictionary,有用性(Utility)与效用同义。这里的"有"是"存在"的意思,"用"是"功效、作用和影响"的意思,所以,"有用"是指"存在功效、作用和影响"。本质上它表示一种关系,一种"存在",因而具有客观性。

目前许多词典没有把有用和有利加以区别。其实,有利的对称词是有害。有利和有害的划分是以人类或某部分人在某个时期所认定的某种标准而变化。而有用在严格的意义上是对有利和有害的抽象,它应当撇开各种具体的人为标准,只留下一层意思,即客观的联系、作用和影响的意思。有用的对称词是无用,即无关系、无作用和无影响。由于客观上没有哪一种事物无关系、无作用和无影响,因此客观上是不存在"无用"这个范畴的。

客观有用即客观作用,从来都是相互的。而相互作用构成各种事物和现象的存在形态和运动变化的内在原因或终极原因。换言之，宇宙万物的存在和发展，都是通过相互联系和相互作用实现的。世界统一于物质。恩格斯认同黑格尔语：物质的本质是"吸引和排斥"。① 迄今为止的现代自然科学是支持这一观点的，如粒子—反粒子关系的发现等。物质的存在形式是运动。运动就是相互作用，就是事物从一种状态到另一种状态的转化过程。因此，世界又是一个"过程的集合体"。"当我们深思熟虑地考察自然界或人类历史或我们自己的精神活动的时候，首先呈现在我们眼前的，是一幅由种种联系和相互作用无穷无尽地交织起来的画面"。② 在宇宙间，没有任何两个事物不通过或远或近的中介相互联系和相互作用。换言之，在任何两个事物之间，没有一方不对对方的存在和发展有用。与此同时，也没有任何一个事物不对整个宇宙的存在和发展有用。历史从这里开始，思想的进程也应当从这里开始。人们对事物的认识，归根结底是对相互作用的认识。因此，有用性是一切科学认识和实践的前提和出发点。同时，它又是人类认识的终点，"因为正是在它背后没有什么要认识的了"。③ 这种抽象意义上的有用性是一种本体论意义上的有用性，因而可称之为客观有用性。这就是马克思所谓的自然界"自己的纯粹的有用性"。④ 不难看出，客观有用性与客观规律性具有同一性。

但是，在日常的语境中，以至在大多数的学术著作中，所谓的有用性一般是指对人的存在和发展的功效、作用和影响。换言之，是以人为中心来连接世界普遍联系之网。甚至连唯物辩证法的大师马克思也是这样说的。他说："凡是有某种关系存在的地方，这种关系都是为我而存在的"。⑤ 人们作这样的理解是很自然的事情。因为只是在

---

① 《马克思恩格斯全集》第20卷，第587页。
② 《马克思恩格斯全集》第21卷，第337—338页；第20卷，第23页。
③ 《马克思恩格斯全集》第20卷，第574页。
④ 《马克思恩格斯全集》第42卷，第125页。
⑤ 《马克思恩格斯全集》第3卷，第34页。

人出现以后，才有了把握世界普遍联系之网的要求。正像大地测量需要一个原点一样，人在把握世界关系之网的时候当然也需要一个原点。事实上，以人为原点，既便于人类的沟通，又便于为了人的目的而改造世界。

自然界在其漫长的发展演化过程中，从自身产生出人脑这种物质。人脑具有意识的特性。这样，通过人，"自然界达到了自我意识"。① 这种意识的实质是对"关系"的确定。人在实践中，首先觉察对象"是什么"。这个过程是一个确定事物属性的过程。所谓属性，就是人根据自己的感觉对事物所处关系的定位。如某物的重量，就是人对该物与地球引力的相互作用关系的定位。由于关系都是相对的，因此属性也是相对的。自然界除了抽象的客观的相互作用，不存在某物所固有的绝对的属性。蒲公英的花在人的眼里是黄色的，但是在蜜蜂的眼中却是五颜六色的。世界在人的眼里是彩色的，但是在家鼠的眼中却只有黑白二色。一只鼎在地球上重达千斤，并且可以用来作香炉，可是到了宇宙空间，这些属性丧失殆尽。当然，假如某物所处环境相对稳定，该物所谓的属性也就相对稳定。

人在认识了对象是什么之后，又通过经验去觉察该对象对自己的生存和发展有什么作用和意义。那些被人意识到对自己的生存和发展有意义的事物，按意识的程度，被人赋予了有用性。② 同时，该事物也就成了该有用性的表现形式。如被叫做维生素 C 的这种物，是在人认识了它对人的生命有意义之后，才被认为是有用的，虽然在这之前，它就没有哪一天不对人客观上有用。既然人赋予有用性是人脑对客观有用性的反映和意识，那么，且不说它的形式必然是主观的，就是从内容上看，无论是当下还是长远，都不可能穷尽客观有用性。因此，人赋予有用性可称之为主观有用性。这就是马克思所谓的"人的

---

① 《马克思恩格斯全集》第 20 卷，第 373 页。
② 参见《马克思恩格斯全集》第 19 卷，第 406 页。

效用"。① 本质上它是一种认识论意义上的有用性。本体论意义上的客观有用性是与物质性同在的。而认识论意义上的主观有用性却是在人及其社会出现以后才存在。

对主观有用性可以从不同的角度进行分类。例如，从主体的角度可以分为个人主观有用性、群体（如民族、国家、阶级、政党、教派、团体等等）主观有用性和人类主观有用性；从作用的距离角度可以分为直接主观有用性和间接主观有用性；从人及其社会的结构角度，又可以分为物质方面的主观有用性和精神方面的主观有用性。每大类有用性下还可以再分小类，如物质方面的主观有用性可以再分为生产要素类的有用性和生活要素类的有用性。前者如土地和劳动力的有用性，后者如吃、穿、住、行等有用性。精神方面的主观有用性可以再分为法学、伦理学和美学等类的有用性。它们分别如法律的有用性、道德的有用性和风景的有用性等等。其分别构成各领域中的价值范畴的前提。

二 有用性的特性

就宇宙客观有用性而言，首先，由于与客观规律性同一，因此它具有一切客观规律都具有的天然性、永恒性、无限性、普遍性、系统性、循环性和发展性等特性。其次，客观有用性既然是一种关系，那么它的具体状况就不是取决于发生关系的某一方，而是取决于发生关系的双方。再次，具有客观有用性的对象显然不仅包括人类已经意识到其存在的"有"，而且包括人类尚未意识到其存在的"无"。

就人类主观有用性而言，它具有下列特性：

1. 人赋性

人类主观有用性不是天然的，而是人在客观规律的支配下发挥主

---

① 《马克思恩格斯全集》第42卷，第125页。

观能动性，对客观有用性进行反映和意识，再把其结果反赋到物质上的东西。它通过感觉，又超过感觉，具有抽象性。因此它不仅取决于客观有用性的状况，而且取决于人的知识结构和实践能力。同时，由于它是人赋的，因此必然反映人的目的性。换言之，假如人的目的发生变化，那么主观有用性也会发生变化。

2. 历史性

正如马克思所说："任何一个对象对我的意义，……都以我的感觉所及的程度为限。"① 虽然由于科学的发展，多种仪器能延伸人的感觉，但是毕竟"我们只能在我们时代的条件下进行认识，而且这些条件达到什么程度，我们便认识到什么程度"。② 在每一个不同的时期，由于认识条件的不同，因此人的总体认识水平也将不同。但是，由于一定时期的认识条件是一定的，所以一定时期的人类主观有用性水平也是一定的。当然，认识条件在发展，因此人类主观有用性也在发展。它通过书籍、光盘等载体，以及教育、实践等手段，可以代代相传和叠加。如煤的有用性，经过人类的世代探索，目前已达数百种。

3. 社会性

人类主观有用性是人类与自然界的关系。但是，由于人只有在"社会联系和社会关系的范围内，才会有他们对自然界的关系"，③ 因此，任何人类主观有用性必然具有社会性。

4. 系统性

由于人及其社会生活是一个多方面和多因素有机结合的系统，因此人类主观有用性也是一个系统。在这个系统中，每一种有用性都以其一定的地位和比例和他种有用性相联系。因此，任何一种有用性的地位或数量发生变化，都会或迟或早地引起他种有用性的地位或数量

---

① 《马克思恩格斯全集》第42卷，第126页。
② 《马克思恩格斯全集》第20卷，第585页。
③ 《马克思恩格斯全集》第6卷，第486页。

的变化。

5. 对象性

在人类主观有用性的抽象中，人是一般的和平均的人，即每个人的特殊性都已经被抽去，因而他们是具有同等认识水平和同等需要的人。但是，即使这样，在具体的某一瞬时或一段时间，其需要也会不尽相同。如面包对于一个刚吃过的人来说只具有间接的有用性，而对于一个尚未吃的人来说却具有直接的有用性。这就是所谓人类主观有用性的对象性。它反映了人在与自然发生交换关系时，在品种上的非同步性。

6. 趋向性

人类主观有用性具有不断逼近宇宙客观有用性的过程性。虽然它的形式完全是主观的，但是它的内容却可以含有与客观有用性重合的部分。这种重合的部分就是所谓的真理。真理与"生物学上有用的认识"具有一致性。① 同时，人具有把已经意识到的客观有用性分解和重组的功能。这种功能也就是人的实践功能，人的创造发明功能，人的建立"人工自然"的功能。通过"人工自然"，人能够建立起"人工客观有用性系统"，如工业文明和电子文明等等。但是，它们也只有在不断逼近更大范围和更高层次上的客观有用性系统（如宇宙生态客观有用性系统）的条件下才能存在。在实践中，人类主观有用性一方面处于引导地位，另一方面又处于被证实的地位。

7. 循环性

由于物质是循环运动的，因此人类主观有用性的表现形式也是循环转换的。在这种循环中，有人的有意识的生命活动或者说使用活动——生产和消费的参与。如生产要素（劳动力和劳动资料）形式的有用性通过生产转换为消费品形式的有用性，后者通过消费又转换为人的形式的有用性。正如马克思所说："在生产中，人客体化，在消费

---

① 参见《列宁全集》第18卷，第141页。

中，物主体化"。①

由于一定时期的人类主观有用性水平是一定的，因此，在一定时期，各种主观有用性之间的转换在量上将守恒。但是从历史的角度看，其质和总量是螺旋上升的。如同样是吃的主观有用性，由于"用刀叉吃熟肉来解除的饥饿不同于用手、指甲和牙齿啃生肉来解除的饥饿",② 因此两种吃的主观有用性也不同。主观有用性总量的不同是由于人口及其需要的自然增长。某种具体的人类主观有用性量是以某种被人赋予该有用性的物质的量来表示，如公斤、公尺和公升等等。而抽象的一般人类主观有用性量则以约定俗成的特种物质的量来大致地和象征性地表示。并且，作为抽象的、观念的和社会的量，它只能从波动中表现。历史上，表现这种量的物质曾经有过牛、盐、贝壳和金属等等。通常人们把它们叫做货币。

8. 平分性

每种具体的人类主观有用性在整个体系中的一定的地位和数量，会随人际交往（市场）程度的发展，而被越来越平均和迅速地分解到当时所拥有的，被人赋予该有用性的对象的每个具体单位。当由于某种原因，如风俗习惯，或政治气候，或科学技术发生变化，不仅整个某种有用性在总系统中的地位和数量会发生变化，而且单位对象的有用性地位和数量也相应平均地发生变化。例如，当人们由冷战转向和平时，核导弹及其工程师们的总体及个体有用性地位和数量就随之改变。而假定其他条件不变，仅仅由于某种原因使某类被赋予有用性的物品数量增加或减少，那么其单位对象的有用性量反而将平均地减少或增加。这种平均分解的机制并不受对象的占有主体和使用与否（正常的使用属于有用性的循环范畴）的影响。并且很显然，无论哪种对象，当它短缺时，就将进入经济学的范畴；而当它丰裕时，又将退出

---

① 《马克思恩格斯全集》第 46 卷（上），第 26 页。
② 《马克思恩格斯全集》第 46 卷（上），第 29 页。

经济学的范畴。

就个人主观有用性而言，它与人类主观有用性是个别与一般的关系。由于个别中包含一般，一般通过个别表现，因此，个人主观有用性也具有上述人类主观有用性的特性。同时，由于"任何一般只是大致地包括一切个别事物。任何个别都不能完全地包括在一般之中"，[①]因此个人主观有用性的简单相加并不就等于人类主观有用性。前者要比后者更丰富、更生动，而后者又比前者更深刻、更稳定。

此外，个人主观有用性还具有分享的可能性，即个人新发现的有用性，有可能通过某种媒介成为群体或全人类共同的意识。这个过程也就是人类主观有用性不断扩大和发展的过程。但是，这个过程是不平衡的。它表现在两方面：一是发现过程本身的不同步。由于每项新发现都要经历两个阶段："是什么"和"有什么用"。于是，一些新发现可能尚处于第一阶段，而另一些新发现却已经进入第二阶段。事实上，也正是由于这种不同步，才形成了基础学科和应用学科的分野。二是新发现被人类接受的不同步，即有些人接受这些新发现，而另一些人接受那些新发现。由此形成了人的不同文化模式和行为模式，或者说不同的群体主观有用性。不难看出，群体主观有用性只是个人主观有用性向人类主观有用性发展过程中的一个阶段。同时，由于个人主观有用性发展的不同步，更使主观有用性蒙上了另一层意义的对象性，即由于各人或各群体认识的差异所造成的对象性。

至于有利和有害的划分，无论是就它的结果而言，还是就它的标准而言，在认识论上都只是反映了主观有用性的发展程度，即它向客观有用性的趋近程度。如石油曾经被人看作是有害的，现在却成了人们争相占有的对象。生活中类似的事每天都在发生。其实，就天然物流本身而言，它是没有废物的。所谓污染，实质是人工物流对天然物流规律的背离。

---

① 《列宁全集》第 55 卷，第 307 页。

三 历史上关于有用性范畴的探讨

历史上最早提出有用性范畴的是古希腊的色诺芬。他认为，有用之物即为财富。① 从此，一个绵延数千年，至今仍未达成共识的世界性难题形成，即财富的内涵究竟是指有形的物质性，还是指无形的有用性？如果是后者，又究竟是指客观有用性，还是指主观有用性？换言之，假定物质量不变，但由于人们的新发现，其主观有用性量提高，这是否意味着财富的增加？反之，假定主观需要不变，因而主观有用性量不变，但是产品量增加，这是否也意味着财富的增加？财富内涵的不同，将使经济学有不同的范围和内容。

此后，亚里士多德指出，在每种货物的用途中，有一种是"物本身所固有的"。② 这似乎有点猜测到了不以人的意志为转移的与物质性同在的客观有用性。虽然他并没有意识到，无论哪种有用性，都只是一种相互关系，因而是不能被某物所单方面地固有的。

历史上第一个把效用称为使用价值的是亚当·斯密。③ "使用价值"一词本身最早出现在弗·魁奈的著作《农业国民经济统治的一般准则》的一个注释中。④ 这个词从它出现的那一天起，就一直不明确它究竟是指物质性，客观有用性，还是人赋其上的主观有用性？换言之，使用价值一词把物质性、客观有用性和主观有用性混为一谈。一个理论体系如果要求明晰、统一而彻底，最好是避免采用"使用价值"这个词。但是斯密并没有意识到这一点，他采用了"使用价值"一词。由此也就带来了混乱。如他一方面"宣布劳动一般，而且是它的社会的总体形式即作为分工的劳动，是物质财富或使用价值的唯一

---

① 色诺芬：《经济论，雅典的收入》，商务印书馆1961年版，第3页。
② 转自《马克思恩格斯全集》第23卷，第103页。
③ 斯密：《国民财富的性质和原因的研究》（上），商务印书馆1972年版，第25页。
④ 《魁奈著作选集》，商务印书馆1979年版，第361页。

源泉"，① 另一方面又认为，物质财富或使用价值量与劳动生产力成正比。② 这样，他就把四个量搅在了一起：物质品量、客观有用性量、主观有用性量和劳动量。由于客观有用性量涉及未知领域，我们暂且把它放一边。如果斯密的使用价值是指物质品量，那么它倒的确是随劳动量的增加而增加的。但是斯密后来又说它会随劳动生产力的提高而增加，即随劳动量的减少而增加。这就与前一种说法相矛盾了。这是问题之一。问题之二，如果斯密的使用价值是指人赋的主观有用性量，那么其总量与劳动量或劳动生产力是无关的。因为人赋有用性量是由需要量决定的。而一定时期的需要量是一定的，因此一定时期的人赋有用性量也是一定的。劳动量或劳动生产力所能改变的只是物质产品量。而物质产品量的多寡所能改变的又只是单位产品的人赋有用性量。实践表明，它们两者之间是一种反比关系。斯密对这些关系显然都还没有意识到。

与古典学派同时代的萨伊的论点是："一个人通过劳动创造某种效用，从而把价值授与某些东西"，"生产给产品创造需求"。即使"货物多到堆栈不能容纳的程度"仍是好现象。③ 这就是所谓的萨伊定律。它的要害是不承认一定时期的社会需要量是一定的。

马克思在古典学派的基础上建立了他自己的博大精深的理论体系。人们一般都以为，劳动范畴是马克思理论体系的基础。可是事实上，就是这个劳动范畴也还要靠有用性范畴来规定。马克思说："劳动总是联系到它的有用效果来考察的。""如果物没有用，那末其中包含的劳动也就没有用，不能算作劳动"。④ 此外，有用性范畴还是马克思价值范畴的前提。马克思指出："商品要成为价值，首先必须是效

---

① 转自《马克思恩格斯全集》第13卷，第49页。
② 斯密：《国民财富的性质和原因的研究》（上），商务印书馆1972年版，第1、11、25—26、42页。
③ 萨伊：《政治经济学概论》，商务印书馆1963年版，第142—143页。
④ 《马克思恩格斯全集》第23卷，第55、54页。

用"。① "商品的使用价值，是它的交换价值的前提，从而也是它的价值的前提。"② 由此可见，马克思理论体系的真正的基础性范畴是有用性。

但是，对于这个前提和基础，马克思自己有时似乎也忽视了，否则无法解释其著作中这样的话："使用价值本身不具有价值本身所具有的无限度性。""产品作为使用价值在自身中含有某种限制，——即对该产品的需要的限制"。③ 这里的问题是：既然价值的前提使用价值具有限度，那么价值怎么可能具有无限度性呢？由于马克思的活劳动价值论及其推理是建立在价值具有无限度性基础上的（如众所周知的，马克思认为，只要这样或那样延长工人的"剩余劳动时间"，资本家就能够得到更多的利润），因此，人们面临着一个无法回避的选择：或者是继续忽视有用性范畴的前提和基础性地位，或者是重新恢复有用性范畴的前提和基础性地位。

然而不管怎么样，对于有用性范畴本身，马克思还是有他自己的特殊贡献。其一，虽然他也把有用性或效用称为使用价值，④ 并且在使用价值与劳动的关系问题上也沿袭斯密的观点，即一方面认为劳动创造使用价值，另一方面又认为使用价值量与生产力成正比，⑤ 但是，他毕竟已经意识到了有用性量在一定时期是一定的。⑥ 这就有助于后人克服从古典学派→萨伊→马克思本人→现代人在使用价值与劳动的关系问题上的缺陷。而且，事实上，马克思本人也多少已经意识到了使用价值量与劳动量是无关的，以及劳动的作用只能转换使用价值的品种。如他说："面包作为使用价值，使我们关心的是它作为食品的属性，而决不是农夫、磨坊工、面包师等人的劳动。即使这种劳动由于某

---

① 《资本论》第1卷，法文版中译本，中国社会科学出版社1983年版，第23页。
② 《马克思恩格斯全集》第25卷，第716页。
③ 《马克思恩格斯全集》第46卷（上），第387页。
④ 《马克思恩格斯全集》第46卷（上），第244页；第49卷，第222页。
⑤ 《马克思恩格斯全集》第23卷，第56、60页。
⑥ 《马克思恩格斯全集》第46卷（上），第387页；第23卷，第125页。

种发明减少了 $19/20$，这个面包的用处仍然和从前一样。即使它现成地从天上掉下来，也不会丧失它的使用价值的一个原子。……而作为有目的的生产活动的劳动实现在商品的使用价值的无限多样性上。"[1]

其二，虽然在马克思的著作中，使用价值是一个多义词，有时表示物质性，有时表示有用性，有时表示物质性＋有用性，有时又表示形式规定性等等,[2] 但是，其中有一种含义是"表示物和人之间的自然关系"。[3] 所谓自然关系，也就是客观关系。这表明马克思已经在某种程度上意识到了客观有用性的存在。可是在与瓦格纳的论战中，他又说有用性是人赋予物的。[4] 显然，至少在表述上马克思还没有明确区分客观有用性和主观有用性。

其三，马克思已经意识到了一个"普遍有用性体系"的存在。并且，"与此相适应是需要的一个不断扩大和日益丰富的体系"。[5] 这表明有用和需要的对应关系在马克思那里已经确立。其实，无论是在客观意义上，还是在主观意义上，需要和有用指的都是同一种关系，只是定义的角度相反而已——前者从人对物的角度，后者从物对人的角度。

其四，关于使用价值（有用性），马克思认识到有"特殊使用价值"和"一般使用价值"之分,[6] 尽管他把两者的关系看作是不相关的。[7] 而且，马克思已经把货币看作是一般使用价值的表现形式,[8] 并指出，使用价值的量取决于需要量。[9] 这就为后人把货币看作一般

---

[1]《马克思恩格斯全集》第13卷，第24页。
[2]《马克思恩格斯全集》第23卷，第48页；第46卷（上），第224、194页；第13卷，第37页。
[3]《马克思恩格斯全集》第26卷（Ⅲ），第326页。
[4]《马克思恩格斯全集》第19卷，第406页。
[5]《马克思恩格斯全集》第46卷（上），第393、392页。
[6]《马克思恩格斯全集》第13卷，第37页。
[7]《马克思恩格斯全集》第13卷，第80页。
[8]《马克思恩格斯全集》第13卷，第37页。
[9]《马克思恩格斯全集》第25卷，第716页。

社会需要量和一般人类主观有用性量的表现形式提供了启发。

其五，马克思指出，历史进步的实质就是有用性体系的扩大。①由于需要即人的本性，②以及"整个历史也无非是人类本性的不断改变而已"，③因此可以知道：需要的不断发展，人性的不断改变，有用性体系的不断扩大，历史的不断进步，——其实都是一回事情。并且，马克思指出，这个过程是一种自然历史过程。④

历史上还曾对有用性范畴作过较详细探讨的是边际效用学派。他们的边际效用递减律和边际效用均等律是人类思想库中的宝贵财富，至今仍闪烁着生命的光辉。但是，由于历史的原因，他们毕竟没有能够意识到客观有用性与主观有用性之间，以及个人、群体和人类主观有用性之间的区别与联系。由此也就造成了他们不能完满地解决效用的计量问题。

20世纪初，实用主义者已经认识到了主观有用性在实践中的"引导"和"证实"作用，但是，他们也未能区分个人、群体和人类主观有用性，并且，没有认识到真理乃主观有用性之部分，所以，他们的"有用即真"命题不完全正确。⑤

在当代，国内新编的一些工具书和教科书几乎都没有区分作为被发现对象的客观有用性和作为发现本身的主观有用性，把这两者混为一谈。同时，在使用价值和劳动的关系问题上，这些书也都普遍沿袭斯密的有缺陷的观点。

从理论和实践上深入辨析有用性范畴，对于正确理解财富的实质及其增长的途径，对于正确把握各门人文学科中的那些以相应的有用性为前提的各种价值范畴之间的联系与区别，对于达到历史观、价值观、认识论和方法论的统一，都具有重要的意义。

---

① 《马克思恩格斯全集》第21卷，第269页。
② 《马克思恩格斯全集》第3卷，第514页。
③ 《马克思恩格斯全集》第4卷，第174页。
④ 《马克思恩格斯全集》第3卷，第80页。
⑤ 参见约·詹姆斯：《实用主义》，商务印书馆1979年版，第103—105页。

第八章 论经济增长

经济增长即财富增长。然而，究竟什么是财富？其源泉又何在？传统经济增长理论的缺陷又是什么？本章拟重新考察这些问题。

一 财富的涵义

财富是一个至今还没有统一和确切涵义的概念。即使在马克思的著作中，在不同的场合，它也有不同的内涵。

财富的第一种涵义是指一切对人有用的物品。如马克思说："使用价值即物质财富"。① 但是，由于世界是一个有机整体，因此几乎找不出任何一个物品不对人有用，即不对人有或远或近的联系、影响和作用。因此，按照这个定义，世界上就没有一样东西不是财富。这是财富的宽义。显然，它不是经济学意义上的财富。

财富的第二种涵义是指对占有主体直接有用的物品。如色诺芬认为，对占有者有用就是财富。"一支笛子对于会吹它的人是财富，"而对于不会吹它的人来说，只有在"卖掉它时是财富，而在保存着不卖时就不是财富。"② 马克思有时也持这种观点。如他说："商品所有者

---

① 《马克思恩格斯全集》第 23 卷，第 57 页。
② 色诺芬：《经济论，雅典的收入》，商务印书馆 1961 年版，第 3 页。

的商品对他没有直接的使用价值。……直接有的只是这样的使用价值：它是交换价值的承担者，从而是交换手段。"① 后者又被称为"一般使用价值"或"形式上的使用价值"。它"同任何实际的个人需要无关"。② 因而马克思又说："一切商品对它们的所有者是非使用价值，对它们的非所有者是使用价值。"③ 其实，由于人具有社会性，因此，对某人有用的东西，通过交往对其他人也将多少产生影响和作用。某人笛子虽然不会吹，但是他将不可避免地直接间接受到笛声的潜移默化。而且，从理论上说，特殊通过一般相联系，因此，"一般使用价值"并非"同任何实际的个人需要无关"。但是，这个财富定义是建立在个人的认识基础上的，即某人在某个时期对某物认识到其有用，其就以为财富。这种只得到个人一时性认可的财富同得到社会普遍和稳定认可的财富是有区别的。因此，它也不能成为经济学意义上的财富。

财富的第三种涵义是指物质劳动所创造的有型产品。斯密及其追随者包括马克思有时都持这种观点。他们认为服务部门的经济活动由于不会增加有形产品的数量，所以不会产生价值。苏联和其他前社会主义国家，包括改革开放前的中国所采用的经济增长度量法——物质产品平衡体系表（MPS），就是根据这一思想而创立的。但是，这种财富观已经被实践所淘汰。

财富的第四种涵义是指具有可交换性和可独占性的对象。如斯密提出，财富的实质是价值。④ 马克思认为："价值是量上一定的可交换性。"⑤ 财富的表现是商品。在资本主义社会它包括"一切精神的

---

① 《马克思恩格斯全集》第23卷，第103页。
② 《马克思恩格斯全集》第13卷，第37、80页。
③ 《马克思恩格斯全集》第23卷，第103页。
④ 《马克思恩格斯全集》第26卷（Ⅰ），第166页。
⑤ 《马克思恩格斯全集》第46卷（上），第84页。

或物质的东西",① 但是，它又必须是"可以被独占，并且可以让渡"。② 所谓"可交换性"即交换双方在品种上的相互短缺性。换言之，这种财富不仅具有社会一般主观有用性，而且又在品种上为交换双方主体所短缺。由于任何社会一般主观有用性的发现和发展，都必然有人的体力和脑力付出，因此，这种财富必然都含有所谓的"人类抽象劳动"，不管这种财富的具体表现形态是有形的，还是无形的。目前，这种财富观似乎已经得到世界的普遍认同，因为世界上的绝大多数国家都采用实质上基于这种财富观的国民经济账户体系（SNA）进行国民经济的统计。

二 总量财富增长的实质和源泉

财富增长按统计范围的不同，可分为总量（世界）财富增长和个量（国家、部门或企业）财富增长。但是，迄今为止的经济增长理论似乎都没有对这两种不同的增长作出区分。

已有的经济增长理论关于经济增长因素的分析可概括为两派：供给决定派和需求决定派。前者又可分为供给数量决定派和供给质量决定派。供给数量决定派的代表人物有斯密、李嘉图、马克思、哈罗德、麦迪逊和斯科特等。他们主要强调资本和劳动投入的数量对经济增长有决定性的作用。这种增长也就是通常所谓的粗放型增长。供给质量决定派的代表人物有索罗、丹尼森、罗默、卢卡斯和罗斯托等。他们主要强调劳动生产率对经济增长有决定性的作用。因而在他们看来，凡是能提高劳动生产率的因素也就是经济增长的因素，如技术、知识和制度等等。这种增长也就是通常所谓的集约型增长。至于需求决定派，其代表人物则有康瓦尔等。

---

① 《马克思恩格斯全集》第23卷，第47页；第4卷，第79—80页。
② 《马克思恩格斯全集》第25卷，第714页。

根据本文前述，世界经济财富的本质是短缺的人类一般主观有用性。因此，讨论世界经济财富的源泉，实质就是讨论短缺的人类一般主观有用性的源泉。不言而喻，它的源泉只能是科学。

科学的第一个作用是发现事物新的有用性。这是对事物客观有用性的一种认识和反映。其过程一般是首先由某个人发现，然后被某个群体（民族、国家或地区等）直至全人类所接受。因此，事物一般都是首先被赋予个人主观有用性，接着被赋予群体主观有用性，最后被赋予人类主观有用性。这时假如它是短缺的，就能成为世界性经济财富，即意味着它可以在世界范围内进行交换。新有用性的发现意味着新需要的诞生。这些新有用性和新需要都能绝对地增加世界经济财富的总量。正如马克思所说："任何可以交换的新的对象，归根到底其本身就是新的价值，所以会增加价值量。因此，随着新开辟的交换的源泉，国内贸易和对外贸易中的价值量都会增加。"①

这里所谓的"人类一般主观有用性"，实质就是人类所共同达到的知识总水平。从这个意义上说，世界经济从来就是所谓的"知识经济"。从宏观和历史的角度看，人类知识的发展并不能超越认识条件的发展。② 由于一定时期的认识条件是一定的，因此，在一定时期，人类知识的总水平也是一定的。这样，只能在人类知识的基础上生发的世界对最终物品的需要量不能不也是一定的。③ 于是，世界经济财富的总量在一定时期是一定的。而且，不言而喻，当人们对最终物品有一个一定的需要量时，对要素也将同时产生一个相等的需要量。换言之，产品和要素所被赋予的人类一般主观有用性量总是相等的。由此也可见，SNA体系认定最终物品的价值与生产要素的价值相等是合理的。但是，从历史的角度看，人口及其需要有一个自然增量，④

---

① 《马克思恩格斯全集》第44卷，第118—119页。
② 《马克思恩格斯全集》第20卷，第585页。
③ 参见《马克思恩格斯全集》第23卷，第125页；第46卷（上），第387页。
④ 《马克思恩格斯全集》第3卷，80页。

因此，世界经济财富也有一个自然增量。当然，无论是一定时期的一定量，还是从历史角度看的自然增量，作为一种社会性指标，都只能通过波动和平均数来表现。已有的统计资料表明，世界 1820 年至 1992 年人均 GDP 的年均增长率在 1.2 上下波动。其中，和平繁荣的 1820 年至 1913 年是 1.3；世界性灾难集中的 1913 年至 1950 年是 0.9；而自电脑发明后的 1950 年至 1973 年是 2.9；它可以看作是对前一时期的一种矫枉过正，因为 1973 年至 1992 年又回复到 1.2。[1] 它也许就是恩格斯所谓的意识形态发展的中轴线与之接近于平行的"经济发展的轴线"。[2]

人们一般认为，科学的第二个作用是能提高劳动生产率，即以更少的投入生产更多的产品。生产劳动本质上只是一种把要素形式的有用性转换为产品形式的有用性的手段。科学虽然能发现和发明新的更有效的转换手段，但是，这些手段本身却仍属于具有知识产权的要素，因而它们都还在人类一般主观有用性的计量范围之内。换言之，所谓科学的第二个作用——提高劳动生产率，本质上仍是第一个作用，即发现事物新的有用性。在总要素价值＝总产品价值的前提下，它意味着人们必须这样或那样地为更高的劳动生产率支付成本。这种成本既可以表现为更长的教育年限，也可以表现为一时还难以作价的环境污染等。然而不管怎么样，有一点是明确的，由于人类对最终物品需要量的一定性，任何超量产品都将无用，因此，从总量上说，劳动生产率并不能成为价值的源泉。

由以上分析可知，当把供给数量决定派的理论运用于总量财富增长时，首先产生的一个问题是：那些多投入的要素的价值来自何方？他们似乎都还不曾想到这个问题。同样，当供给质量决定派强调劳动生产率时，也存在一个那些多产出的产品的价值来自何方的问题。总

---

[1] 资料来源：《经济研究参考资料》1996 年第 164 期。
[2] 《马克思恩格斯选集》第 4 卷，人民出版社 1995 年版，第 733 页。

而言之，假如没有人类一般主观有用性总量的增长，也就既没有要素价值量的增长，也没有产品价值量的增长。人们必须记住："商品却总是仅仅由于它的使用价值才被购买。"①

三　个量财富增长的实质和源泉

当今通行的衡量个量（国家、部门或企业）财富的指标是 GNP 或 GDP。它们都以最终产品（包括劳务）的总价值等于要素总价值为前提。换言之，假定生产的结构与需求的结构相适应，并且各企业的生产力水平相同，那么，投入就等于产出。

但是，在实际的经济生活中，生产的结构与需求的结构并不完全相适应，并且各企业的生产力水平也不可能完全相同。这里先假定各企业生产力水平相同，但生产的结构与需求的结构不相适应的情况，即有的产品投入过多，有的产品投入不足，因此，有的产品生产过多，有的产品生产过少。在这种情况下，由于市场总是按一定时期的既定需求的比例付酬，② 并且，单位产品的价格（价值）等于既定需求比例量/上市商品量。③ 因此，投入过多的部门势必发生亏损，而投入不足的部门则将盈利（指超额利润）。并且，社会总盈利＝社会总亏损。④

再假定社会生产的结构与社会需求的结构相适应，即供求平衡（市场出清）。马克思认为，这时"在最坏条件下生产的商品就决定市场价值"，⑤ 并且，最坏条件下所生产的商品还应当得到平均利润。因为马克思说："如果我们假定生产部门 e（例如面包业）是必要的，

---

① 《马克思恩格斯全集》第49卷，第71页。
② 《马克思恩格斯全集》第23卷，第394页；第26卷（Ⅰ），第234—235页。
③ 《马克思恩格斯全集》第26卷（Ⅱ），第294页。
④ 《马克思恩格斯全集》第26卷（Ⅲ），第112页。
⑤ 《马克思恩格斯全集》第25卷，第200页。

那么这个部门的资本家就必须得到平均利润率10%。"① 这样，中等和上等条件下所生产的商品都将不同程度地得到超额利润，因为它们的成本都小于最坏条件下所生产的商品。但是，尽管如此，这个部门的价值总量仍将等于社会需求的比例量。正是这种在部门内部不同生产力水平的企业之间拉开所得差距的机制，促使企业把生产商品的社会必要劳动时间降到最低限度，从而推动社会生产力不断提高。

以上所讨论的是在社会需求量及其结构不变的某一时点或一段时期中的利润（即共时性利润）的来源问题。当然，在实际生活中，后一时点或时期比前一时点或时期的社会需求有个自然增量。这里把它看作是一个人人有份的历时性利润即利息，因此略而不计。

在全球经济中，一个国家、地区或部门，就相当于一个企业。因此，以上的分析也完全适用于探讨各国经济增量的来源。换言之，对于各国经济而言，只要哪个国家能更准、更快、更好、更省地满足社会需求，即有更高的生产力，那么，哪个国家的GDP就能增高。事实也完全证实了这一点。根据世界经济统计资料，1913年至1992年英国、法国、德国、荷兰和日本的GDP增长率与劳动生产率增长率的相关系数都在0.9以上，美国是0.82。中国1953年至1990年是0.99。② 由于劳动生产率增长率是科技进步的最自然度量，因此又可以说，GDP的增长与科技进步密切相关。科技进步的水平还可以用技术专利数来较为精确地表征。经济学家曾对二十多个国家和地区作了实证研究。结果表明：一个国家或地区技术发明愈多，即取得技术专利数愈多，则其人均国民生产总值也愈高，它们两者之间有高度的正相关性。

广义的科学进步的内涵可以归纳为四个方面，即生产设备的改

---

① 《马克思恩格斯全集》第46卷（上），第426页。
② 资料来源：西方各国的相关系数根据麦迪逊的OECD研究（《经济研究参考》1996年第164期）进行计算。中国的相关系数根据李京文等的《中国经济增长分析》（《中国社会科学》1992年第1期）进行计算。

革，生产工艺与方法的完善，劳动者素质的提高，决策与管理水平的提高。因此，所有在这些方面的努力都能促进一国经济的发展。

从理论上不难推断：假如某国的经济是封闭的，那么其增长至多只是一国社会需求的自然增长。反之，假如一国经济是开放的，那么其经济增长量将不仅取决于世界需求自然增长的绝对增长（即国际历时性利润，简称利息），而且将加上取决于其准、快、好、省地满足世界需求能力的相对增长（即国际共时性利润）。当然，随着各外向型国家（地区）生产力水平的趋近，它们的相对增长量将趋于零。萨克斯和沃纳在最新的一篇论文《经济改革和全球一体化过程》中，把111个国家分为"开放"国家和"封闭"国家。与封闭国家相比，开放国家的增长更快并呈趋同倾向。

从理论上还可以知道：由于一定时期的需求比例是一定的，因此，在没有竞争对手的情况下一味加大要素投入，并不能带来同量的经济增长。相反，其收益将是递减的。而在有竞争对手的情况下，假如要素投入能带来超过对手的效率，那么在一段时期中其效益能有所增长。但是，一旦在独占市场后再加大投入，其收益同样会递减。已有的统计数据表明，持续的投资增长只能带来5至8年的增长率的提高，随后，增长率又会回到所谓的稳态均衡增长路径（即自然增长率）。同样，即使是人力资本投入的持续增长，也并不总是能带来经济效益的持续增长。[①] 更何况，在发达国家，等量财富增长所需要的资源随着时间进程而越来越少。例如，日本1984年生产与1973年同等数量的工业品，所需要的原料前者仅为后者的60%。库兹尼茨根据大量的统计资料，对16个国家一百多年的长期发展趋势进行分析之后指出，总劳动人口的比例显示出长期的稳定性，而从业人员工时数的长期变动趋势是下降的，按人口平均的人一时总投入每10年平

[①] 参见：Jones, Charles I., "Time Series Tests of Endogenous Growth Models", Quarterly Journal of Economics, May 1995. "R&D—Based Models of Economic Growth", Journal of Political Economy, 1995, no. 4.

均下降 2‰～3‰。总而言之，世界产品是朝省能、省材和省力的方向发展。

综上所述，传统经济增长理论中的供给决定派显然没有看到需求对经济发展的制约作用。当然，他们更谈不上区分经济的相对增量与绝对增量。至于需求决定派，他们则未能看到需求的内核是人类一般主观有用性，并且未能区分国别需求与世界需求，以及它们各自的自然增量。

第九章 论所有制

所有制问题是《资本论》的一个基本问题。消灭私有制又是共产党人的目标，因此，所有制的本质、地位和趋势是一个必须探讨清楚的问题。

一 所有制与人同在

马克思肯定历史上曾经有过还不存在所有权（德语：Eigentumsrecht 或 Eigentum）的时代。① 但是，这个没有所有权的时代是否也没有所有制（德语：Eigentum）呢？答案是否定的。因为马克思是把所有制与生产和社会直接联系在一起的。马克思说："一切生产都是个人在一定社会形式中并借这种社会形式而进行的对自然的占有。在这个意义上，说所有制（占有）是生产的一个条件，那是同义反复。"又说："如果说在任何所有制都不存在的地方，就谈不到任何生产，因此也就谈不到任何社会，那么，这是同义反复。"②

不仅如此，马克思还把所有制的存在与人的存在直接联系在一起。马克思说："人最初不是作为劳动者，而是作为所有者与自然相

---

① 《马克思恩格斯全集》第 46 卷（下），第 464 页。
② 《马克思恩格斯全集》第 12 卷，第 737、738 页。

对立"。"财产最初无非意味着这样一种关系：人把他的生产的自然条件看作是属于他的、看作是自己的、看作是与他自身的存在一起产生的前提；把它们看作是他本身的自然前提，这种前提可以说仅仅是他身体的延伸。"① 由此可见，所有制是与人一起产生的。它最初是表示生产的自然条件的属人关系，即受人支配的关系。由于人的类特性是自由的自觉的活动，"动物仅仅利用外部自然界，单纯地以自己的存在来使自然界改变；而人则通过他所作出的改变来使自然界为自己的目的服务，来支配自然界"，② 因此，人的本质规定本身就含有所有关系。换言之，没有人对生产的自然条件的属人关系即支配关系，人就不成其为人。如果说，人的本质是社会关系的总和，那么，社会关系的总和也就是所有制。③ 并且，如果说，在开始劳动之前，劳动条件的属人关系还只是一种观念上的存在，那么，通过劳动过程，它就成为一种实际占有。同时，由于人本身也是自然物，他受制于自然界的客观规律，因此，所谓人对物的支配关系只具有相对、暂时和局部的意义。

而且，由于"一切生产都是个人在一定社会形式中并借这种社会形式而进行的对自然的占有"，"生活的生产——无论是自己生活的生产（通过劳动）或他人生活的生产（通过生育）——立即表现为双重关系：一方面是自然关系，另一方面是社会关系"，④ 因此，在任何人对物的支配关系中必然同时含有人对人的社会关系。

与任何其他关系一样，这种人与人的关系有一个发展演化的过程。马克思指出："人和人之间的直接的、自然的、必然的关系是男女之间的关系。在这种自然的、类的关系中，人同自然界的关系直接就是人和人之间的关系，而人和人之间的关系直接就是人同自然界的

---

① 《马克思恩格斯全集》第47卷，第106页；第46卷（上），第491页。
② 《马克思恩格斯全集》第20卷，第518页。
③ 《马克思恩格斯全集》第4卷，第352页；第27卷，第481页。
④ 《马克思恩格斯全集》第12卷，第737页；第3卷，第33页。

关系，就是他自己的自然规定。"他还指出："家庭起初是唯一的社会关系，后来，当需要的增长产生了新的社会关系，而人口的增多又产生了新的需要的时候，家庭便成为……从属的关系了。"① 在这些新的社会关系中，最基本的是由需要的增长而引发的扩大的生产规模中的人与人的支配与被支配关系。马克思说："一切规模较大的直接社会劳动或共同劳动，都或多或少地需要指挥，以协调个人的活动，并执行生产总体的运动——不同于这一总体的独立器官的运动——所产生的各种一般职能。一个单独的提琴手是自己指挥自己，一个乐队就需要一个乐队指挥。"② 这种指挥的职能，即管理、监督和调节的职能随着生产工具和由它所决定的分工发展的不同阶段，而分别落在氏族首领、奴隶主、封建主和资本家的身上。马克思指出："分工发展的各个不同阶段，同时也就是所有制的各种不同形式。"③ 不言而喻，这里所谓的"所有制形式"具有双重含义：既包含人对物支配关系的形式，又包含人对人支配关系的形式。并且，后者是由前者所决定的。正因为如此，马克思才说："各种经济时代的区别，不在于生产什么，而在于怎样生产，用什么劳动资料生产。劳动资料不仅是人类劳动力发展的测量器，而且是劳动借以进行的社会关系的指示器。"他形象地说："手推磨产生的是封建主为首的社会，蒸汽磨产生的是工业资本家为首的社会。"④ 如果仅仅从人与人的关系看所有制，那么，奴隶制是"从事单纯体力劳动的群众同管理劳动"等分工的"最简单的完全自发的形式"。⑤ 而在资本主义所有制中，资本家和工人的关系则是"同一只船上"的"军官和水兵"之间的关系。资本家是

---

① 《马克思恩格斯全集》第42卷，第119页；第3卷，第32—33页。
② 《马克思恩格斯全集》第23卷，第367页。
③ 《马克思恩格斯全集》第3卷，第25页。
④ 《马克思恩格斯全集》第23卷，第204页；第4卷，第144页。
⑤ 《马克思恩格斯全集》第20卷，第197页。

"劳动过程的指挥者",他"留给自己的只是领导工作"。① 人类生产活动中的这种支配与被支配关系具有必然性和合理性,即使到共产主义它仍将存在。只是那时它并非"凝固"在某一部分人身上,而是一个人今天可以是"管理者",明天又可以是"推小车者"。

然而,在商品社会中,参与管理的形式可以是多种多样的。换言之,它既可以是直接的,也可以是间接的;既可以是合同或协议形式,也可以是股票或商品买卖形式;并且,既可以是自觉的,也可以是不自觉的。例如,当人们出于这样或那样的动机抛售某种股票,或者拒买某种商品,都将或快或慢地影响和干预生产的实际进程。因此,在商品社会中,从广义上说,管理者从来就不仅仅是业主,而且还有股民和消费者。换言之,由于人的社会性本质,人人都天然既是管理者(支配者、所有者),又是被管理者(被支配者、非所有者)。通常人们所谓的管理者和被管理者之分,都只是在狭义、相对、暂时和局部的意义上而言的。

如果说,所有制的初始涵义是指一种支配关系,即人对物和人对人的狭义、相对、暂时和局部的支配关系,那么它很快就又在这种关系中增加了一层排他性(独占性)关系,以至排他性成了所有制涵义的正常部分。这是因为"人们可以取用现有的东西,而无须使用任何工具(工具本身已经是预定供生产之用的劳动产品),无须改变现有东西的形式(这种改变甚至在游牧时代就已发生了)等等的这样一种状态,是非常短暂的,在任何地方也不能被认为是事物的正常状态,甚至也不能被认为是正常的原始状态"。② 换言之,由于对象的短缺,所以才在所有制的支配关系中增加了排他性关系。同时,由于短缺的经常性,所以才使排他性成了所有制涵义中的正常部分。

就排他性本身而言,它也是逐渐变化的。最初,它是发生在部落

---

① 《马克思恩格斯全集》第16卷,第85页;第49卷,第110页;第48卷,第14页。
② 《马克思恩格斯全集》第46卷(上),第492页。

共同体即天然共同体之间。"某一个共同体,在它把生产的自然条件——土地……当作自己的东西来对待时,会碰到的唯一障碍,就是业已把这些条件当作自己的无机体而加以占据的另一共同体。因此战争就是每一个这种自然形成的共同体的最原始的工作之一,既用以保护财产,又用以获得财产。"① 以后,随着短缺的进一步加剧,在共同体的内部以至每一个人之间也发生了排他性。并且,如果说排他性最初还只是表现在支配对象的量的分割上,那么,随着分工的发展,排他性就进一步扩展到支配对象的种的分割上。它的通常表现就是行业垄断。

很显然,无论是量上还是种上的排他性都引起和加剧社会纷争。为了不至于在这种纷争中同归于尽,社会通过种种途径对排他性作出规范,如依靠道德、传统和法律等等。只有当所有制中的排他性支配关系为法律所肯定时,才产生所有权。"可以设想有一个孤独的野人占有东西。但是在这种情况下,占有并不是法的关系。"私有财产的真正基础,即占有,是一个事实,是不可解释的事实,而不是权利。只是由于社会赋予实际占有以法律的规定,实际占有才具有合法占有的性质,才具有私有财产的性质。因此,在原始社会"还只是占有,而没有所有权"。② 所有权是所有制的法律形态,换言之,所有权是法律关于独占性的规定。

确切而言,所有权属于民法概念。起源于罗马法的"dominium"一词。意为对物的完全控制权。随着商品经济的不断发展,它在罗马法中被"Prtprietas"一词代替。意思也更明确地表示为在法律许可范围内对物的占有、使用和滥用权。以后各国民法典中的所有权概念都不同程度地受其影响。如《拿破仑法典》第544条规定:"所有权是对于物有绝对无限制地使用、收益及处分的权利,但法令所禁止的

---

① 《马克思恩格斯全集》第46卷(上),第490页。
② 《马克思恩格斯全集》第12卷,第752页。

使用不在此限"。《德国民法典》第 903 条规定，所有权是指"物之所有人，在不违反法律或第三人权利范围内，得自由处分其物，并排除他人对物之一切干涉。"我国《民法通则》规定："财产所有权是指所有人依法对自己的财产享有占有、使用、收益和处分的权利。"

随着社会分工发展的需要，人们把支配对象在种类、范围和程度上进行更细致的分解，并分别作出如何对它们进行独占的法律规定，这就形成各种所谓的"产权"。完备的产权英文名为"Property rights"，是复数形式。完备的产权可以等同于完备的所有权。如《牛津法律大辞典》认为：产权"亦称财产所有权，是指存在于任何客体之中或之上的完全权利，它包括占有权、使用权、出借权、转让权、用尽权、消费权和其他与财产有关的权利"。

二 所有权的权源在于供求和生产力的不平衡

所有权的权源是指所有权从无到有或从小到大的根据。传统观念认为，谁劳动谁就应当取得所有权。这就是所谓的劳动财产权论。它的渊源最早可追溯到罗马法。例如，市民法中规定，劳动者在闲置的土地上连续耕种达 2 年，即可无偿取得该块土地的所有权。罗马法有"无主物归先占者所有"的原则。其关于"占有体素"的取得也以劳动行为为根据。如对无主土地的先占，必须有开荒、耕种等行为；对野生鸟兽的先占，必须有捕获行为。

需要强调的是，罗马法的劳动财产权论仅仅适用于"无主物"。什么是"无主物"？罗马法规定，无主物是指不属于任何人所有的物，它包括：a. 从来无主的物，如山禽野兽、江鱼海介、海滩上的宝石、贝类，海洋中发现的岛屿或战争中夺得敌人的财物或捕获的敌人等，皆归先捕获者、先发现者或先占有者所有。b. 遗弃物：指物主故意抛弃不要的物。

罗马法是"资本主义前的商品生产的完善的法"。① 罗马法的劳动财产权论有严格的前提条件。但是，后人却逐渐淡忘了它。如后来成为"整个英国政治经济学的一切观念的基础"的洛克哲学就是这样，他光强调"个人劳动成为所有权的界限"。② 这种思想后来又为社会主义者所继承。如马克思认为："所有权最初是以自己的劳动为基础的。"③ 正因为如此，才有"一切归劳动者所有"的口号。但是，在商品经济发达的今天，除了不短缺的东西以及科学发现和发明，无主物已经越来越少。如土地，也许除了南极洲已经没有一块是无主的了。在这样的情况下，人们怎能仅凭自己付出劳动就要求对产品的全部所有权呢？现实的生产需要有劳动能力和劳动条件两项要素的结合。其中任何一项要素的单独存在都只是可能性上的生产力。既然是结合，就有平等互利的问题。在这方面可资借鉴的是罗马法中关于未经他人同意而以他人的材料制成另一新物者的有关规定。它规定：凡加工是出于善意者，不管加工物归谁所有，皆不能使对方蒙受损失。加工物如归材料所有人所有，则加工人有请求加工工资和材料因加工所增加的价值的权利；如加工物归加工者所有，则材料所有人有请求偿付材料价值的权利。对于未经他人同意的加工，罗马法尚且规定不能使对方蒙受损失，那么经双方合意的加工，当然更不能使对方蒙受损失。况且，传统所谓的"劳动者"只指直接的物质体力劳动者，它不包括精神劳动者和领导劳动者，如即使生产资料的占有者从事着生产的"领导工作"，但却不属于劳动者之列。显然，在这样的情况下提出"一切归劳动者所有"似乎是背离商品社会的基本原则的。

劳动财产权论的一个深层理由是，价值是由物质体力劳动创造的，因此理当归物质体力劳动者所有。但是，事实上，社会价值并不是只由社会中某一部分人创造。换言之，物质体力劳动并不能单独创

---

① 《马克思恩格斯全集》第36卷，第169页。
② 《马克思恩格斯全集》第26卷（I），第390—393页。
③ 《马克思恩格斯全集》第46卷（上），第455页。

造价值。即使根据马克思的劳动和价值定义,劳动量和价值量也都要受到社会一般主观有用性量的制约,而社会一般主观有用性量在一定时期是一定的。

关于所有权权源的另一个传统观念是,以为只要占有了生产资料就可以占有全部产品。第一个提出这种观点的是空想社会主义者温斯坦莱。他认为,对生产资料的占有,能够构成对他人进行剥削和奴役的手段。这个思想后来为马克思所沿袭,他也认为"社会的劳动资料,在其占据者(或其占有者)手中,变成剥削的手段。由此所决定的工人在经济上受劳动资料即生活源泉的占据者的支配,是一切形式的奴役即社会贫困、精神屈辱、政治依附的基础。"他又说:"工人阶级得不到自己劳动的全部劳动产品,而不得不满足于自己生产的产品的一部分,这一部分就叫做工资。资本家攫取了全部产品(从中支付工人的工资),因为他是劳动资料的所有者。"[1] 其实,这个观点是值得商榷的。我们已经知道,生产资料仅仅是生产的一个要素。"不论生产的社会形式如何,劳动者和生产资料始终是生产的因素。但是,二者在彼此分离的情况下只在可能性上是生产因素。凡要进行生产,就必须使它们结合起来。"[2] 如果说劳动力所有者离开了生产资料就不能生存,那么,生产资料的所有者离开了劳动同样也不能生存。如果说作为生产两要素之一的生产资料所有者对产品提出全部所有权是不合理的,那么,作为生产两要素之一的劳动力所有者对产品提出全部所有权同样也是不合理的。因为这两种情况都不符合商品社会所通行的等价交换原则。在等价交换中,双方在价值量上都不能得利,而只能使价值在品种形式上更适合自己的需要。换言之,在等价交换中,所有权只是价值形式的支配权。事实上,劳动力所有者付出劳动换回工资就意味着已经取得了对产品的部分所有权。至于这部分量是

---

[1] 《马克思恩格斯全集》第22卷,第279页;第19卷,第279页。
[2] 《马克思恩格斯全集》第24卷,第44页。

否合理，则是另一个问题。

在市场法则健全的社会中，真正合理的所有权权源是，以一定成本生产的产品能够卖得高于成本的售价（即至少成本＋平均利润）。但是，这种情况只能发生在该种产品求大于或等于供的条件下。成本和售价是由两个渠道分别决定的。成本取决于消耗。消耗可以用要素的价格来计算，其中不仅应当包括物质体力劳动的报酬（工资），而且应当包括精神劳动、服务劳动和管理劳动等为"商品从首要生产者到消费者所必须经过的一切行为"的报酬。当供求平衡并且各企业的生产力水平相等时，要素价格就等于成品价格。其中除物质体力劳动的报酬（工资）和生产资料的消耗外的所有必要付出（如管理劳动的报酬），都以"平均利润"的形式计入"生产费用"或"生产价格"，[①] 因而它是社会简单再生产循环的构件。由于无论是要素还是成品，其价格始终取决于社会需要的比例量/上市商品量，[②] 而一定时期的社会需要量又是一定的，这样在人的普遍追求"价廉物美"的心理支配下，那些能准、快、好、省地满足社会需求的企业就能赢利即获得超额利润，反之则将亏损。盈亏是生产活动的参与者即生产要素的所有者的选择与社会的客观需要相碰撞的结果，是其准、快、好、省地满足社会需求能力的反映。因而又可以说，真正合理的所有权权源是超额利润。它取决于要素所有者准、快、好、省地满足社会需求的能力。因此，通常的净利润之比，如一年一度的中国企业500强和世界企业500强净利润之排行榜，实际上比的是这些企业满足社会需求的能力，或者说是先进的程度。在这里，主动权是掌握在各个要素的所有者手里。他们要对自己的选择负责。所谓负责，就是由选择者自己领受风险即盈亏。由于在商品社会中所有的要素所有者都是平等的，因此，其领受的比例理当取决于其投入的比例。这也就是通

[①]《马克思恩格斯全集》第26卷（Ⅲ），第548、85页；第25卷，第194页。

[②]《马克思恩格斯全集》第23卷，第394页；第26卷（Ⅰ），第234—235页；第26卷（Ⅱ），第294页。

常所谓的按要素分配。凡是盈的，就是增加所有权量；凡是亏的，就是丧失所有权量。盈亏的实质只是市场对社会资源的一种再分配。它让那些优等企业获得更多的要素支配权，而让那些劣等企业部分或全部丧失要素支配权。社会通过这种所有权上的奖优罚劣，一方面平衡整个社会的商品供求，另一方面促进整个社会生产力的提高。

如果说上述这种所有权量的增减是一种完全的客观的市场性分配，那么，在多少有些宏观调控的国家里，还有一种所有权量的主观政策性分配，如工资政策、住房政策、税收政策、福利政策……等等。然而，无论这些政策的制定者和执行者是谁，也无论其是否意识到，事实上它们都必然是对社会生产和再生产比例体系的反映、模拟和预测。这种反映、模拟和预测既可能正确，也可能错误。检验的标准就看其能否促进和保证社会生产和再生产的健康发展。凡是阻碍这种发展的政策，经济生活本身的客观规律必然会将它淘汰。因此，从长远来看，所有权量的主观政策性分配是从属于客观市场性分配的。

三 所有权只是代理权

长期以来，人们都把注意力放在生产资料的公有或私有上，以为只要解决了生产资料的公有私有问题，就能消灭剥削，消灭贫困，消灭两极分化。但是，实际上，所有权的对象是价值，价值的实质是一种比例，一种关系。这种比例或关系是在每个人的意志参与下形成的，因而它是一种社会自然规律。从这个意义上说，价值本身是天然公有的，因为它的形成过程就是受人类社会每一个成员支配的过程，不管他是有意识的还是无意识的。人们通常所谓的公有，无非是指国有或集体所有。但它与全人类所有相比，都只是某种放大了的私有。如美国通用汽车公司1980年的销售量就相当于韩国全国的国内总产值。因此，国有或集体所有的提倡者实质上只是大私有或小私有的提倡者。如果以其所谓私有不能消灭剥削的逻辑推理，那么大私有或小私有即国有或集体所有同样也不能消灭剥削。所谓剥削，无非是指无偿占有价值。由于商品社会通行等价交换原则，而且理论经济学也以此作为前提，因此，在商品交换中是不可能产生剥削的。如果所谓的无偿占有价值是指以低成本取得高售价，那么，只要对方肯出价，也许任何出售者都不会拒绝，即使出售者是国家所有者或集体所有者。事实上，无论是公有论者还是私有论者，都时刻在追求着这种无偿占有。这是商品社会的一种天然法则，任何人都无法改变。

按照通常的理解，所有权是指一组权能。它的每一项权能构成一种产权。某项产权的所有者能在法定的范围内自由支配该项产权的对象。假如前提是供求平衡和生产力无差异，那么这时产权所有者无论是把对象投入市场或投入消费（包括生活性消费和生产性消费），他都只能改变产权对象的品种，而不能改变产权量。假如前提是供求不平衡或生产力有差异，则产权量就可能发生改变。例如，把对象投入适合社会需要的地方，就能扩大产权量；反之，则减少产权量。而且，无论该项产权的所有者是个人、集体还是国家，结果都一样。

按照马克思的理解，现实社会中的每个经济角色都只是经济关系的人格化。① 例如，社会之所以产生资本家和工人，并不是由于某个人、集团或国家的善意或恶意，而是社会发展的必然要求。当那种生产资料完全由生产者掌握的，"鸡犬之声相闻，老死不相往来"的小生产不能满足社会需要的时候，就出现了生产资料和劳动能力分别由不同的人所有的社会，即由"单纯劳动力的所有者、资本的所有者和土地的所有者"构成的社会。② 它有利于生产资料的积聚，有利于各项生产要素的分解和重组，有利于分工的发展，从而有利于社会生产力的提高。在这样一个社会中，在一定时期，总要素所有权量等于总产品所有权量。但是，只要社会生产的结构与社会需要的结构不完全

---

① 《马克思恩格斯全集》第23卷，第103页。
② 《马克思恩格斯全集》第25卷，第1000页。

一致，以及整个社会的生产力水平不完全一致，那么就会在部门或企业之间产生利润和亏损。这样，那些以盈利为目的的投入就会被叫做"资本"。传统观念认为，假如由体力劳动者占有生产资料，就能消灭资本。这无论从理论上还是实践上都缺乏证明。其实，消灭资本的关键并不在于由体力劳动者还是其他劳动者占有生产资料，而是在于占有者能否完全自觉地掌握和遵循客观的价值规律，否则，即使他原来是体力劳动者也无济于事。当人的发展程度因而自觉程度还有限的时候，只能依靠效益的指引。效益包括经济效益和社会效益。后者实际上是一种不以货币衡量的长远意义上的经济效益。它在很多情况下依靠政策支撑。对于一个不能取得效益的所有者，不论其是私有还是国有，最终都将破产和倒闭。从这个意义上说，市场法则比所有的廉政规定还要铁面无私。而且，从这个意义上说，无论是公有者还是私有者，都只是社会意志的某种代理人。两者的区别只在于代理形式。任何个人、集体或国家都没有所谓的"最终所有权"。如果说有什么最终所有权，那么它的所有者就是整个社会。

由上可知，所有制在人类社会是无法消灭的。在商品社会中，所有权只是价值形式的支配权，而就最终所有权而言，它是天然公有的，它具有奖优罚懒、平衡供求的功能。至于国有和私有的比例，即大私有和小私有的比例，与其先验确定，不如由市场选择。可以预料，随着人们对客观经济规律掌握度的提高，私有的规模只会越来越大，而不会越来越小。现在不少跨国公司的规模就已经远远超过了作为大私有的国有企业的规模。其实，国有制比例的大小并不能用来区别社会主义与资本主义。二战后，资本主义国家多次出现国有化浪潮。国有经济在当代资本主义各国经济中都发挥着举足轻重的作用。如法国经过三次国有化运动，至1986年，国家掌握着全国财富的40%。国有经济在机械制造、化工、军火、运输等部门的总数中所占有的比重也近半数。下述行业所占的比重更大：铁路100%，邮电100%，煤气97%，煤炭95%，电力80%，海运60%，空运60%，几乎控制整个冶金和一半的玻璃生产，全国存款的 90%，国际金融业务的 97%，贷款的 84%。1984 年底，在法国最大的 500 家集团中，国有为 135 家，占 27%，拥有资本 58.3%。再如英国，1981 年英国最大的 10 家公司，按营业额和应用资本额排列，国有占 3 家；按职工人数排列，国有占 6 家。

诚然，在 1848 年发表的《共产党宣言》中，马克思和恩格斯是说过："工人革命的第一步就是无产阶级变成为统治阶级，争得民主。无产阶级运用自己的政治统治，一步一步地夺取资产阶级所有的全部资本，把一切生产工具集中在国家手里"，实行土地、银行和工厂等国有化的"革命措施"，但是，仅仅过了 25 年，恩格斯就已经意识到："《宣言》……第二章末尾提出的那些革命措施根本没有特别的意义。如果是在今天，这一段在许多方面都会有不同的写法了。"①

四 "重新建立个人所有制"是指回到人对物的自觉支配状态

马克思说："我把生产的历史趋势归结成这样：……实际上已经以一种集体生产为基础的资本主义所有制只能转变为社会的所有制。"② 在马克思的文本中，"社会所有制"、"社会占有"、"公有制"、"公共占有"和"个人所有制"都是等同的，因而恩格斯和马克思又把社会主义与资本主义的根本区别归结为实行"公有制"，③ 或"重新建立个人所有制"。④ 但是，这种公有制决不等同于国有制，因为马克思认为，只有在"资产阶级时代的成果"，"世界市场和现代生产力"，"都服从于最先进的民族的共同监督的时候，人类的进步才会不

---

① 《马克思恩格斯选集》第 1 卷，人民出版社 1995 年版，第 248—249 页。
② 《马克思恩格斯全集》第 19 卷，第 130 页。
③ 《马克思恩格斯全集》第 37 卷，第 443 页。
④ 《马克思恩格斯全集》第 23 卷，第 832 页。

再像可怕的异教神像那样，只有用人头做酒杯才能喝下甜美的酒浆"。① 因此，应当把马克思的"公有制"理解为全世界"最先进的民族的共同监督"。

诚然，资本主义与社会主义在所有制上有区别。但是，这种区别从根本上说是"自发"与"自觉"的区别。所有制本来是表示生产的自然条件的一种属人关系，即受人支配的关系。② 在鲁滨逊的故事里，生产过程和产品都受他个人自觉支配。那时还没有所有权，只有所有制，即"占有"。占有"是一个事实，是不可解释的事实，而不是权利"。③ 这种占有即在狭隘范围内的人对物的自觉支配关系就是一种"个人所有制"。在马克思看来，只要是"用劳动来获取土地的果实"，就是"实际上以所有者的资格对待土地"。并且，"个人所有制"的存在要早于"公社所有制"即"原始的公有制"。④ 而到共产主义社会，也已经没有所有权，而只有所有制。⑤ 这种所有制同样只能是指一种"占有制"。恩格斯在《反杜林论》中说得很清楚："重新变为公有制的要求……并不是要恢复原始的公有制，而是要建立高级得多、发达得多的公共占有形式"。⑥ 在经典作家看来，社会所有制与自觉支配是连在一起的："一旦社会占有了生产资料，商品生产就将被消除，而产品对生产者的统治也将随之消除。社会生产内部的无政府状态将为有计划的自觉的组织所代替。"⑦ 那时"人们将使交换、生产及其相互关系的方式重新受自己的支配"，"个人重新驾驭这些物

---

① 《马克思恩格斯全集》第9卷，第252页。
② 《马克思恩格斯全集》第46卷（上），第491页。
③ 《马克思恩格斯全集》第1卷，第382页。
④ 《马克思恩格斯全集》第46卷（上），第484页。
⑤ 在人民出版社1995年版《马克思恩格斯选集》第3卷第59页，已经把1963年第1版《马克思恩格斯全集》第17卷《法兰西内战》中的"以实现个人所有权"，修改为"从而使个人所有制成为现实"。
⑥ 《马克思恩格斯全集》第20卷，第151页。
⑦ 《马克思恩格斯全集》第19卷，第245页。

的力量并消灭分工"。① 在马克思看来,这是"鲁滨逊的劳动的一切规定……在社会范围内重演"。② 如果说"人本身——在未开化的野蛮状态下——以他自己直接需要的量为他生产的尺度",③ 那么,到共产主义社会,"个人的需要"将重新"成为必要劳动时间的尺度",只是这时的个人已经是"社会的个人"。④ "只有在这个阶段上,自主活动才同物质生活一致起来,而这点又是同个人向完整的个人的发展以及一切自发性的消除相适应的。"⑤ 换言之,这时个人支配与社会支配高度一致,因此,不仅已经消灭了对活劳动的剥削,而且也已经消灭了对"劳动的社会生产力"的"剥削"。这种人对物的自觉支配关系在新的基础上即"在社会范围内重演",就被叫做"重新建立个人所有制"。

如果说,共产主义就是无产阶级和全人类的解放,那么,"任何一种解放都是把人的世界和人的关系还给人自己。""共产主义者所向往的",正是"外部世界对个人才能的实际发展所起的推动作用为个人本身所驾驭"。"共产主义革命"要实现的就是"对那些异己力量的控制和自觉的驾驭"。"只有一种能够有计划地生产和分配的自觉的社会生产组织,才能在社会关系方面把人从其余的动物中提升出来,正像一般生产曾经在物种关系方面把人从其余的动物中提升出来一样。"⑥ "自由的自觉的活动"是人的本性,因此,人向人对物的自觉支配关系的回归,也就是人向人的本性的回归,"是通过人并且为了人而对人的本质的真正占有;因此,它是人向自身、向社会的(即人的)人的复归,这种复归是完全的、自觉的而且保存了以往发展的全

---

① 《马克思恩格斯全集》第 3 卷,第 40、84 页。
② 《马克思恩格斯全集》第 23 卷,第 95 页。
③ 《马克思恩格斯全集》第 42 卷,第 33 页。
④ 《马克思恩格斯全集》第 46 卷(下),第 222 页。
⑤ 《马克思恩格斯全集》第 3 卷,第 77 页。
⑥ 《马克思恩格斯全集》第 1 卷,第 443 页;第 3 卷,第 330、42 页;第 20 卷,第 375 页。

部财富的。这种共产主义,作为完成了的自然主义,等于人道主义,而作为完成了的人道主义,等于自然主义,它是人和自然界之间、人和人之间的矛盾的真正解决,是存在和本质、对象化和自我确证、自由和必然、个体和类之间的斗争的真正解决"。① 马克思说:"建立在个人全面发展和他们共同的社会生产能力成为他们的社会财富这一基础上的自由个性,是第三个阶段。"② 因此,作为人类社会发展"第三个阶段"的共产主义,其本质就是"自由个性"。而且,"建立共产主义实质上具有经济的性质",③ 即"节约"的性质。在共产主义社会,人们将"合理地调节他们和自然之间的物质变换,把它置于他们的共同控制之下,而不让它作为盲目的力量来统治自己;靠消耗最小的力量,在最无愧于和最适合于他们的人类本性的条件下来进行这种物质变换"。④ 而"资产阶级社会的症结正是在于,对生产自始就不存在有意识的社会调节"。⑤ 人们对社会生产的自觉控制,就是自发控制的终结,从而也是整个自发控制机制基础的私有制的终结。况且,那时产品已经极大地丰富,私有制即使在心理上也失去了存在的必要。

但是,不能反过来说,只要哪一天剥夺了剥夺者,人就能够自觉控制社会生产,或者产品就能够极大丰富。"私有制只有在个人得到全面发展的条件下才能消灭,因为现存的交往形式和生产力是全面的,所以只有全面发展的个人才可能占有它们,即才可能使它们变成自己的自由的生活活动。"⑥ 因此,与其把消灭私有制即"重新建立个人所有制"看作是一个目标,不如看作是一个过程。它既是一个对社会生产从自发控制走向自觉控制的过程,也是一个社会的个人全面

---

① 《马克思恩格斯全集》第42卷,第96、120页。
② 《马克思恩格斯全集》第46卷(上),第104页。
③ 《马克思恩格斯全集》第3卷,第79页。
④ 《马克思恩格斯全集》第25卷,第926—927页。
⑤ 《马克思恩格斯全集》第32卷,第542页。
⑥ 《马克思恩格斯全集》第3卷,第516页。

发展的过程。而且这个过程将是无限的，因为"人的内部无限的认识能力和这种认识能力仅在外部被局限的而且认识上也被局限的个别人身上的实际存在二者之间的矛盾，是在至少对我们来说实际上是无穷无尽的、连绵不断的世代中解决的，是在无穷无尽的前进运动中解决的"。① 马克思早就指出："共产主义本身并不是人的发展的目标，并不是人的社会的形式。"② "共产主义对我们说来不是应当确立的状况，不是现实应当与之相适应的理想。我们所称为共产主义的是那种消灭现存状况的现实的运动。"③ 因此，人们永远也没有哪一天能够说："个人所有制已经重建！"或"公有制已经成为主体！"

　　个人全面发展的基础是大工业的发展。马克思说："随着大工业的发展，现实财富的创造较少地取决于劳动时间和已耗费的劳动量，较多地取决于在劳动时间内所运用的动因的力量，而这种动因自身——它们的巨大效率——又和生产它们所花费的直接劳动时间不成比例，相反地却取决于一般的科学水平和技术进步，或者说取决于科学在生产上的应用。……在这个转变中，表现为生产和财富的宏大基石的，既不是人本身完成的直接劳动，也不是人从事劳动的时间，而是对人本身的一般生产力的占有，是人对自然界的了解和通过人作为社会体的存在来对自然界的统治，总之，是社会个人的发展。现今财富的基础是盗窃他人的劳动时间，这同新发展起来的由大工业本身创造的基础相比，显得太可怜了。一旦直接形式的劳动不再是财富的巨大源泉，劳动时间就不再是，而且必然不再是财富的尺度，因而交换价值也不再是使用价值的尺度。群众的剩余劳动不再是发展一般财富的条件，同样，少数人的非劳动不再是发展人类头脑的一般能力的条件。于是，以交换价值为基础的生产便会崩溃，直接的物质生产过程

---

① 《马克思恩格斯全集》第20卷，第133页。
② 《马克思恩格斯全集》，人民出版社第2版，第3卷，第311页。
③ 《马克思恩格斯全集》第3卷，第40页。

本身也就摆脱了贫困和对抗性的形式。"① 当代的资本主义和社会主义都在致力于生产力和社会关系的发展。而"这二者是社会的个人发展的不同方面"。② 由于共同的人类本性"恰恰就是自由的自觉的活动",③ 因此,当代的资本主义和社会主义都在自觉或不自觉地促使社会的个人的发展,从而促使社会生产从自发控制走向自觉控制。"共产主义……并不仅仅是工人的事业,而是全人类的事业。""在现代,物的关系对个人的统治、偶然性对个性的压抑,已具有最尖锐最普遍的形式,这样就给现有的个人提出了十分明确的任务。这种情况向他们提出了这样的任务:确立个人对偶然性和关系的统治,以之代替关系和偶然性对个人的统治。……这个由现代关系提出的任务和按共产主义原则组织社会的任务是一致的。"④ 因此,从自发走向自觉是全世界的共同愿望和理想。它是构建"和谐社会"与"和谐世界"的现实基础。

进化和发展是宇宙万物的根本规律。人类社会是物质世界产生意识以后的一种存在形态。意识的使命就是从自发走向自觉。因此,自发的资本主义作为"人类社会的史前时期",⑤ 必然会被"完全自觉地自己创造自己的历史"的共产主义所替代。"这是人类从必然王国进入自由王国的飞跃。"⑥

---

① 《马克思恩格斯全集》第46卷(下),第217—218页。
② 《马克思恩格斯全集》第46卷(下),第219页。
③ 《马克思恩格斯全集》第42卷,第96页。
④ 《马克思恩格斯全集》第3卷,第515页。
⑤ 《马克思恩格斯全集》第13卷,第9页。
⑥ 《马克思恩格斯全集》第19卷,第245页。

第十章 论 阶 级

阶级和阶级分析的观点是《资本论》的一个基本观点。但是，长期以来，人们似乎在这个问题上存在一些片面认识。本章试图重新考察这个问题。

一 阶级、分工和私有制

阶级，是一个涵义至今尚未统一的概念。最早使用"阶级"（拉丁文 classis）一词的是古罗马。那时它是被用来区分人口的财产状况。马克思本人未曾给阶级下过完整的定义。在马恩著作中，阶级一词是被用来区分社会成员是否"直接参加物质生产劳动"或"单纯体力劳动"。凡是"不直接参加使用价值的生产"的人被称为"不劳动者"或"剥削阶级"；反之，则被称为"劳动阶级"或"被剥削阶级"。①

马恩认为，阶级并不是从来就有的。它是在人类社会出现"真实的"和"凝固了的"分工，即"物质劳动和精神劳动分离"的时候才产生。② 这里所谓的分工指的是社会分工，而不是自然分工或企业内

---

① 《马克思恩格斯全集》第 47 卷，第 216、215 页；第 20 卷，第 306 页。
② 《马克思恩格斯全集》第 3 卷，第 35 页；第 16 卷，第 324 页。

分工。而且，分工有客体性分工和主体性分工。客体性分工是各种社会形态所共有的。① 这里所谓分工的凝固性是就分工的主体而言的。不难看到，物质劳动和精神劳动的分离既是生产力有了一定发展的标志，又是生产力进一步发展的要求。正如恩格斯所说："当人的劳动的生产率还非常低，除了必需的生活资料只能提供微少的剩余的时候，生产力的提高、交换的扩大、国家和法律的发展、艺术和科学的创立，都只有通过更大的分工才有可能，这种分工的基础是，从事单纯体力劳动的群众同管理劳动、经营商业和掌管国事以及后来从事艺术和科学的少数特权分子之间的大分工。这种分工的最简单的完全自发的形式，正是奴隶制。"人类原始社会的氏族制度就是这样"被分工及其后果即社会之分裂为阶级所炸毁"。而且，由于"分工的规律就是阶级划分的基础"，② 因此，只有分工发展阶段的更替才会引起阶级结构的更替。一部分工发展史，同时也就是一部阶级关系演变史。马恩认为，只有当主体的分工不再"凝固"，即人们可以"根据社会的需要或他们自己的爱好，轮流从一个生产部门转到另一个生产部门"，阶级才不存在。③

既然阶级是分工的结果和表现，那么它的正确定义显然应当是：在社会生活体系中凝固地执行某项社会职能的一部分人。一般而言，社会职能可分为两类：领导职能和执行职能。因而阶级也可相应地分为两种：领导阶级和被领导阶级（执行阶级），或者说统治阶级和被统治阶级。随着分工发展的不同阶段，管理、领导和统治的职能曾分别落在氏族首领、奴隶主、封建主和资本家的身上。本质上，阶级关系首先是一种分工关系，而不是一种剥削关系，即必要和剩余的关系。这是因为，人与动物不同，人的本质是社会关系的总和。"个人是社会存在物。因此，他的生命表现，即使不采取共同的、同其他人

---

① 《马克思恩格斯全集》第23卷，第397页。
② 《马克思恩格斯全集》第20卷，第197、306页；第21卷，第193页。
③ 《马克思恩格斯全集》第4卷，第370—371页。

一起完成的生命表现这种直接形式，也是社会生活的表现和确证。""不仅我的活动所需的材料，甚至思想家用来进行活动的语言本身，都是作为社会的产品给予我的，而且我本身的存在就是社会的活动"。因此，"我只有为社会生产才是为自己生产，而社会的每个成员又在另一个领域中为我劳动。"① 换言之，任何个人生命（包括体力劳动者）的生产和再生产都离不开整个社会生活的生产和再生产。任何对整个社会的存在所必要的职能对任何个人都是必要的。如社会生活中的管理、领导和统治职能就是这样。必要的就是有用的。任何有用的人的体力或脑力支出根据马克思的劳动定义都可以算作劳动。② 但是，长期以来，人们却把那些占有生产资料的"劳动过程的指挥者"列为"不劳动者"，因而认为他们是靠剥削为生的，属于应当被消灭的对象。这就抹煞了他们在不同的社会发展阶段存在的历史合理性和正当性。

诚然，社会之划分为阶级，使"一些人（少数）得到了发展的垄断权；而另一些人（多数）……暂时（即在新的革命的生产力产生以前）失去了任何发展的可能性"。但是，这却是"发展人类头脑的一般能力的条件"。③ "社会活动的这种固定化，……这是过去历史发展的主要因素之一。""'人'类的才能的这种发展，虽然在开始时要靠牺牲多数的个人，甚至靠牺牲整个阶级，但最终会克服这种对抗，而同每个个人的发展相一致；因此，个性的比较高度的发展，只有以牺牲个人的历史过程为代价。……因为在人类，也像在动植物界一样，种族的利益总是要靠牺牲个体的利益来为自己开辟道路的"。④ 这种情况的不可避免性或者说历史必要性将一直延续到生产力的发展使分

---

① 《马克思恩格斯全集》第42卷，第122—123、122页；第46卷（下），第465—466页。
② 《马克思恩格斯全集》第23卷，第57、55、54页。
③ 《马克思恩格斯全集》第3卷，第507页；第46卷（下），第218页。
④ 《马克思恩格斯全集》第3卷，第37页；第26卷（Ⅱ），第124—125页。

工不再"凝固"即阶级消灭时为止。

　　分工的出现和演化，必然带来所有制形式的演化。这是因为分工从一开始就包含着对生产要素的劈分，即生产要素被不同的主体所实际占有和支配，其中包括发展到后来的生产资料和劳动力这两大要素分别被不同的主体所实际占有和支配。这种占有和支配起初为习惯所认可，以后被法律所正式肯定。这时所谓的私有制就确立起来了。随着分工发展阶段的更替，私有制在形态上也发生相应的更替。① 它先后出现过奴隶制、封建制和资本主义制。

　　这里特别要指出的是，在等价交换的前提下，任何私有或国有产权都只有价值的形式变换权，而没有价值量的增减权。后者的决定权从来是属于整个社会，因而从来是公有的。从这个意义上说，任何私有制和国有制都是公有和私有的结合体。两者在本质上没有区别。其实，所谓的国有，相对于整个社会所有而言，只是某种放大或变化了的私有。

　　不难看出，在分工、阶级和私有制三者关系中，只有分工才是内容和原因，而阶级和私有制都只是形式和结果。因此，那种试图通过消灭私有制来消灭阶级的观点和实践，并不能从根本上解决问题。

二　谁是真正的无产阶级

　　马克思指出："问题不在于目前某个无产者或者甚至整个无产阶级把什么看做自己的目的，问题在于究竟什么是无产阶级，无产阶级由于其本身的存在必然在历史上有些什么作为。"② 因此，这里有必要首先弄清什么是无产阶级。恩格斯在《共产党宣言》1888年英文版的一个注中说："无产阶级是指没有自己的生产资料，因而不得不

---

① 《马克思恩格斯全集》第3卷，第25页。
② 《马克思恩格斯全集》第2卷，第45页。

靠出卖劳动力来维持生活的现代雇佣工人阶级。"

然而，恩格斯的这个解释似乎还不够确切。因为无产阶级又称为被剥削阶级。所谓被剥削，按照传统的理解，就是指自己创造了价值而被人无偿占有。从这个意义上说，能够称得上无产阶级的只能是被雇佣的生产劳动者，而不包括被雇佣的非生产劳动者。换言之，无产阶级必然是雇佣劳动者，但雇佣劳动者却未必是无产阶级。后来，马克思在《资本论》中进一步明确："'无产者'在经济学上只能理解为生产和增殖'资本'的雇佣工人"。① 但是，在马克思看来，资本主义社会的生产劳动者虽然离直接体力劳动可远可近，虽然可以只完成作为"总体工人"的某一项职能，仍然必须是在物资生产领域创造剩余价值。像医生、教师、学者、军人、商业工人和官吏之类的劳动由于"不直接创造用来支付他们报酬的基金"，因而不属于生产劳动。②

但是，这里的问题是，价值能否为社会中的某一部分人（尽管其是物质生产领域中的一部分人）单独创造？即使根据马克思的价值定义，价值也要以社会的使用价值为前提。而社会的使用价值量在一定时期是一定的。③ 因此，尽管社会中的某一部分人改变了某些物质的存在形态（即所谓的"创造物质产品"），但是，他们并不能直接改变即时的社会使用价值总量，因而也就谈不上"创造"价值以及剩余价值。

既然价值以及剩余价值不能为社会中的某一部分人单独创造，那么，在资本主义社会中区分所谓的生产阶级与非生产阶级（或者说剥削阶级与被剥削阶级），也就失去了意义。其实，在这种社会中，存在的只是不同种类的劳动分工，以及人们根据当时的认识水平对其不同的评价。

---

① 《马克思恩格斯全集》第23卷，第674页。
② 《马克思恩格斯全集》第49卷，第99、101页；第26卷（Ⅰ），第159—160页；第26卷（Ⅲ），476—477页。
③ 《马克思恩格斯全集》第23卷，第125页。

三 区分纵横两种类型的阶级斗争

凝固的分工使人们在所支配的生产要素种类上，在社会地位和作用上，在收入形式和生活方式上，以及在思想观念和价值取向上都产生差别。这种差别也就是通常所谓的阶级差别。现实中人们往往根据这条或那条差别来区分阶级。如列宁从人们所支配的生产要素种类，以及支配者在社会生产体系中的地位和作用上区分阶级。① 而毛泽东又曾提出从"政治思想上"区分阶级。② 人与人之间既然有上述种种差别，也就必然有矛盾和斗争。而基于物质利益的根本冲突就是阶级斗争。阶级斗争有纵向和横向之分。纵向是指分别代表前后两个社会形态的阶级之间的斗争，横向是指同一个社会形态中的两个阶级之间的斗争。前一种斗争如资产阶级与封建主之间的斗争，后一种斗争如无产阶级与资产阶级之间的斗争。复辟时期的历史家，从梯叶里到基佐、米涅和梯也尔，肯定的是纵向的阶级斗争。③ 他们是反对横向的阶级斗争的。马克思原本肯定的也是纵向的阶级斗争。这可以从恩格斯1877年写的《卡尔·马克思》一文中清楚地看到。他说："马克思则证明，过去的全部历史是阶级斗争的历史，在全部纷繁和复杂的政治斗争中，问题的中心始终是社会阶级的社会和政治的统治，即旧的阶级要保持统治，新兴的阶级要争得统治。"④ 马克思认为，首先提出并论证横向的"你死我活的和不可调和的"阶级斗争的是李嘉图。⑤ 只是在资本家还能够驱使工人"过度劳动"的这个特定历史背

---

① 《列宁全集》第37卷，第13页。
② 毛泽东1958年11月21日政治局扩大会议讲话，转自薄一波《若干重大决策与事件的回顾》。
③ 《马克思恩格斯全集》第21卷，第344页。
④ 《马克思恩格斯全集》第19卷，第121—122页。
⑤ 《马克思恩格斯全集》第12卷，第23页；第26卷（Ⅱ），第183页。这个论点并没有得到李嘉图文本的证实。

景下，马克思才赞成这种横向的阶级斗争，并且用活劳动价值论进一步强化了它。但是，不管怎么样，这种横向的阶级斗争似乎始终都没有得到马克思的基本理论即社会必要劳动价值论的支持。

纵向和横向两种类型的阶级斗争在历史上的作用是不同的。由于不同社会形态之间是一种更替关系，因而纵向的阶级斗争必然是一种你死我活的斗争，并且，必然是代表历史发展方向的那个阶级取胜。例如，资产阶级与封建主之间的斗争，"这是旧的封建官僚社会和现代资产阶级社会之间的斗争，是自由竞争的社会和行会制度的社会之间的斗争，是土地占有的社会和工业的社会之间的斗争，是信仰的社会和知识的社会之间的斗争。""在这两个社会之间不可能有和平。它们的物质利益和需要使得它们进行你死我活的斗争。一个社会必然获得胜利，而另一个社会必然要遭到失败。"① 作为资产阶级，它的生存基础和目标是价值增殖。但是，它只有通过不断提高生产力和扩大市场占有量才能使价值增殖。价值不应该而且也不可能通过劳动日的不等价交换增殖。② 因此，它必须或者不断地向外开辟新市场，或者在旧市场上以价廉物美战胜竞争对手。资产阶级的这种生存条件决定了它"如果不使生产工具经常发生变革，从而不使生产关系，亦即不使全部社会关系经常发生变革，就不能生存下去"。③ 它以集中的、先进的因而强大的生产资料作为自己的物质后盾，不断地向陈旧的生产关系发出挑战。在劳动发展史上，它所代表的是一个以蒸汽磨为标志的崭新分工发展阶段。与此相反，封建主的生存条件却是原封不动地保持旧的生产关系。它的物质基础是分散的、落后的因而弱小的。在劳动发展史上，它所代表的是一个以手推磨为标志的陈旧分工发展阶段。劳动发展的规律注定资产阶级必然会战胜封建主。在新旧两种分工形态因而是两种社会形态的更替过程中，资产阶级与封建主之间

---

① 《马克思恩格斯全集》第6卷，第301、302页。
② 《马克思恩格斯全集》第44卷，第118—119页；第23卷，第188—189页。
③ 《马克思恩格斯全集》第4卷，第469页。

的阶级斗争起着一个"助产婆"的作用。

然而在横向的阶级斗争中,相互斗争的两个阶级属于同一个社会形态。他们在由同一种生产资料所决定的分工体系中分别担负着不同的社会职能,因而两者之间存在一种相互依存的关系。他们之间之所以有斗争,用马克思的话来说,是因为每个阶级都想在劳动产品的分配中"尽量多分到一些"。① 由此可见,他们的矛盾是一种共同生存前提下的产品分配上的你大我小矛盾。如封建社会中地主阶级和农民阶级的矛盾就是这样。在这两个阶级之间既有对立,又有同一。因为如果没有同一,也就没有封建社会。其对立的具体表现就是产品分配上的你大我小的矛盾。这种矛盾是经常不断的。一般而言,其相对平衡是通过周而复始的封建皇朝的循环来达到的。当处在平衡点时,这两个阶级之间的关系是一种纯粹的和客观所必要的分工关系,因而这两个阶级的各自所得都具有历史正当性。这时整个社会就呈现一种所谓的"太平盛世"景象。而当这种你大我小的矛盾不平衡时,就会在这两个阶级之间原来的分工关系之上再加上一层剥削关系,即不合理占有关系。这时就会出现"朱门酒肉臭,路有冻死骨"的情况,从而农民起义也就必然此起彼伏。

然而,也有一个阶级多得,另一个阶级未必少得的情况,如资本主义社会中资产阶级与无产阶级的关系就是这样。资产阶级作为一个阶级担负着历史所赋予的双重职能:一是管理,二是获取超额利润。前者是维持任何一个社会的正常生产所必需的,因而社会对它有一份既定比例的酬金。这份酬金在供求平衡并且各企业的生产力水平相等时,以平均利润的形式计入生产费用(生产价格),② 因而是社会简单再生产循环的构件。而且,只要社会的管理职能不消亡,这份以平均利润形式出现的酬金就不会趋于零。但是后者即超额利润却没有这

---

① 《马克思恩格斯全集》第19卷,第284页。
② 《马克思恩格斯全集》第26卷(Ⅲ),第548、85页;第25卷,第194页。

种既定性。它的源泉在于社会生产的不平衡。在一定时期,一个社会的总供给恒等于总需求,即社会必需品总价值＝生产要素(包括劳动力)总价值。因此,当各个部门的投入完全符合需求体系的内在比例,并且,各企业的生产力水平完全相同时,就没有超额利润可言。只有当这两种平衡尚未达到,才会一方面在投入过多的部门或生产力较低的企业产生亏损,另一方面在投入不足的部门或生产力较高的企业产生超利。而且,在一定时期,总亏损与总超利必然相抵。因此,就总量而言,超利来自于亏损。超利总额对社会总产值之比即为整个社会生产的不平衡度。它又可以称为平均超利率。这是一个会随整个社会生产自觉程度的提高而渐趋于零的量。但是对于单个资本家而言,他能否获超利以及获得大小,则完全取决他的要素投入的方向和数量是否得当。用马克思的话来说,"超额利润来源于资本本身(包括它所推动的劳动):或者是所用资本的量的差别,或者是这种资本的更适当的应用。"[1] 简言之,它来源于能否准、快、好、省地满足社会需要的能力。这种能力强的,他就能盈;反之,则将亏。获取超利的过程实质上既是"发展社会劳动生产力"的过程,又是"均衡地分配生产力"的过程。这既是"资本的历史任务和存在理由",又是"资本的趋势"。[2] 而且,这种超利的获得严格符合等价交换法则。因为在等价交换中,双方都只问商品的售价,而不问其成本。商品的售价和成本是由两个渠道分别决定。售价＝社会需要的既定比例量/上市商品量。[3] 而成本取决于消耗。事实上,在一个正常的资本主义社会中,超利大小与无产阶级的工资并不相干。工资与其说是某个劳动力出租的报酬,不如说是某个劳动力执行某种劳务的价格,因为同一个劳动力执行不同的劳务将有不同的工资。劳务的价格像其他商品一

---

[1] 《马克思恩格斯全集》第 25 卷,第 726 页。
[2] 《马克思恩格斯全集》第 25 卷,第 288—289 页;第 46 卷(下),第 298 页。
[3] 《马克思恩格斯全集》第 23 卷,第 394 页;第 26 卷(Ⅰ),第 234—235 页;第 26 卷(Ⅱ),第 294 页。

样,取决于社会对该种劳务的需要比例量/该种劳务的供给量。

诚然,在资本主义社会的形成时期,无产阶级与资产阶级的矛盾很尖锐。然而那时斗争的焦点却是要求货币与劳动日的等价交换。由于那时市场机制不完善,因而这种不等价交换随处可见。但是当资本主义有了一定发展,市场机制逐步完善以后,连资本家本身也意识到,"为了自身的利益","需要规定一种正常工作日"。① 随着这种规定的逐步建立与实行,无产阶级与资产阶级的矛盾也就逐步趋于缓和。正如恩格斯所说:"阶级斗争在英国这里也是在大工业的发展时期比较剧烈,而恰好是在英国工业无可争辩地在世界上占统治地位的时候沉寂下去的。"②

如果说工资是劳动力的价值,那么,它既可以是劳动力价值的全部,也可以只含个人消费金,这取决于社会管理的模式。在现实社会中,一般都只含个人消费金,因为理当包含在劳动力价值中的公共事业金、社会管理金和社会积累金等都已由社会或资方作了扣除。由于这部分资金是用于共同体的,因此是分不出一个你大我小。要分你大我小只有在个人消费量上分。但是现实的资本家"却是寻求一切办法刺激工人的消费,使自己的商品具有新的诱惑力,强使工人有新的需求等等"。③ 同时,资本家之间的激烈竞争又在使商品日益丰富和更加便宜。在这种情况下,无产阶级又哪来的动力去同资产阶级进行生死搏斗?!

不可避免,有时人们会觉得现在的资产阶级干得不行,因而会向他们说:"走开!给工人阶级来干的机会吧!"④ 历史并不是不允许这样做。事实上它已经允许好几个国家(即社会主义国家)进行这方面的尝试。但是,事实再次证明:"生产资料决定劳动组织"。只要生产

---

① 《马克思恩格斯全集》第23卷,第296页。
② 《马克思恩格斯全集》第38卷,第558—561页。
③ 《马克思恩格斯全集》第46卷(上),第247页。
④ 《马克思恩格斯全集》第19卷,第318页。

资料还没有发生质的变化,那么由它所决定的分工体系也就不可能发生质的变化。① 换言之,资产阶级的管理和获取超额利润的客观职能将依然存在。人们所能做的仅仅是换一批不同出身的人去担当这些职能而已。资产阶级的真正消灭只有在这些职能消灭之后才是可能的。② 资产阶级与无产阶级的关系是"同一只船上"的"军官和水兵"之间的关系。③ 士兵可以起来造反,消灭原来的军官,但是在全自动化实现以前,一条船的正常航行却不能没有军官,因此必须从原来的士兵中产生新的人选来担当军官的职能。但是,掌权人的改变并不同时意味着社会基本经济结构的变化,即并没有发生以生产资料的质变为标志的劳动发展阶段的进步。换言之,现实社会主义本质上还是一个劳动二重性不相等的社会。正如马克思所说:"一个社会即使探索到了本身运动的自然规律,……它还是既不能跳过也不能用法令取消自然的发展阶段。但是它能缩短和减轻分娩的痛苦。"④ 因此,这时掌权的工人阶级所面临的历史任务依然是它的前任的历史任务,即"发展社会劳动生产力",而且在机制上依然是"市场对资源配置起基础性作用"。当然,它将尽其所能"缩短和减轻"新劳动发展阶段的"分娩的痛苦"。当今中国特色的社会主义正是由这些特点构成的。

总之,对阶级斗争历史作用的估计要实事求是。横向的阶级斗争充其量只能使本社会形态的各阶级在个人消费品分配上的矛盾得到缓和。而纵向的阶级斗争则是新社会形态的"助产婆"或旧社会形态的"掘墓人"。因此,纵横两种类型的阶级斗争都不是社会历史发展的原动力本身。众所周知,阶级并非从来就有,在它产生以后也并非永远存在。如果把阶级斗争当做社会历史发展的原动力,那么在阶级产生

---

① 《马克思恩格斯全集》第 31 卷,第 236 页;第 39 卷,第 198 页。
② 《马克思恩格斯全集》第 21 卷,第 553 页。
③ 《马克思恩格斯全集》第 16 卷,第 85 页。
④ 《马克思恩格斯全集》第 23 卷,第 11 页。

之前和阶级消灭以后的社会的历史发展原动力问题就无法得到说明。其实，根据历史唯物主义原理，社会历史的发展是由生产资料的发展所决定的，因此，只有那些能够直接推动生产资料发展的因素才能称得上是社会历史发展的原动力。正因为如此，马克思"把科学首先看成是历史的有力的杠杆，看成是最高意义上的革命力量"。[①] 当然，由于事物的相互联系性，个人消费品分配矛盾的缓和，以及"助产婆"或"掘墓人"都能为社会历史发展原动力的正常作用提供必要的条件。

四 消灭阶级的途径

按照传统的理解，消灭阶级包括消灭所谓的剥削阶级和消灭三大差别（即脑体差别、工农差别和城乡差别）两部分。其途径可以通过"柬埔寨共产党"即红色高棉的例子得到形象而集中的说明。

波尔布特在柬埔寨领导了一场史无前例的"革命"。他要在经济基础和文明基础都相当落后的柬埔寨实行无阶级差别、无城乡差别、无货币、无商品交易的"超级社会主义"。通过血与火，几乎是在一夜之间，这个"超级社会主义"就实现了：红色高棉占据金边的第二天，两百万居民被驱赶下乡，称为"反对吃闲饭运动"，连老弱病残也不能幸免。有"东方巴黎"之称的金边，成了无居民的"鬼城"。数日之内，全国城市都被消灭了，人人拿起锄头种田。富人消灭了，统统都变成穷人。私人财产被付之一炬。货币被废除。寺庙被关闭。对知识分子更是简单到肉体消灭，连戴眼镜都成了罪恶。家庭解体，放逐者和原先的乡下农民都被按军事编制分男女住在各自的营房，男女劳动队分开，吃大锅饭，穿一样的黑色革命服，带一样的红格毛巾。婚姻由"安卡（组织）"指定配对。……对波尔布特的所作所为，毛泽东盛赞："你们做到了我们想做而没有做到的事情"。波尔布特因

---

① 《马克思恩格斯全集》第19卷，第372页。

此而骄傲地宣称：全世界的革命者都可以从柬埔寨学到很多经验。①

当然，社会主义国家类似波尔布特的举措都遭到了失败。其实，消灭阶级是消灭主体分工的凝固性。它的物质前提是生产力高度发达，生产资料的发展达到全自动化阶段。以往新社会发展阶段的降临除了必须具备物质基础外，还要靠代表新社会的阶级与代表旧社会的阶级进行斗争。然而，无阶级社会的代表是谁呢？另一方面，无阶级社会的到来是否还要靠纵向的阶级斗争呢？传统观念认为，无产阶级是新社会发展阶段的代表。然而，且不说它在新社会发展阶段将不复存在，就是在有阶级社会它也将随着生产力的发展而逐渐消亡。实践已经表明，随着科技的发展，传统视为无产阶级主体的直接的物质生产体力劳动者的人数不是越来越多，而是越来越少。正如马克思所说："如果说直接劳动在量的方面降到微不足道的比例，那么它在质的方面，虽然也是不可缺少的，但一方面同一般科学劳动相比，同自然科学在工艺上的应用相比，另一方面同产生于总生产中的社会组织的、并表现为社会劳动的自然赐予（虽然是历史的产物）的一般生产力相比，却变成一种从属的要素。"② 因此，未来分工不凝固的新社会发展阶段的代表与其说是直接的物质生产体力劳动者，不如说是平等的全面发展的人。他们人数的扩大不是靠阶级斗争，而是靠科学和教育。由此可见，凡是能够推进生产力发展的措施，即为新社会的到来准备物质基础的措施，以及能够推进人的平等全面发展的措施，都是通向阶级消灭的正确途径。如"自动工厂中分工的特点，是劳动在这里已完全丧失专业的性质。但是，当一切专门发展一旦停止，个人对普遍性的要求以及全面发展的趋势就开始显露出来。自动工厂消除着专业和职业的痴呆"，③ 因此，发展自动或准自动工厂，也是消灭阶级的途径之一。

---

① 参见王晓林：《波尔布特：并不遥远的教训》，《炎黄春秋》2008年第4期。
② 《马克思恩格斯全集》第46卷（下），第212页。
③ 《马克思恩格斯选集》第1卷，人民出版社1995年版，第169页。

第十一章 重析西方学者对
《资本论》的责难

对于《资本论》的责难很大一部分来自对《资本论》的片面解读，尤其是来自对《资本论》的剥削论解读。下面解析几段最持久、最著名的责难。

一 魁奈"悖论"的再现

"你们认为，在工业产品的生产中，只要不损害生产，越能节省费用或昂贵的劳动，这种节省就越有利，因为这会降低产品的价格。尽管如此，你们又认为，由工人劳动创造的财富的生产，在于增大他们产品的交换价值。"①

魁奈"悖论"是魁奈用来为难他的论敌——劳动价值论者的。这是一个至《资本论》发表，后者"还没有回答的那个矛盾"。马克思在《资本论》中解决了这个矛盾。可是还是有人屡屡用它来责难《资本论》。这是由于不了解马克思价值理论的时期性造成的。马克思认

---

① 魁奈：《关于商业和手工业者劳动的问答》，转自《马克思恩格斯全集》第23卷，第356页。

为，在简单商品社会（含"第一种"资本主义生产方式下）下，假定总是"存在着对产品的需要"，劳动都是"平均劳动"，① 因而付出更多的劳动，就能生产出更多的产品，从而在市场上得到更多的价值。这对于个人来讲，就是创造（得到）了更多的价值。而在发达的商品社会，供求不平衡。这时要靠采用先进工艺，尽量减少产品的个别价值，从而依靠产品的社会价值与个别价值之差来得到更多的价值。这对于个人来讲，也是创造（得到）了更多的价值。这两种情况都体现了价值调节劳动的功能。前者要求人们生产更多的产品，后者鼓励人们更加节约资源。这本来是马克思的价值理论的题中应有之义，但是长期以来却没有被人们所认识。

二 庞巴维克的"片面论"、"矛盾论"和"循环论"

庞巴维克在马克思《资本论》第三卷出版以后发表的《卡尔·马克思及其体系的终结》一书，是集当时资产阶级经济学家攻击和否定马克思经济理论之大成的代表作。他首先指责马克思抽取商品共性的方法是片面的，因为马克思把商品都是供求的对象，都是被占有的对象，都是使用价值等属性排除在商品的共性之外。庞巴维克认为，马克思把使用价值排除在价值的决定因素之外的理由，同样也适用于排除劳动本身，因为劳动和使用价值一样，都具有质和量的规定性。如果不同质的劳动可以比较的话，那么不同质的使用价值同样也应当是可以比较的。② 在《资本与利息》一书中，他说："在交换过程中，使用价值的特殊形式，不论是衣的使用，食的使用，或者屋的使用，当然是不相干的，可是商品的一般使用价值绝对不是不相干的。"③

---

① 《马克思恩格斯全集》第 46 卷（上），第 390 页；第 23 卷，第 58 页。
② Eugen von Bom—Bawerk. *Karl Marx and the close of His system* [M]. New York: Augustus M. Kelley, 1949.
③ 〔奥〕庞巴维克：《资本与利息》，商务印书馆 1959 年版，第 313 页。

第十一章 重析西方学者对《资本论》的责难

这类指责一直延续到当代,如格雷说:"马克思完全无视效用因素,是不对的。"① 哈尼说:劳动价值论是"错误的,因为它抽掉了效用"。②

在《卡尔·马克思及其体系的终结》一书中,他还写道:

"在《资本论》第一卷坚持并极力强调,所有的价值都以劳动为基础,而且仅仅以劳动为基础。商品的一切价值都同生产它们的必要劳动时间成比例。这些命题是直接而唯一地从商品内在交换关系中归纳和提炼出来的。我们被引导到'从交换价值和交换关系开始,以便探索隐藏在其中的价值'。我们被告知,以一种严格的三段论式的结论并强调毫无例外,把两种商品确定为交换中的等价便意味着二者之中有一个共同的因素,因此,在这两种商品中每一个都是可通约的。因此,所出现的暂时背离或偶然偏离地对商品交换规律的违反,体现同一劳动数量的商品在原则上必须在长期相互平衡。而现在,在《资本论》第三卷中,我们却被明确地、冷冰冰地告知,务必不能而且从来不能依据《资本论》第一卷的教导进行交换,个别商品按照不同于在其中所物化的劳动的比例同其他商品交换,而且这不是偶然的和暂时的,而是必须的和长久的。……我感到困惑;在这里,我没有看到对一种矛盾的解释,而是赤裸裸的矛盾本身,马克思的《资本论》第一卷同第三卷的矛盾,平均利润率和生产价格理论不能同价值理论相一致。"

庞巴维克显然没有认识到马克思的"从一定的社会经济时期出发的分析方法"。③ "马克思在第一卷的开头从他作为历史前提的简单商

---

① 〔英〕格雷:《社会主义传统》,1939年伦敦版,第132页。
② 〔美〕哈尼:《经济思想史》,1955年纽约版,第492页。
③ 《马克思恩格斯全集》第19卷,第415页。

品生产出发"。① 因而《资本论》第一卷的主体部分"是以存在着对产品的需要为前提的",② 是以劳动的特殊性等于劳动的社会性,即劳动二重性的矛盾还"只是表现为单纯形式上的差别",③ 还没有数量上的差别,从而所论述的还只是简单商品社会中价值规律的实现形式,换言之,这是一种特殊的价值规律实现形式。这时的价值量是与活劳动量成正比的,虽然由于一定时期的社会需要量是一定的,所以这种正比必然是呈递减性的。当然,在第一卷中要注意区分马克思零星穿插进去的,以劳动的特殊性不等于劳动的社会性为前提的,因而是适用于另一个经济时期的关于社会必要劳动的论述。马克思把适用于两个经济时期的价值规律实现形式交叉叙述,显然增加了一般读者理解的难度,使人很容易误把马克思论述的一种价值特殊当作价值一般。不过,如果仔细阅读,还是能够把它们区别开来的。马克思在以后的文本中明确指出:价值分析"扬弃了只同一定的个人相联系的、从而直接为一定的个人而存在的有用性即使用价值,——但不是扬弃这种使用价值本身。""[在资本流通的条件下]……总消费表现为作为使用价值的产品的尺度,因而也表现为作为交换价值的产品的尺度。"④

《资本论》第三卷的论述已经上升到发达资本主义时期。这时产品的价值已经"断然"由社会总需要来估量。⑤ 此时的资产阶级其历史使命尚未终结,因此作为其生活来源的平均利润理所当然要被列入"生产费用",从而形成生产价格。"从长期来看生产价格是供给的条件,是每个特殊生产部门商品再生产的条件。"⑥ 同时它也是由社会总需要所决定的价值。这里要注意区分平均利润和体现在盈亏上的超

---

① 《马克思恩格斯全集》第25卷,第17页。
② 《马克思恩格斯全集》第46卷(上),第390页。
③ 《马克思恩格斯全集》第46卷(上),第389页。
④ 《马克思恩格斯全集》第46卷(上),第224、389页。
⑤ 《马克思恩格斯全集》第46卷(上),第389页。
⑥ 《马克思恩格斯全集》第25卷,第221页。

额利润。后者是一个调节劳动优劣的指标。竞争使超额利润和亏损都趋向于零。而平均利润是不受竞争影响的,即在供求平衡因而没有竞争的情况下,它也存在。

当然,对于第三卷中的"转型论",是一个需要重新研究的问题。前文已述,它只是马克思研究过程中的一个"假定"。随着研究的深入,马克思的观点发生了变化。从现有的文本来看,马克思最后是放弃了这个假定。

庞巴维克在同一本书中还诘难马克思的复杂劳动是倍加的简单劳动的论点:

"在评价其产品时,以什么比例把复杂劳动换算为简单劳动是不确定的,没有人能够预先根据复杂劳动本身的任何固有的性质确定这个比例。"庞巴维克引证了马克思的话:"它们(指复杂劳动产品)的价值使它们等于简单劳动的产品","各种劳动化为当作它们计量单位的简单劳动的不同比例,是在生产者背后由社会过程决定的,因而在他们看来,似乎是由习惯决定的。"之后,庞巴维克紧接着说:"在这种情况下,把'价值'和'社会过程'看成是归纳标准的决定因素的意义是什么呢?"他断言:"这简单地意味着马克思在作循环论证。"

在简单劳动和复杂劳动的问题上,除庞巴维克外,熊彼特和毛利西马也都提出了诘难。其实,在这个问题上,马克思的最后观点是:"构成价值统一体的劳动不只是相同的简单的平均劳动。"[①] 因此完全没有必要去确切地计算复杂劳动化作简单劳动的"系数"。把复杂劳动产品的价值交由"社会过程决定",与马克思关于价值是一个"社会的量"的思想是一贯的。[②] 在商品社会,"产品作为价值,它的尺

[①] 《马克思恩格斯全集》第26卷(Ⅲ),第145页。
[②] 《马克思恩格斯全集》第23卷,第58页;第26卷(Ⅲ),第139页。

度是流通中存在的物化劳动量"，① 即货币（黄金）。这样，"各种劳动的产品只要确立为价值，这种简化实际上就实现了。各种劳动的产品作为价值在一定比例上是等价物；较高级劳动本身是用简单劳动来估价的。只要想一想，比如说加利福尼亚的黄金便是简单劳动的产品，那么这就很清楚了"。② 因此，实际上，在资本流通的条件下，马克思的价值论与价格论是完全统一的。

三 凯恩斯的"零价值论"

凯恩斯在写于1925年的《对俄国的简略观察》一文中谈到，《资本论》是"一本陈旧的经济学教科书。在我看来，它不仅在科学上是错误的，而且在当代世界毫无益处或没有用处。"③ 凯恩斯1934年12月2日和1935年1月1日给萧伯纳的信不屑一顾地把《资本论》比作《古兰经》，认为它们都是无用的教条，并抱怨说人们对《资本论》的争议是"乏味的、过时的和学究气的"。凯恩斯的结论是："《资本论》在当代的经济价值（排除一些偶然的但却非建设性的和不连贯的思想火花以后）是零。"④ 但是，在他的代表作《就业利息和货币通论》中，对于劳动价值论则给予了不尽正确的肯定："我欣赏古典学派以前的理论（注：指凯恩斯眼中新古典理论之前的古典理论）；该理论认为，每一件物品都由劳动生产出来，……因此，应该把企业家和他的助手的劳务包括在内的劳动当作唯一的生产要素，而该生产要素则在既定的技术水平、自然资源、资本设备和有效需求之下发生作用。这可以部分地解释，在货币单位及时间单位以外，为什么我们可

---

① 《马克思恩格斯全集》第46卷（上），第389页。
② 《马克思恩格斯全集》第46卷（下），第376页。
③ Keynes, J. M., Essays in Persuasion, London. 1933, p300.
④ 转自〔英〕M. C. 霍华德和J. E. 金：《马克思主义经济学史：1929—1990》，中央编译出版社2002年版，第93页。

以只把劳动当作经济制度的唯一物质单位。"①

凯恩斯显然像绝大多数人一样，没有看出马克思价值理论中的调节论层次。这是一个适用于各个时期和各种社会的价值一般理论。此外，凯恩斯也没有看出，把活劳动作为价值的计量单位是"以马克思所作的那些附带条件为当然前提的"，②因而是只适用于特定的时期。

凯恩斯以一帖"扩大需求"的药方，使资本主义社会走出了20世纪30年代的经济大萧条。但是，如果不懂得马克思所指出的"社会需求在一定时期是一定的"这个道理，一味人为地"扩大需求"，那么自然只能带来"滞胀"。根据马克思的经济理论，一国经济的持久发展，只能建立在"先进性"和"比例性"的自觉保持上。这个道理已经被世界经济二百年的统计数据所证明。③

四 熊彼特的"不满意论"

熊彼特称：马克思的价值理论是"不能令人满意的"，因为在他看来："第一，在完全竞争以外的情况下，它完全不起作用。第二，即使在完全竞争的情况下，它也从来不曾顺利地起作用，除非劳动是生产的唯一因素，而且一切劳动都是同一性质的。如果这两个条件中的哪一个不能得到满足，就得引入额外的假定。而分析的困难就会立刻增加到无法收拾的程度。"因此，他认为边际效用论比劳动价值论更"优越"、"更具普遍性"："一方面，它既适用于垄断和不完全竞争的情况，另一方面也同样适用于除劳动以外有其他生产因素存在以及同时有许多不同种类和不同性质的劳动并存的情况。"④

熊彼特推崇边际效用论，并且把劳动价值论和边际效用论对立起

---

① 凯恩斯：《就业利息和货币通论》，商务印书馆1999年版，第220—221页。
② 《马克思恩格斯全集》第22卷，第236页。
③ 详见本书第八章。
④ 熊彼特：《资本主义、社会主义与民主主义》，商务印书馆1979年版，第34页。

来，这表明他没有看过马克思的《资本论》手稿。在那里，价值的计量单位首先是社会需要量对货币量的平均，因为"［在资本流通的条件下］……总消费表现为……作为交换价值的产品的尺度。……产品作为价值，它的尺度是流通中存在的物化劳动量"；① 其次是社会需要的比例量对产品量的平均，因为"总产品的价值……不等于它本身所包含的劳动时间，而等于这个领域的总产品同其他领域的产品保持应有的比例时按比例应当花费的劳动时间"，"单位商品的价值（价格）等于产品的总价值除以产品总量"。② 因此，劳动价值论和边际效用论并不对立。诚然，马克思和恩格斯都曾经排斥过供求价值论和边际价值论，但是，那是为了阐明剥削论的需要，因为剥削论的前提是"活劳动等于社会必要劳动"。而在阐明社会必要劳动价值论即调节论时，马克思和恩格斯一刻都没有离开过供求因素。

长期以来，人们一直把边际效用论作为主观价值论加以批判。其实，现代科学的研究表明，人的需要的产生、传导和满足都有其生理的物质依据，因而本质上它是客观的。诚然，在各个个体之间是有差异的，但是这并不影响同类之间有一种平均值，从而呈现某种规律性。即使是所谓的阶级性，也不能否定这种平均值的存在。问题是，边际效用学派对"效用"的解说在很长一个历史时期内一直停留于"个人的主观效用"上，正如马克思所说："在大多数政治经济学著作中，几乎只是从个人角度来看待需求"，③ 因而理所当然受到人们的批判。

尽管边际派的杰文斯已经提出交换价值应该按全社会对该商品作出的平均评价为依据，④ 庞巴维克已经提出"一般使用价值"的概

---

① 《马克思恩格斯全集》第 46 卷（上），389 页。
② 《马克思恩格斯全集》第 26 卷（Ⅰ），235 页；第 26 卷（Ⅱ），294 页。
③ 《马克思恩格斯全集》第 42 卷，第 382 页。
④ "工商业的变动定于平均数与总数，非定于个人的幻想。"〔英〕杰文斯：《政治经济学理论》，商务印书馆 1984 年版，第 84 页。

念，克拉克已经提出"社会效用论"，① 但是，从时间上看，提出"社会使用价值"和"一般使用价值"概念最早的还是马克思，② 并且他还详细地分析了"社会使用价值"的性质、形式和计量方法，以及它与价值的关系。正如恩格斯所说："在决定生产问题时，上述的对效用和劳动花费的衡量，正是政治经济学的价值概念在共产主义社会中所能余留的全部东西，……这一见解的科学论证，只是由于马克思的《资本论》才成为可能。"③ 马克思自己在1847年出版的《哲学的贫困》中，就嘲笑了蒲鲁东用实耗劳动调节社会生产比例论的错误论点："蒲鲁东先生把实际情况弄颠倒了。他说：只要先开始用产品中所包含的劳动量来衡量产品的相对价值，那末供求就必然会达到平衡。生产就会和消费相适应，产品就可以永远顺利地进行交换，而产品的市场价格也就会恰好表现产品的真正价值。一般人都这样说：天气好的时候，可以碰到许多散步的人；可是蒲鲁东先生却为了保证大家有好天气，要大家出去散步。"马克思认识到，不存在蒲鲁东先生所谓的"劳动时间先天决定交换价值"的情况，"生产物品所必要的劳动时间既不表现它的效用程度，那末早就由包含在物品中的劳动时间所确定的这种物品的交换价值就决不能调节供求的正确关系，即蒲鲁东先生现在所说的比例性关系"，④ 从而萌发了社会必要劳动价值论即边际社会效用价值论。1880年，马克思充分肯定了自己的成果。他说：在《哲学的贫困》中"还处于萌芽状态的东西，经过二十年的研究之后，变成了理论，在'资本论'中得到了发挥"。⑤ 由此可见，实际上，只有马克思才是边际社会效用价值论的真正鼻祖。而且，马克思比边际效用论者高明的另一个表现是，他已经认识到了价值具有

---

① "价值是一个社会现象。……商品是按照它的最后效用出售的，但是这个最后效用是对社会的最后效用。"〔美〕克拉克：《财富的分配》，商务印书馆1983年版，第218页。
② 《马克思恩格斯全集》第19卷，第421页；第13卷，第37页。
③ 《马克思恩格斯全集》第20卷，第335页。
④ 《马克思恩格斯全集》第4卷，第102—103、105页。
⑤ 《马克思恩格斯全集》第19卷，第248页。

由社会需要所决定的内在的比例性。如果说"边际效用分析创造了一种适用于所有经济问题的分析工具",① 那么,马克思的边际社会效用价值论就更是一种适用于所有经济问题的分析工具。

五 萨缪尔森的"多余论"

萨缪尔森在1957年发表的《工资和利息:马克思经济模式的现代剖析》一文中,利用投入产出法推断出劳动价值论是"复杂的迂回"的论点。根据这个论点,他在1970年发表了《马克思的"价值"向竞争"价格"的"转化"——放弃和替代的过程》的论文,用数学公式论证价值体系与价格体系是互不相容的。1971年,他又发表了否定劳动价值论的代表作《理解马克思的剥削概念:马克思的价值和竞争价格之间的所谓转化问题的概观》,试图表明劳动价值论对于说明剥削问题也是多余的。他的"主流经济学"只讲价格,不讲价值。

萨缪尔森声称:劳动价值论只适用于"历史萌芽时的伊甸乐园",断言劳动价值论对资本主义经济无用,对社会主义经济有害,妄自宣告"劳动价值论的终结"。② 他说:

"甚至在一个最完美的社会中,劳动价值论的最简单的形式会导致劳动和非劳动资源的不正确的和缺乏效率的使用。"③

萨缪尔森的这些言论说明他对《资本论》的解读停留于剥削论层次,而没有深入到调节论层次。事实上,如果说,1932年,英国的莱·罗宾斯在《经济科学的性质和意义》的论文中,才第一次正式把

---

① 熊彼特:《经济分析史》第3卷,商务印书馆1994年版,第242页。
② 萨缪尔森:《经济学》(下),商务印书馆1982年版,第132页。
③ 萨缪尔森和诺德豪斯:《经济学》第12版(下),中国发展出版社1992年版,第1150页。

稀缺资源的合理配置规定为西方经济科学的研究对象："经济学是一门研究作为目的和具有不同用途的稀缺手段之间关系的人类行为科学"，那么，马克思早在《1857—1858年的经济学手稿》中就已经明确提出："真正的经济——节约——是劳动时间的节约（生产费用的最低限度——和降到最低限度）。而这种节约就等于发展生产力。""时间的节约，以及劳动时间在不同的生产部门之间有计划的分配，……是首要的经济规律。"在1868年7月11日致路·库格曼的信中再次强调："按一定比例分配社会劳动的必要性，决不可能被社会生产的一定形式所取消，而可能改变的只是它的表现形式，这是不言而喻的。自然规律是根本不能取消的。在不同的历史条件下能够发生变化的，只是这些规律借以实现的形式。而在社会劳动的联系体现为个人劳动产品的私人交换的社会制度下，这种劳动按比例分配所借以实现的形式，正是这些产品的交换价值。科学的任务正是在于阐明价值规律是如何实现的。"① 在《资本论》中，马克思详尽而深刻地阐明了价值的功能是按社会需要的比例和效率调节劳动。只是后来的《资本论》的解读者，特别是苏联范式的解读者，才把资源的节约配置问题，即调节论从马克思主义的经济学中排除出去，把它变为单纯的研究人与人关系即剥削关系的学说，并且把它与西方经济学截然对立起来。如中国的一份马克思主义权威刊物直到最近还在声称："资源配置不能成为马克思主义政治经济学的中心。"这样的解读显然是忘记了马克思的这句话："理论的历史确实证明，对价值关系的理解始终是一样的，……真正能理解的思维只能是一样的"。② 况且，作为人与物关系的生产力（包括资源配置）和作为人与人关系的社会关系，本来"是社会的个人发展的不同方面"。③ 根据历史唯物主义的

---

① 《马克思恩格斯全集》第46卷（下），第225页；第46卷（上），第120页；第32卷，第541页。
② 《马克思恩格斯全集》第32卷，第541页。
③ 《马克思恩格斯全集》第46卷（下），第219页。

基本原理，其中人与物的关系还起着决定人与人的关系的作用。因此，硬要把它们割裂开来，并且对立起来，就不能完整、准确地阐明以人的全面发展为目的的价值理论，从而也就不可能建立起科学的马克思主义经济学。

六 柯亨的"严格学说与通俗学说混淆论"

英国学者 G. A. 柯亨 1979 年在一篇题为《劳动价值论与剥削概念》的文章中提出："我们将价值是由社会必要劳动时间决定的这一命题——即劳动价值论——称为严格学说（the strict doctrine），将……那些把价值说成是物化的或凝结的劳动的句子称为通俗学说（the popular doctrine）。由于种种原因，严格学说与通俗学说彼此通常被混淆。……马克思常常把来自这两种学说的阐述并置在一起"。"劳动价值论就以两种版本出现：严格的和通俗的。这两种版本是互相矛盾的。""低效率劳动的例子表明了严格学说与通俗学说之间的冲突。……当效率低时，就有机会伪称，一些已耗费的劳动没有创造价值。当效率特别高的时候，就不可能同样伪称，那些没有耗费的劳动确实创造了价值。"他认为，"这两种学说都不能支持"对剥削的批判。"马克思主义者宣称，要揭示雇佣工人所受的剥削，就必然需要劳动价值论。但我并不同意。我们需要的并不是这种错误的和不相关的劳动理论，而仅仅是与劳动理论无关的价值概念，……那种价值概念使我们可以说，无论价值量的决定因素是什么，工人都没有得到他的产品的全部价值。"①

柯亨能够在马克思那里看到两种学说的"并置"，说明他的研究有一定的深度。但是，他并没有进一步看到马克思的价值理论从根本上说是一种调节社会劳动的理论，说明剥削并不是它的最终目的。而

---

① G. A. 柯亨：《马克思与诺齐克之间》，江苏人民出版社 2008 年版，第 32—45 页。

且他也没有认识到，社会必要劳动价值论与活劳动价值论之间是一般与个别的关系，后者只能适用于特定的时期。马克思以劳动二重性的相等与不等区分了不同的经济发展时期，从而区分了两种不同的价值理论。当然，马克思无论在正式的出版物中，还是在手稿中，都有某种程度的把两种价值理论并置的情况，但是，这只是叙述上的某种缺陷而已。此外，柯亨以"工人都没有得到他的产品的全部价值"来说明剥削，也经不起推敲，因为在现代社会，无论哪一个工人都不能"把手放在任何一件可以捉摸的使用价值上说：这是我的产品"，"作为生产者出现的，是社会活动的结合"。①

---

① 《马克思恩格斯全集》第46卷（下），第468、222页。

附录一　总纲要（马克思经济理论的 32 条关键文本）

一、世界观

1. 人类的第一个历史活动是生产物质生活本身。
2. 生产资料决定劳动组织。
3. 社会自然规律由合力形成。
4. 人类全部力量的全面发展是人的目的。
5. 对于各个个人来说，出发点总是他们自己。
6. 每个人的价值既不比别人大，也不比别人小。
7. 生产要素只有占有者，没有所有者。
8. 从自发到自觉是历史的大趋势。

二、经济学的对象、任务和方法

1. 经济学是节约学。
2. 政治经济学本质上是一门历史的科学。它既有一般规律，又有各个不同历史时期的特殊规律。
3. 科学的任务在于阐明价值规律在各个不同历史时期的实现形式。
4. 研究从具体到抽象，叙述从抽象到具体。

三、价值规律一般

1. 价值规律是一种社会自然规律。
2. 价值的功能是按需求的比例和效率分配劳动。
3. 价值的实质是一种关系，要靠第三物来表征和计量。
4. 价值从来都是由全社会决定，而不是由个人或部分人决定。
5. 总消费决定总价值。
6. 社会需求的内在比例决定价值的比例。
7. 单件产品的价值是社会需求比例量对产品量的平均。

四、活劳动价值论（适用于简单商品社会和早期资本主义社会）

1. 前提是劳动的特殊性等于劳动的社会性。
2. 劳动尺度本身由需求和障碍决定。
3. 剩余价值的实质是"无酬劳动"。
4. 绝对剩余价值论的前提是求大于供且各种劳动力都是"简单劳动力"。
5. 相对剩余价值论的前提是工人靠自己的产品为生。

五、社会必要劳动价值论（适用于当代社会，包括资本主义和社会主义）

1. 前提是劳动的特殊性不等于劳动的社会性。
2. 直接劳动已经不再是生产的基础。
3. 只有为社会劳动才能为自己劳动。
4. 价值在竞争中形成。
5. 价值用流通中存在的物化劳动（黄金）计量。
6. 工资、利润和地租既是分配的形式，又是调节劳动的形式。
7. 社会价值与个别价值之差是调节性的超额利润。
8. 平均利润既是资本的历史出发点之一，又是资本主义生产的最后结果之一。

附录二 马克思零星穿插在《资本论》第一卷中的22处社会必要劳动价值论

区分活劳动价值论和社会必要劳动价值论的基本标志是：前者的价值由个人决定，活劳动直接等于货币；后者的的价值由社会决定，活劳动不直接等于货币。

一、价值的功能——调节劳动

产品交换者实际关心的问题，首先是他用自己的产品能换取多少别人的产品，就是说，产品按什么样的比例交换。当<u>这些比例由于习惯而逐渐达到一定的稳固性</u>时，它们就好像是由劳动产品的本性产生的。例如，1吨铁和2盎斯金的价值相等，就像1磅金和1磅铁虽然有不同的物理属性和化学属性，但是重量相等一样。实际上，劳动产品的价值性质，只是通过劳动产品作为价值量发生作用才确定下来。<u>价值量不以交换者的意志、设想和活动为转移而不断地变动着</u>。在交换者看来，他们本身的社会运动具有物的运动形式。不是他们控制这一运动，而是他们受这一运动控制。要有十分发达的商品生产，才能从经验本身得出科学的认识，理解到彼此独立进行的、但作为自然形成的社会分工部分而互相全面依赖的私人劳动，不断地被化为它们的社会的比例尺度，这是因为在私人劳动产品的偶然的不断变动的交换关系中，<u>生产这些产品的社会必要劳动时间作为起调节作用的自然规律强制地为自己开辟道路</u>，就像房屋倒在人的头上时重力定律强制地为自己开辟道路一样。因此，价值量由劳动时间决定是一个隐藏在商品相对价值的表面运动后面的秘密。这个秘密的发现，消除了劳动产品的价值量纯粹是偶然决定的这种假象，但是决没有消除这种决定所采取的物的形式。[23.91—92]

但是商品的现实价值不是它的个别价值，而是它的社会价值，就是说，它的现实价值不是用生产者在个别场合生产它所实际花费的劳动时间来计量，而是用生产它所必需的社会劳动时间来计量。因此，如果采用新方法的资本家按1先令这个社会价值出售自己的商品，那末他的商品的售价就超出它的个别价值3便士，这样，他就实现了3便士的超额剩余价值。但是另一方面，对他来说，一个十二小时工作日现在表现为24件商品，而不是过去的12件商品。因此要卖掉一个工作日的产品，他就需要有加倍的销路或大一倍的市场。在其他条件相同的情况下，他的商品只有降低价格，才能获得较大的市场。因此资本家要高于商品的个别价值但又低于它的社会价值来出售商品，例如一件商品卖10便士，这样，他从每件商品上仍然赚得1便士的超额剩余价值。对于资本家来说，剩余价值总会这样提高，不管他的商品是不是属于必要生活资料的范围，是不是参加劳动力的一般价值的决定。因此，即使撇开后面这种情况，每个资本家都抱有提高劳动生产力来使商品便宜的动机。

然而，甚至在这种场合，剩余价值生产的增加也是靠必要劳动时间的缩短和剩余劳动的相应延长。假定必要劳动时间是10小时，或者说，劳动力的日价值是5先令，剩余劳动是2小时，因而每日生产的剩余价值是1先令。但我们的资本家现在是生产24件商品，每件卖10便士，或者说，一共卖20先令。因为生产资料的价值等于12先令，所以 $14\frac{2}{5}$ 件商品只是补偿预付的不变资本。十二小时工作日表现为其余的 $9\frac{3}{5}$ 件商品。因为劳动力的价格＝5先令，所以6件产品表现必要劳动时间，$3\frac{3}{5}$ 件产品表现剩余劳动。必要劳动和剩余劳动之比在社会平均条件下是5∶1，而现在是5∶3。用下列方法也可以得到同样结果。一个十二小时工作日的产品价值是20先令。其中12先令属于只是再现的生产资料的价值。因此，剩下的8先令是体现一个工作日的价值的货币表现。这个货币表现比同类社会平均劳动的货币表现要多,因为 12 小时的同类社会平均劳动只表现为 6 先令。生产力特别高的劳动起了自乘的劳动的作用,或者说,在同样的时间内,它所创造的价值比同种社会平均劳动要多。但是我们的资本家仍然和从前一样,只用 5 先令支付劳动力的日价值。因此工人现在要再生产这个价值,用不着像过去那样需要 10 小时,只要 $7\frac{1}{2}$ 小时就够了。这样,他的剩余劳动就增加了 $2\frac{1}{2}$ 小时,他生产的剩余价值就从 1 先令增加到 3 先令。可见,采用改良的生产方式的资本家比同行业的其余资本家,可以在一个工作日中占有更大的部分作为剩余劳动。他个别地所做的,就是资本全体在生产相对剩余价值时所做的。但是另一方面,当新的生产方式被普遍采用,因而比较便宜地生产出来的商品的个别价值和它的社会价值之间的差额消失的时候,这个超额剩余价值也就消失。<u>价值由劳动时间决定的规律,既会使采用新方法的资本家感觉到,他必须低于商品的社会价值来出售自己的商品,又会作为竞争的强制规律,迫使他的竞争者也采用新的生产方式</u>。因此,只有当劳动生产力的提高扩展到同生产必要生活资料有关的生产部门,以致使属于必要生活资料范围、从而构成劳动力价值要素的商品便宜时,一般剩余价值率才会最终受到这一整个过程的影响。〔23.353—355〕

诚然,不同的生产领域经常力求保持平衡,一方面因为,每一个商品生产者都必须生产一种使用价值,即满足一种特殊的社会需要,而这种需要的范围在量上是不同的,<u>一种内在联系把各种不同的需要量连结成一个自然的体系</u>;另一方面因为,<u>商品的价值规律决定社会在它所支配的全部劳动时间中能够用多少时间去生产每一种特殊商品</u>。但是不同生产领域的这种保持平衡的经常趋势,只不过是对这种平衡经常遭到破坏的一种反作用。在工场内部的分工中预先地、有计划地起作用的规则,在社会内部的分工中只是在事后作为一种内在的、无声的自然必然性起着作用,这种自然必然性可以在市场价格的晴雨表的变动中觉察出来,并克服着商品生产者的无规则的任意行动。工场手工业分工以资本家对人的绝对权威为前提,人只是资本家所占有的总机构的部分;社会分工则使独立的商品生产者互相对立,<u>他们不承认任何别的权威,只承认竞争的权威,只承认他们互相利益的压力加在他们身上的强制</u>,正如在动物界中一切反对一切的战争多少是一切物种的生存条件一样。[23.394—395]

资本主义生产使它汇集在各大中心的城市人口越来越占优势,这样一来,它一方面聚集着社会的历史动力,另一方面又破坏着人和土地之间的物质变换,也就是使人以衣食形式消费掉的土地的组成部分不能回到土地,从而破坏土地持久肥力的永恒的自然条件。这样,它同时就破坏城市工人的身体健康和农村工人的精神生活。但是资本主义生产在破坏这种物质变换的纯粹自发形成的状况的同时,又<u>强制地把这种物质变换作为调节社会生产的规律,并在一种同人的充分发展相适合的形式上系统地建立起来</u>。[23.552]

二、价值的本质及其在不同时期的表现

既然政治经济学喜欢鲁滨逊的故事,那末就先来看看孤岛上的鲁滨逊吧。不管他生来怎样简朴,他终究要满足各种需要,因而要从事各种有用劳动,如做工具,制家具,养羊驼,捕鱼,打猎等等。关于祈祷一类事情我们在这里就不谈了,因为我们的鲁滨逊从中得到快乐,他把这类活动当作休息。尽管他的生产职能是不同的,但是他知道,这只是同一个鲁滨逊的不同的活动形式,因而只是人类劳动的不同方式。需要本身迫使他精确地分配自己执行各种职能的时间。在他的全部活动中,这种或那种职能所占比重的大小,取决于他为取得预期效果所要克服的困难的大小。经验告诉他这些,而我们这位从破船

上抢救出表、账簿、墨水和笔的鲁滨逊，马上就作为一个道地的英国人开始记起账来。他的账本记载着他所有的各种使用物品，生产这些物品所必需的各种活动，最后还记载着他制造这种种一定量的产品平均耗费的劳动时间。鲁滨逊和构成他自己创造的财富的物之间的全部关系在这里是如此简单明了，甚至连麦·维尔特先生用不着费什么脑筋也能了解。但是，<u>价值的一切本质上的规定都包含在这里了</u>。

现在，让我们离开鲁滨逊的明朗的孤岛，转到欧洲昏暗的中世纪去吧。在这里，我们看到的，不再是一个独立的人了，人都是互相依赖的：农奴和领主，陪臣和诸侯，俗人和牧师。物质生产的社会关系以及建立在这种生产的基础上的生活领域，都是以人身依附为特征的。但是正因为人身依附关系构成该社会的基础，劳动和产品也就用不着采取与它们的实际存在不同的虚幻形式。它们作为劳役和实物贡赋而进入社会机构之中。<u>在这里，劳动的自然形式，劳动的特殊性是劳动的直接社会形式</u>，而不是像在商品生产基础上那样，劳动的共性是劳动的直接社会形式。徭役劳动同生产商品的劳动一样，是用时间来计量的，但是每一个农奴都知道，他为主人服役而耗费的，是他本人的一定量的劳动力。缴纳给牧师的什一税，是比牧师的祝福更加清楚的。所以，无论我们怎样判断中世纪人们在相互关系中所扮演的角色，人们在劳动中的社会关系始终表现为他们本身之间的个人的关系，而没有披上物之间即劳动产品之间的社会关系的外衣。

要考察共同的劳动即<u>直接社会化的劳动</u>，我们没有必要回溯到一切文明民族的历史初期都有过的这种劳动的原始的形式。这里有个更近的例子，就是农民家庭为了自身的需要而生产粮食、牲畜、纱、麻布、衣服等等的那种农村家长制生产。对于这个家庭来说，这种种不同的物都是它的家庭劳动的不同产品，但它们不是互相作为商品发生关系。生产这些产品的种种不同的劳动，如耕、牧、纺、织、缝等等，在其自然形式上就是社会职能，因为这是这样一个家庭的职能，这个家庭就像商品生产一样，有它本身的自然形成的分工。家庭内的分工和家庭各个成员的劳动时间，是由性别年龄上的差异以及随季节而改变的劳动的自然条件来调节的。但是，用时间来计量的个人劳动力的耗费，在这里本来就表现为劳动本身的社会规定，因为个人劳动力本来就只是作为家庭共同劳动力的器官而发挥作用的。

最后，让我们换一个方面，设想有一个自由人联合体，他们用公共的生产资料进行劳动，并且<u>自觉地把他们许多个人劳动力当作一个社会劳动力来使用。在那里，鲁滨逊的劳动的一切规定又重演了，不过不是在个人身上，而是在社会范围内重演</u>。鲁滨逊的一切产品只是他个人的产品，因而直接是他的使用物品。这个联合体的总产品是社会的产品。这些产品的一部分重新用作生产资料。这一部分依旧是社会的。而另一部分则作为生活资料由联合体成员消费。因此，这一部分要在他们之间进行分配。这种分配的方式会随着社会生产机体本身的特殊方式和随着生产者的相应的历史发展程度而改变。仅仅为了同商品生产进行对比，我们假定，每个生产者在生活资料中得到的份额是由他的劳动时间决定的。这样，劳动时间就会起双重作用。劳动时间的社会的有计划的分配，调节着各种劳动职能同各种需要的适当的比例。另一方面，劳动时间又是计量生产者个人在共同劳动中所占份额的尺度，因而也是计量生产者个人在共同产品的个人消费部分中所占份额的尺度。在那里，人们同他们的劳动和劳动产品的社会关系，无论在生产上还是在分配上，都是简单明了的。

在商品生产者的社会里，一般的社会生产关系是这样的：生产者把他们的产品当作商品，从而当作价值来对待，而且通过这种物的形式，把他们的私人劳动当作等同的人类劳动来互相发生关系。对于这种社会来说，崇拜抽象人的基督教，特别是资产阶级发展阶段的基督教，如新教、自然神教等等，是最适当的宗教形式。在古亚细亚的、古希腊罗马的等等生产方式下，产品变为商品、从而人作为商品生产者而存在的现象，处于从属地位，但是共同体越是走向没落阶段，这种现象就越是重要。真正的商业民族只存在于古代世界的空隙中，就像伊壁鸠鲁的神只存在于世界的空隙中，或者犹太人只存在于波兰社会的缝隙中一样。这些古老的社会生产机体比资产阶级的社会生产机体简单明了得多，但它们或者以个人尚未成熟，尚未脱掉同其他人的自然血缘联系的脐带为基础，或者以直接的统治和服从的关系为基础。它们存在的条件是：劳动生产力处于低级发展阶段，与此相应，人们在物质生活生产过程内部的关系，即他们彼此之间以及他们同自然之间的关系是很狭隘的。这种实际的狭隘性，观念地反映在古代的自然宗教和民间宗教中。只有当实际日常生活的关系，在人们面前表现为人与人之间和人与自然之间极明白而合理的关系的时候，现实世界的宗教反映才会消失。只有当社会生活过程即物质生产过程的形态，作为自由结合的人的产物，处于人的有意识有计划的控制之下的时候，它才会把自己的神秘的纱幕揭掉。但是，这需要有一定的社会物质基础或一系列物质生存条件，而这些条件本身又是长期的、痛苦的历史发展的自然产物。

诚然，政治经济学曾经分析了价值和价值量（虽然不充分），揭示了这些形式所掩盖的内容。但它甚至从来也没有提出过这样的问题：为什么这一内容要采取这种形式呢？为什么劳动表现为价值，用劳动时间计算的劳动量表现为劳动产品的价值量呢？一些公式本来在额上写着，<u>它们是属于生产过程支配人而人还没有支配生产过程的那种社会形态的</u>，但在政治经济学的资产阶级意识中，它们竟像生产劳动本身一样，成了不言而喻的自然必然性。因此，政治经济学对待资产阶级以前的社会生产机体形式，就像教父对待基督教以前的宗教一样。[23.93—98]

<u>欧文以直接社会化劳动为前提，就是说，以一种与商品生产截然相反的生产形式为前提。</u>[23.112—113]

商品内在的使用价值和价值的对立，私人劳动同时必须表现为直

接社会劳动的对立,特殊的具体的劳动同时只是当作抽象的一般的劳动的对立,物的人格化和人格的物化的对立,——这种内在的矛盾在商品形态变化的对立中取得了发展的运动形式。因此,<u>这些形式包含着危机的可能性,但仅仅是可能性。这种可能性要发展为现实,必须有整整一系列的关系,从简单商品流通的观点来看,这些关系还根本不存在。</u>[23.133]

三、价值的计量——比例劳动/产品量

可能会有人这样认为,既然商品的价值由生产商品所耗费的劳动量来决定,那末一个人越懒,越不熟练,他的商品就越有价值,因为他制造商品需要花费的时间越多。但是,形成价值实体的劳动是相同的人类劳动,是同一的人类劳动力的耗费。体现在商品世界全部价值中的社会的全部劳动力,在这里是当作一个同一的人类劳动力,虽然它是由无数单个劳动力构成的。每一个这种单个劳动力,同别一个劳动力一样,都是同一的人类劳动力,只要它具有社会平均劳动力的性质,起着这种社会平均劳动力的作用,从而在商品的生产上只使用平均必要劳动时间或社会必要劳动时间。<u>社会必要劳动时间是在现有的社会正常的生产条件下,在社会平均的劳动熟练程度和劳动强度下制造某种使用价值所需要的劳动时间</u>。例如,在英国采用蒸汽织布机以后,把一定量的纱织成布所需要的劳动可能比过去少一半。实际上,英国的手工织布工人把纱织成布仍旧要用以前那样多的劳动时间,但这时他一小时的个人劳动的产品只代表半小时的社会劳动,因此价值也降到了它以前的一半。

可见,<u>只是社会必要劳动量,或生产使用价值的社会必要劳动时间,决定该使用价值的价值量</u>。在这里,单个商品是当作该种商品的平均样品。因此,含有等量劳动或能在同样劳动时间内生产出来的商品,具有同样的价值量。一种商品的价值同其他任何一种商品的价值

的比例，就是生产前者的必要劳动时间同生产后者的必要劳动时间的比例。"作为价值，一切商品都只是一定量的凝固的劳动时间。"[23.52—53]

一吨铁所包含的价值，即人类劳动量，是通过想象中包含等量劳动的货币商品量表现出来的。[23.114]

商品价值从商品体跳到金体上，像我在别处说过的，是商品的惊险的跳跃。这个跳跃如果不成功，摔坏的不是商品，但一定是商品所有者。社会分工使商品所有者的劳动成为单方面的，又使他的需要成为多方面的。正因为这样，他的产品对他来说仅仅是交换价值。这个产品只有通过货币，才取得一般的社会公认的等价形式，而货币又在别人的口袋里。为了把货币吸引出来，商品首先应当对于货币所有者是使用价值，就是说，用在商品上的劳动应当是以社会有用的形式耗费的，或者说，应当证明自己是社会分工的一部分。但分工是自然形成的生产机体，它的纤维在商品生产者的背后交织在一起，而且继续交织下去。商品可能是一种新的劳动方式的产品，它声称要去满足一种新产生的需要，或者想靠它自己去唤起一种需要。一种特殊的劳动操作，昨天还是同一个商品生产者许多职能中的一种职能，今天就可能脱离这种联系，独立起来，从而把它的局部产品当作独立商品送到市场上去。这个分离过程的条件可能已经成熟，或者可能尚未成熟。某种产品今天满足一种社会需要，明天就可能全部地或部分地被一种类似的产品排挤掉。即使某种劳动，例如我们这位织麻布者的劳动，是社会分工的特许的一部分，这也决不能保证他的20码麻布就有使用价值。社会对麻布的需要，像对其他各种东西的需要一样，是有限度的，如果他的竞争者已经满足了这种需要，我们这位朋友的产品就成为多余的、过剩的，因而是无用的了。接受赠马，不看岁口，但是我们这位织麻布者决不是到市场去送礼的。我们就假定他的产品证明自己有使用价值，因而商品会把货币吸引出来。但现在要问：它能吸引多少货币呢？当然，答案已经由商品的价格即商品价值量的指数预示了。我们把商品所有者可能发生的纯粹主观的计算错误撇开，因为这种错误在市场上马上可以得到客观的纠正。假定他耗费在他的产品上的只是平均社会必要劳动时间。因此，商品的价格只是物化在商品中的社会劳动量的货币名称。但是，织麻布业的以往可靠的生产条件，没有经过我们这位织麻布者的许可而在他的背后发生了变化。同样多的劳动时间，昨天还确实是生产一码麻布的社会必要劳动时间，今天就不是了。货币所有者会非常热心地用我们这位朋友的各个竞争者定出的价格来说明这一点。真是不幸，世上竟有很多织麻布者。最后，假定市场上的每一块麻布都只包含社会必要劳动时间。即使这样，这些麻布的总数仍然可能包含耗费过多的劳动时间。如果市场的胃口不能以每码2先令的正常价格吞下麻布的总量，这就证明，在全部社会劳动时间中，以织麻布的形式耗费的时间太多了。其结果就像每一个织布者花在他个人的产品上的时间都超过了社会必要劳动时间一样。这正像俗话所说："一起捉住，一起绞死。"在市场上，全部麻布只是当作一个商品，每一块麻布只是当作这个商品的相应部分。事实上，每一码的价值也只是同种人类劳动的同一的社会规定的量的化身。

我们看到，商品爱货币，但是"真爱情的道路决不是平坦的"。把自己的"分散的肢体"表现为分工体系的社会生产机体，它的量的构成，也像它的质的构成一样，是自发地偶然地形成的。所以我们的商品所有者发现：分工使他们成为独立的私人生产者，同时又使社会生产过程以及他们在这个过程中的关系不受他们自己支配；人与人的互相独立为物与物的全面依赖的体系所补充。

分工使劳动产品转化为商品，因而使它转化为货币成为必然的事情。同时，分工使这种转化能否成功成为偶然的事情。但是在这里应当纯粹地考察现象，因此假定这种现象是正常进行的。其实，只要这种现象发生,就是说,只要商品不是卖不出去,就总会发生商品的形式变换,尽管在这种形式变换中,实体——价值量——可能在不正常的场合亏损或增加。[23.124—127]

四、价值由社会过程决定

一个物可以有用,而且是人类劳动产品,但不是商品。谁用自己的产品来满足自己的需要,他生产的就只是使用价值,而不是商品。要生产商品,<u>他不仅要生产使用价值,而且要为别人生产使用价值,即生产社会的使用价值</u>。{而且不只是单纯为别人。中世纪农民为封建主生产交代役租的粮食,为神父生产纳什一税的粮食。但不管是交代役租的粮食,还是纳什一税的粮食,都并不因为是为别人生产的,就成为商品。<u>要成为商品,产品必须通过交换</u>,转到把它当作使用价值使用的人的手里。}最后,没有一个物可以是价值而不是使用物品。如果物没有用,那末其中包含的劳动也就没有用,不能算作劳动,因此不形成价值。[23.54]

但是,商品价值体现的是人类劳动本身,是一般人类劳动的耗费。正如在资产阶级社会里,将军或银行家扮演着重要的角色,而人本身则扮演极卑微的角色一样,人类劳动在这里也是这样。它是每个没有任何专长的普通人的机体平均具有的简单劳动力的耗费。简单平均劳动虽然在不同的国家和不同的文化时代具有不同的性质,但在一定的社会里是一定的。比较复杂的劳动只是自乘的或不如说多倍的简单劳动,因此,少量的复杂劳动等于多量的简单劳动。经验证明,这种简化是经常进行的。一个商品可能是最复杂的劳动的产品,但是它的价值使它与简单劳动的产品相等,因而本身只表示一定量的简单劳动。<u>各种劳动化为当作它们的计量单位的简单劳动的不同比例,是在生产者背后由社会过程决定的</u>,因而在他们看来,似乎是由习惯确定

的。为了简便起见,我们以后把各种劳动力直接当作简单劳动力,这样就省去了简化的麻烦。[23.57—58]

劳动产品只是在它们的交换中,才取得一种社会等同的价值对象性,这种对象性是与它们的感觉上各不相同的使用对象性相分离的。劳动产品分裂为有用物和价值物,实际上只是发生在交换已经十分广泛和十分重要的时候,那时有用物是为了交换而生产的,因而物的价值性质还在生产时就被注意到了。从那时起,生产者的私人劳动真正取得了二重的社会性质。一方面,生产者的私人劳动必须作为一定的有用劳动来满足一定的社会需要,从而证明它们是总劳动的一部分,是自然形成的社会分工体系的一部分。另一方面,只有在每一种特殊的有用的私人劳动可以同任何另一种有用的私人劳动相交换从而相等时,生产者的私人劳动才能满足生产者本人的多种需要。完全不同的劳动所以能够相等,只是因为它们的实际差别已被抽去,它们已被化成它们作为人类劳动力的耗费、作为抽象的人类劳动所具有的共同性质。私人生产者的头脑把他们的私人劳动的这种二重的社会性质,只是反映在从实际交易,产品交换中表现出来的那些形式中,也就是把他们的私人劳动的社会有用性,反映在劳动产品必须有用,而且是对别人有用的形式中;把不同种劳动的相等这种社会性质,反映在这些在物质上不同的物即劳动产品具有共同的价值性质的形式中。[23.90]

认为地租是由土地而不是由社会产生的重农主义幻觉,又破灭了多久呢?[23.100]

另一方面,商品在能够作为价值实现以前,必须证明自己是使用价值,因为耗费在商品上的人类劳动,只有耗费在对别人有用的形式上,才能算数。但是,这种劳动对别人是否有用,它的产品是否能够

满足别人的需要，只有在商品交换中才能得到证明。[23.103—104]

就商品的价值来说，这种关系只是：他的商品包含着他自己的、<u>按一定社会规律计量的劳动量</u>。[23.188]

在这里具有决定意义的是，在过程的进行中，即在棉花变为棉纱时，消耗的只是社会必要劳动时间。如果在正常的即平均的社会的生产条件下，一个劳动小时内 a 磅棉花应该变为 b 磅棉纱，那末，只有把 12×a 磅棉花变成 12×b 磅棉纱的工作日，才能算是 12 小时工作日。因为<u>只有社会必要劳动时间才算是形成价值的劳动时间</u>。[23.215]

但是，<u>被计算的，只是生产使用价值所耗费的社会必要时间</u>。这里包含下列各点。劳动力应该在正常的条件下发挥作用。如果纺纱机在纺纱业中是社会上通用的劳动资料，那就不能让工人使用手摇纺车。他所用的棉花也应该是正常质量的棉花，而不应该是经常断头的坏棉花。否则，在这两种情况下，他生产一磅棉纱所耗费的劳动时间就会超过社会必要劳动时间，而这些超过的时间并不形成价值或货币。不过，劳动的物质因素是否具有正常性质并不取决于工人，而是取决于资本家。再一个条件，就是劳动力本身的正常性质。劳动力在它被使用的专业中，必须具有在该专业占统治地位的平均的熟练程度、技巧和速度。而我们的资本家在劳动市场上也买到了正常质量的劳动力。这种劳动力必须以通常的平均的紧张程度，以社会上通常的强度来耗费。资本家小心翼翼地注视着这一点，正如他小心翼翼地注视着不让有一分钟不劳动而白白浪费掉一样。他购买的劳动力有一定的期限。他要从这上面得到属于他的东西。他不愿意被盗窃。最后，他不允许不合理地消费原料和劳动资料，——为此我们这位先生有他自己的刑法，——因为浪费了的原料或劳动资料是多耗费的物化劳动

量,不能算数,不加入形成价值的产品中。[23.221—222]

商品的价值固然是由商品所包含的劳动量决定的,但这个劳动量本身是社会地决定的。如果生产商品的社会必要劳动时间改变了,例如,同一数量的棉花在歉收时比在丰收时代表更多的劳动量,那就会反过来对原有的商品发生影响,因为原有的商品始终只是本类商品的一个样品,它的价值总是由社会必要劳动计量的,因而也总是由现有的社会条件下的必要劳动计量的。[23.236]

因为每个局部工人的局部产品同时只是同一制品的特殊的发展阶段,所以,一个工人是给另一个工人,或一组工人是给另一组工人提供原料。一个工人的劳动结果,成了另一个工人劳动的起点。因此在这里,一个工人是直接给另一个工人提供工作。在每一局部过程中,取得预期效果所必要的劳动时间是根据经验确定的,工场手工业总机构是以一定的劳动时间内取得一定的结果为前提的。只有在这个前提下,互相补充的各个劳动过程才能不间断地、同时地、空间上并存地进行下去。很明显,各种劳动因而各个工人之间的这种直接的互相依赖,迫使每个工人在自己的职能上只使用必要的时间,因此在这里形成了和独立手工业中,甚至和简单协作中完全不同的连续性、划一性、规则性、秩序性,特别是劳动强度。在一种商品上只应耗费生产该商品的社会必要劳动时间,这在商品生产的条件下表现为竞争的外部强制,因为肤浅地说,每一个生产者都必须按商品的市场价格出售商品。而在工场手工业中,在一定劳动时间内提供一定量的产品,成了生产过程本身的技术规律。[23.383]

从劳动分为物化劳动和活劳动这一形式上的区别而引出较多量劳动同较少量劳动相交换,这是徒劳无益的。既然商品的价值不是由实际物化在商品中的劳动量来决定,而是由生产该商品所必需的活劳动的量来决定，所以这种做法就更加荒谬了。假定一个商品代表6个劳动小时。如果一些发明使这个商品用3小时就可以生产出来，那末，连已经生产出来的商品的价值也会降低一半。现在，这个商品所代表的只是3小时社会必要劳动，而不是原先6小时社会必要劳动了。可见，<u>决定商品的价值量的，是生产商品所必需的劳动量</u>，而不是劳动的物化形式。[23.587]

计件工资给资本家提供了一个十分确定的计算劳动强度的尺度。只有体现在一个预先规定的<u>并由经验确定的</u>商品量中的劳动时间，才被看作是社会必要劳动时间，并当作这种劳动时间来支付报酬。因此，在伦敦较大的裁缝工场中，把某件产品，例如一件背心等等，叫作一小时或半小时等等，每小时付给6便士。从实践中知道，一小时的平均产品是多少。在做时装、改衣服等等时，雇主和工人之间常常会为某件产品是否等于一小时等等发生争执，最后还是要由经验来解决。在伦敦的家具制造厂等部门中也有同样的情况。如果工人没有平均的工作效率，因而不能提供最低限度的日劳动，他就会被解雇。[23.605—606]